本书由上海理工大学科技发展项目(2020KJFZ038)、
国家自然科学基金重点项目(71632008)、国家自然科学基金项目(71371123)、
上海市自然科学基金资助项目(19ZR1435600)、
教育部人文社会科学研究规划基金资助项目(20YJAZH068)、
上海市课程思政改革领航学院(上海理工大学管理学院)和上海市课程思政改革领航团队(上
海理工大学工业工程团队)、
第六批上海市属高校应用型本科试点专业建设项目上海理工大学工业工程专业(沪教委高
2015[65]号)资助出版

生产系统预测性维护调度优化研究

刘勤明　　叶春明　著

U0654378

上海交通大学出版社
SHANGHAI JIAO TONG UNIVERSITY PRESS

内容提要

本书立足于生产系统设备健康预测与维护的相关研究,利用数据分析了设备的运行状态,描述了设备的衰退趋势,实现了有效的健康预测,为设备预测维护提供了决策依据。首先,用隐半马尔可夫模型对存在老化现象的设备状态进行识别;其次,构建了不同数据缺失情况下的设备健康预测模型;最后,基于设备健康预测,构建了单设备、多部件设备、多设备生产系统的维护模型。本书的研究结论为制造企业管理者进行生产系统维护管理提供了有效的决策依据。

图书在版编目(C I P)数据

生产系统预测性维护调度优化研究 / 刘勤明,叶春明

著.—上海:上海交通大学出版社,2021

ISBN 978-7-313-24320-1

Ⅰ.①生… Ⅱ.①刘…②叶… Ⅲ.①生产调整-研

究 Ⅳ.①F273

中国版本图书馆 CIP 数据核字(2021)第 027777 号

生产系统预测性维护调度优化研究
SHENGCHAN XITONG YUCEXING WEIHU DIAODU YOUHUA YANJIU

著　者:刘勤明　叶春明

出版发行:上海交通大学出版社　　　　地　址:上海市番禺路 951 号

邮政编码:200030　　　　　　　　　　电　话:021-64071208

印　刷:常熟市文化印刷有限公司　　　经　销:全国新华书店

开　本:710mm×1000mm　1/16　　　印　张:15.5

字　数:293 千字

版　次:2021 年 4 月第 1 版　　　　　　印　次:2021 年 4 月第 1 次印刷

书　号:ISBN 978-7-313-24320-1

定　价:78.00 元

前　言

随着现代化工业技术的提高,生产系统中的设备正变得越来越复杂。这些设备一旦发生故障,不仅会带来严重的经济损失,还会给人身安全造成威胁。诊断设备当前所处的健康状态,并预测剩余有效寿命,能够为企业维护策略的制定提供理论依据。在实际生产中,由于人为因素和噪声、扰动等环境因素导致其健康预测中的样本数据会出现不确定的情况。不确定的样本数据会降低数据挖掘的能力,导致预测结果出现偏差,而可靠的预测结果作为开展设备状态维护的关键,在保障企业设备的安全性能、制定设备维护的计划以及降低维护成本等方面都发挥着重要的作用。

在诸多制造业企业中,设备是其最重要的财产,而围绕设备制订生产计划和维护计划是企业最重要的活动。生产活动的进行会造成设备故障率的上升,而维护活动则是对设备可能出现的故障加以消除,保证设备正常运转。若生产计划与维护计划的制订相脱离,势必导致设备维护过度或维护不充分等不良后果。因此,将生产计划与维护计划联合研究,既能充分发挥设备产能,满足生产需求;也能减少设备故障带来的不必要的停机,对降低维护成本具有重要的意义。

本书主要从以下十个方面进行探讨。

第1章是绪论部分,这部分内容主要阐述本书选题的背景、分析和探讨了已有设备健康预测、设备维护以及调度的相关研究,包括对已有的研究进行回顾,评论已有方法的不足,确定需要进一步研究的方向。

第2章是设备维护的概念及理论部分,描述了设备健康管理的发展历程,同时给出了状态识别、剩余寿命预测、设备维护等概念。

　　第3章研究了数据完备情况下设备健康预测问题。针对设备在日常使用过程中存在的老化现象,设计了指数型和乘数型两种形式的老化因子,并且将不同形式的老化因子集成到改进的隐半马尔可夫模型(HSMM)中,更新状态概率转移矩阵,通过一个包含双重迭代估值算法对相应老化因子进行估值。最后,基于设备失效率函数,对设备的剩余有效寿命进行预测,提高了设备健康预测的精度。使用从液压泵上获取的实时监测数据,对不同形式的老化因子进行估值,选取似然值最大的老化因子获得设备的剩余有效寿命。并且,为了体现不同形式的老化因子在预测性能方面的差异,将不同形式老化因子的预测结果进行了对比分析。

　　第4章研究了数据不完备情况下设备健康预测问题。针对样本数据中存在缺失数据的情况,建立分段隐半马尔可夫模型(SHSMM)架构,并利用 EM 算法对 SHSMM 模型的参数进行估计。选择灰色启发式算法来填补监测样本中的缺失数据,并使用灰色启发式算法将填补好的完整数据样本输入 SHSMM 中来进行机械设备的健康预测。针对样本数据中存在异常数据的情况,基于提出的 SHSMM 模型,将样本数据中的异常值当作缺失值处理,设计了一个动态前向后向灰色填充方法。针对样本数据中存在不准确数据的情况,基于 Dempster-Shafer(DS)证据理论和 Markov 链建立 DS-MM 理论框架,建立状态识别框架并用区间数表示不准确的数据,利用区间数之间的距离和相似度作为产生基本概率赋值(BPA)的证据,采用 Pignistic 概率转换将 BPA 转化为基础状态的概率分布并进行设备健康预测。

　　第5章在设备健康预测基础上,基于时间延迟理论,建立了考虑生产计划的单设备系统的维护模型。首先以单机系统设备为对象,研究优化维护费用的问题。考虑到实际生活中设备可能出现的不同程度的缺陷或故障,使用三阶段时间延迟理论,不同阶段定义不同的分布函数模拟设备的劣化过程。分析缺陷、故障发生的时刻与阈值时间点之间的关系,对维护情况进行分类,建立以单位时间维护费用最低为优化目标的模型。在此基础上,对部件串联的多产品生产系统的生产、维护综合计划展开研究,实现生产与维护总成本最低的目标。最后基于实际生产时间与可用生产时间的约束关系,建立总成本最低模型。

　　第6章在设备健康预测基础上,基于可靠度约束,建立了考虑生产计划的单设备系统的维护模型。针对单设备生产系统,为解决两种计划独立决策的不足,防止因生产系统不满足可靠度标准而产生质量费用,构建了基于可靠度约束的生产计划和预防维护的集成计划模型。结合生产实际,为强化设备维护与生产的相关关系,考虑设备役龄对产品加工工时的影响,引入产品堕化效应;同时考虑设备闲置与生产的不同状态,基于设备的实际生产运行时间研究设备故障,制订维护和生产计划,实现生产与维护费用的总费用最低。

第7章在单设备维护优化基础上,基于集成动态维护模型,针对多部件设备的特点,建立了多部件设备的维护拓展模型。多部件设备的维护决策包括性能衰退、维护方式和维护费用三部分内容,在性能衰退方面,通过在线诊断信息和预测信息得到设备故障率变化趋势,用威布尔分布模拟设备的衰退过程;在维护方式方面,定义小修、大修和更换三种维护方式,分别描述了三种维护方式对设备故障率的影响;在维护费用方面,考虑了故障成本、维护成本、资源成本和停机成本四部分,根据每次维护活动的费用模型,建立了多阶段的总费用率模型。

第8章在单设备维护优化基础上,考虑生产与需求,建立多设备系统的维护优化模型。针对考虑生产多于需求或少于需求的情况下多设备系统的维护问题,建立了状态维护策略模型。首先构建状态的转移概率模型,并且针对不同状态采取两种维护策略;其次,基于半马尔可夫模型以损失成本和超额利润、检测成本、维护成本为优化目标,建立在不同策略下维护费用模型,求解不同状态下的维护策略。针对周期检测的由多个同类型设备组成的系统,根据在检测点观测的多设备系统的状态,从而确定维护需求和备件订购数量,基于半更新过程,建立在一个周期内的以检查费用、维护相关费用和备件相关费用的平均费用率为目标函数的联合决策优化模型。

第9章在单设备维护优化基础上,针对生产系统由于发生故障将造成生产停滞、增加短缺成本的问题,构建了多情景模式下考虑产品次品率的预防维护模型。首先,分析缓冲区库存变化的轨迹,确定不同的缓冲区库存情景模式,构建生产周期内不同情景下缓冲区库存持有成本模型。其次,以预防性维护时的次品率阈值水平、建立缓冲区库存时次品率的阈值水平和缓冲区库存量大小为决策变量,以生产周期内单位时间总费用最小作为目标建立生产系统预防维护模型,总费用包括预防性维护费用、库存持有费用、返工费用、短缺费用、保修维护费用。

第10章为研究工作的总结,给出了研究的结论,并讨论了设备剩余寿命预测、集成维护与设备衰退等问题未来可能的研究方向。

本书的 10 章内容相互之间联系紧密,形成了一个数据驱动的设备维护决策框架。基于设备健康预测思想,提出了数据完备和数据不完备两种情况下的设备健康预测模型;基于设备健康预测,提出了单设备系统、多部件设备系统、多设备系统以及租赁设备的维护模型。本书所做的研究内容有助于提高企业的维护水平和设备可靠性、降低维护成本、提高设备利用率,最终提高企业的竞争力。同时,拓展了制造系统的维护管理领域,为制造企业维护策略的制定提供决策支持和科学有效的指导。

本书得到了国家自然科学基金重点项目(项目编号:71632008)、国家自然科学基金项目(项目编号:71371123)、上海市自然科学基金资助项目(项目编号:19ZR1435600)、教育部人文社会科学研究规划基金资助项目(项目编号:20YJAZH068)、上海理工大学科技发展项目(项目编号:2020KJFZ038)、上海市课程思政改革领航学院(上海理工大学管理学院)、上海市课程思政改革领航团队(上海理工大学工业工程团队)和第六批上海市属高校应用型本科试点专业建设项目上海理工大学工业工程专业(沪教委高 2015[65]号)的资助,作者深表谢意。由于作者的水平有限,书中难免有不妥之处,敬请读者不吝批评指正。

目　录

第1章 绪 论

1.1 研究背景和意义

随着科学技术和现代工业的迅速发展,许多设备变得越来越复杂。这些设备由于其复杂性和其他各种因素的影响(如磨损、负载、外部冲击、运行环境的变化),其性能及健康状态将不可避免地发生变化,进而造成系统最终的失效。而一旦发生由于失效引起的事故,所造成的人员、财产损失甚至环境破坏往往是不可估量的[1]。例如,2010年4月发生在墨西哥湾的漏油事故,就是由于"深水地平线"钻井平台发生爆炸时,最后一道安全防线——防喷阀的失效,造成原油不断冒出,多名工作人员失去了生命,当地大量生物死亡,对生态环境造成了永久性的破坏[2]。此外,用于保证设备正常运行的维护保障活动还需要相应的费用支持。据调查,各类行业在维护中的投入占到生产总成本的15%~70%,而维护活动安排及维护资源管理的不当,将会影响整个生产过程并造成浪费[3]。因此,在设备运行过程中,利用先进的科学技术,有计划、有组织、有针对性地对设备进行状态监测和故障诊断,在其性能退化的初期,尤其在还没有造成重大危害时,及时发现异常或定量评价设备健康状态、预测设备的剩余寿命,并在此基础上确定对设备的最佳维护时机,成为一个十分重要和紧迫的课题。

近年来,设备的健康预测研究取得了蓬勃的发展,准确可靠的预测分析结果对设备安全性能的提升、维护成本的降低、停工时间的减少等方面都发挥着重要作用。在健康预测研究中,监测数据是开展设备剩余寿命预测研究的前提和基础[4]。但设备在实际运转过程中，由于噪声、故障和人为因素等影响，导致采集到的样本数据出现不确定，最终会影响剩余寿命预测的结果[5-6]。如何在样本数据不确定的情况下对设备进行有效的健康预测，将成为健康预测领域的一项重大而急迫的研究任务。这种数据不确定的情况是一种不确定性问题，目前，不确定性问题作为系统特别是复杂系统故障的一个重要特性，成为智能诊断领域中一个重要研究内容。对在样本数据不确定下的设备进行健康预测将具有十分重要的研究意义，可以归纳为以下几点：

（1）经济角度：准确可靠的健康预测结果可以提高设备利用率、延长机械设备运行周期、降低设备运行费用。不但保证了企业的运作效率，而且降低了企业的维护费用。

（2）安全角度：一些大型复杂设备的故障可能会带来难以估算的安全隐患，比如航天、核电等设备，一旦发生故障可能会造成人员伤亡以及重大经济损失。如果能够对这些设备开展有效的健康预测，就可能在设备产生重大突发故障前，对设备进行适当的维护，减小设备的安全隐患。

（3）生产角度：合理有效的健康预测结果可以提高维护决策的精确性，能够实现用最小的备件库存满足最大的维护操作，有效降低了企业备件的库存费用。

在制造业中，企业的生产设备是其生存与发展的重要物质财富，对设备的管理已经成为企业生产经营的重要组成部分。在大部分的制造型企业中，生产设备所占固定资产的比例高达 60% 以上，可见生产设备对于制造型企业的重要性。随着生产设备的不断运行，设备上的零部件会出现一定程度的磨损和老化，如果不能对设备进行有效的维护保养，可能会导致设备出现意外的故障发生。生产设备故障的发生会使企业的生产计划难以实现，从而使企业遭受巨大的经济损失，甚至可能会导致一些不必要的人员伤亡事件的发生，所以合理有效地制定设备的维护方案对生产企业格外重要，科学的维护策略可以使设备更加安全地运行和减少设备故障的发生概率，从而提高企业的生产效率和核心竞争力。设备在实际生产过程中可能会发生故障，一般需要进行相应的维护才能将设备恢复到良好的状态，为了对设备进行维护，备件作为维护活动重要的资源之一是必不可少的，然而备件的存储数量对企业来说至关重要，如果过多地存储大量的备件，可能会导致库存管理成本的增加，也会导致企业流动资金的减少，不利于企业的长期发展，过少地存储备件会使设备在发生故障时可能会备件数量不足，从而延迟设备的维护时间,所以综合考虑设备备件和维护策略可以有效地降低企业维护成本。

现代制造企业面临着激烈的全球化竞争和市场需求的不断变化,高效的设备运行能够保证企业及时有效地完成客户的订单,从而能够在市场竞争中占有有利的优势,对设备的有效的维护能够减少停工的时间,从而更加有利于设备的高效运行。设备的维护成本在企业的生产活动中占很大一部分比例,所以企业更加认识到对设备维护的重要性。随着科技的快速发展,设备逐渐变得复杂,维护费用变得更加昂贵,所以制定有效的设备维护策略可以使制造企业减少成本。通过对设备退化过程的研究,进一步扩展维护决策建模的理论,从而为我国制造业企业提供值得借鉴的有效维护方式。

在制造型企业的生产过程中,为生产设备制订科学合理的维护计划,有效地避免因设备发生的意外故障而造成不必要的损失,是企业界和学术界所需要共同研究和解决的问题。根据统计,在 1981 年美国的制造型企业对其设备的维护金额高达 6 000 亿美金,而且在 20 年内维护的费用增加了一倍之多[7]。德国的企业对于设备的维护费用占到其 GDP 的 14%~15%,而荷兰的企业的维护费用则占到 14%[8,9]。具体到企业而言,其总支出的 15%~70% 用于生产设备的维护[10]。更值得注意的是,如此高的维护费用中的三分之一在维护实施过程中白白浪费掉[11]。所以科学的维护策略对企业有着重要的意义。

设备维护是企业的一项重要任务,随着设备的使用时间的增长,设备的故障次数会不断地增加,维护成本也会逐渐地增加,维护的难度也会不断地增加,所以高效的维护策略可以增加设备的使用寿命和设备的工作效率,从而可以增加企业的盈利能力和市场的核心竞争能力。有效地提高设备的可靠性和设备的寿命,可以更好地完成生产的任务,从而增加企业的盈利能力,对维护成本的控制也影响着企业的盈利能力和竞争优势。

生产系统一般由多台设备组成,传统的维护方式可能会造成维护不足或维护过剩的情况,所以有效地考虑设备状态从而制订相应的维护计划可以最小化维护成本和故障损失成本。本书考虑生产多于需求可能会给企业带来利润以及生产少于需求会给企业造成损失,在这种情况下研究多设备的状态维护策略。另一方面,备件作为维护的重要资源之一,考虑合理的备件订购策略,可以有效地降低维护成本。因此,结合多设备系统的特点,采取有效合理的维护策略,并应用到制造业设备和生产企业的实际生产经营中去,具有重要的理论和实际意义。

1.2 设备健康预测方法的研究及进展

近些年来,随着人们安全意识的提高,设备的健康预测理论得到了国内外科研机构和工业界的广泛研究,各种不同的模型、新算法和新技术被提出并引入机械设备健康预测的研究之中。立足现有的研究成果,可以将机械设备健康预测方法归纳为三类:基于物理模型的健康预测、基于知识的健康预测、基于数据的健康预测。

1.2.1 基于物理模型的方法

基于模型的健康预测方法通常是采用数学模型去描述那些会直接或间接影响机械设备健康状态的物理过程。应用基于物理模型的健康预测方法的前提条件是已知对象设备的数学模型,这些模型通常由相关领域的专家提出,并且需要运用大量的数据对其进行验证。

Oppenheimer 和 Loparo 提出了一种基于物理模型的诊断和预测方法,并结合了基于裂缝变化规律的故障强度模型的基础上,可用于预测设备的剩余有效寿命[12]。Liang 等人在分析了系统产生的振动信号以及设备故障的产生机理的基础上,建立了相应的模型对系统的可观测变量与特征变量之间关系进行描述,通过递推最小二乘算法调整模型的参数,从而对系统未来某个时刻的故障特征的变化情况进行预测[13]。刘兰英和许亮提出一种将信息物理融合系统和感知控制论相结合的 PC-CPS 模型,该系统模型具有实时监测、故障诊断和故障预测等功能[14]。Li 等学者采用非线性递推最小二乘法,通过分析疲劳裂纹拓展模型和诊断模型间的映射关系,预测滚动轴承的裂纹尺寸[15]。Luo 等学者也建立了一种集成性的基于物理模型的预测方法,建模的基础是设备在正常状态和衰退状态下的大量仿真数据收集[16]。Kacprzynski 等人将物理失效模型和相关的诊断信息相融合,建立一个可对直升机上齿轮的健康状态进行预测的模型[17]。Cai 等人提出了一种基于物理模型的线性分布参数方法对传感器的故障进行诊断评估[18]。Liu 等人提出了一个数据驱动的动态分层贝叶斯退化模型,利用物理有限元模型和贝叶斯框架处理结构损伤增长预测[19]。

基于物理模型的健康预测方法具有深入对象系统本质的性质和实时寿命预测的优点。并且,对象系统的故障特征通常与模型参数紧密联系,随着对设备故障演化机理理解的逐步深入,模型可以逐渐修正以提高其预测精度。但是在实际工程应用中,建立模型的花费却非常昂贵;另外模型的针对性较强,有的模型只能运用于特定的设备,在经济适用性方面存在局限。此外,当面对复杂的设备时,很难建立起数学模型。因此基于物理模型的健康预测方法在实际运用中受到一定的限制。

1.2.2 基于知识驱动的方法

基于知识的健康预测方法,即在已构建起来的知识库基础上,通过运用科学有效的推理技术和方法,对设备的剩余寿命进行预测。与其他方法相比,这类方法不需要模型,当精确的数学模型难以获得时,常采用该方法。主要方法包括专家系统和模糊逻辑。专家系统在诸多领域都有应用,并且在实际应用过程中取得了巨大的成果,该方法主要包含知识获取、知识表达以及模型确立三大方面的内容。模糊模型能在不明确、不准确、噪声以及信息遗漏的情况下,提供一种简单的方法对信息进行定义,并得到问题的解决方法。模糊逻辑能表达出定性知识与经验,利用隶属度函数,处理模糊集合和模糊关系,解决不确定性问题。

1989 年 Lembessis 建立了一个实时专家系统对故障进行诊断,该系统可以实现对工业设备的健康状态连续地监测[20]。随后,Butler 设计出一个用于故障的探测和预测性维护(failure detection and predictive maintenance,FDPM)的专家系统框架,在该系统中,有无数个与专家系统相关的组件与数据库,并且在该系统中很好地运用了数学模型和神经网络模型[21]。Biagetti 和 Sciubba 建立了集成健康预测和智能检测的专家系统,通过对严重故障类型生成实时健康信息,从而预测未来潜在的故障和失效,并对预防和控制健康劣化提出解决方案[22]。Sikora 针对采矿设备的微弱振动故障进行了推理机制归纳,建立了专用算法以获取分类规则,并利用基于规则的过滤机进行设备健康预测[23]。南京工业大学的杨慧勇、殷晨波等将模糊理论引入对超龄塔机剩余寿命的综合评判,建立了二级评判模型[24]。杨东升等人针对电能表自动检定流水线故障特点,构建了以模糊推理为基础的故障诊断专家系统,该专家系统在一定程度上弥补了运维人员经验的不足,提高了生产效率[25]。司景萍等人以某型号发动机为研究对象,运用测试技术、信号处理、小波分析、神经网络和模糊控制理论,提出了基于模糊神经网络的智能故障诊断系统[26]。秦俊奇等人介绍了一种基于动态模糊评判与专家系统推理相结合的设备健康预测方法,并且将该方法应用于火炮故障预测的实例中[27]。

基于知识的健康预测方法的技术优势在于借助领域专家丰富的知识和经验,可以获得准确的领域规则或启发式规则,提高设备健康预测的准确性。但是,基于知识的方法在获得领域知识并将其转化为规则时常常会遇到困难,系统模型容易受到人类专家知识的限制,模糊逻辑需要与其他方法结合才可用于预测,模糊规则不容易设定,缺乏学习能力且没有记忆能力。

1.2.3　基于数据驱动的方法

基于数据的健康预测方法是通过运用数理统计以及数据挖掘等方法,分析设备劣化的内在规律,在获得的大量实际数据基础上合理预测设备未来的劣化趋势。在对实际生产中的机械设备进行健康预测时,一方面可能无法对复杂的系统建立精确模型,另一方面该领域内专家的知识以及经验难以获取与表达。基于数据的健康预测方法可以在收集到的设备健康状态数据基础上,对数据中的趋势规律进行挖掘,该方法主要分为以下三类。

1) 灰色模型

灰色系统理论是由中国学者邓聚龙教授在 1982 年首先提出来的一种理论方法。灰色模型是通过少量的、不完全的信息,建立灰色微分预测模型,对事物发展规律做出模糊性的长期描述。灰色理论预测方法已被验证具有小样本、贫信息环境下的预测建模优势,适用于机械设备健康的中短期预测。

Sheu 和 Kuo 利用灰色理论和演化分析建立了一个健康状态预测模型,用来预知不同生产设备的维护时机,以降低维护对生产作业的负面影响[28]。Wang 等学者创新提出一种灰色预测与马尔可夫预测交互优化的灰色马尔可夫模型[29]。徐文等人在传统灰色预测模型的基础上,将背景值优化和新陈代谢模型相结合,构造出改进灰色模型 GM(1,1,P),并将其应用于数控机床的故障预测[30]。王开军和林品乐针对故障预测具有不确定性的问题,提出将模糊数学中的直觉模糊集和灰色模型相结合的故障预测新方法,并通过实验验证了该方法的可行性,可及时准确地预测出系统故障[31]。郭宇和杨育为更有效地预测设备故障,提出一种基于灰色粗糙集与 BP 神经网络的设备故障预测模型,并以地铁信号设备故障预测为例进行实例验证,结果表明该模型预测误差更小,预测准确率更高[32]。

2) 人工神经网络技术

人工神经网络技术是一个由输入层、隐藏层以及输出层组成的数据处理系统,每一层由一定数量的"神经元"类似处理单元构成,这些单元通过数字化的权重彼此连接相互作用。基于神经网络的方法最主要的优点体现在能够提高数据处理速度以及降低系统的复杂性,因此在预测领域得到了广泛的运用。

Zhang 和 Ganesan 利用自组织神经网络进行故障发展的多变量趋势跟踪,从而对轴承系统的剩余寿命进行预测[33]。Byington 运用神经网络理论对飞机制动器组件的有效剩余寿命评估问题进行研究[34]。此外,学者们在运用神经网络对设备故障进行预测时,还将此技术与其他技术进行结合,因此出现了如小波神经网络、模糊神经网络等多种形式的神经网络结构。这些特殊形式的神经网络一方面发扬了传统神经网络技术的优势,另一方面也克服了传统方法中存在的不足,从而在健康预测中获得了很好的效果。Wang 等人在利用传感器对设备进行检测的基础上,根据获得的数据,运用动态小波神经网络,建立了针对对象系统故障特征随时间演变的模型,进而对设备的剩余寿命进行预测[35]。Gebraeel 等人提出了两类基于神经网络的剩余寿命预测方法,通过案例分析可知这两种方法可以获得较高的预测精度[36]。Kiakojoori 等人研究了飞机燃气轮发动机的健康监测与预测问题,并设计了两种不同的动态神经网络[37]。

3) 隐马尔可夫模型(HMM)和隐半马尔可夫模型(HSMM)

作为随机过程的一种重要形式,隐马尔可夫模型一开始被广泛运用于语音信号处理上,HMM 具有丰富的数学结构和坚实的理论基础,另外相比于纯粹的黑盒子建模方法而言,HMM 更容易对模型进行解释。

学者 Bunks 率先指出,可以在机械设备的预测领域中运用 HMM[38]。Baruah 和 Chinnam 使用基于 HMM 的方法来执行诊断和预测,HMM 被用来对传感器信号建模,判定出系统所处状态,对有效剩余寿命进行评估[39-40]。Liao 等人提出了一种基于模拟退火算法和期望最大化算法的隐马尔可夫模型来用于设备故障预测,提出的算法具有较强的全局收敛性并且优化了参数估计过程[41]。Du 等人利用 HMM 对润滑油的剩余寿命进行预测,并采用期望最大化算法对参数进行估计[42]。

由于 HMM 存在着无法对状态持续时间进行描述的缺陷,HSMM 在 HMM 基础上添加了一个时间组件,该模型可以描述出状态持续时间的概率问题。从本质上而言,HSMM 是将一个描述清晰的状态持续时间概率函数添加到 HMM 中,但是添加函数后的模型不再遵循严格的马尔可夫过程。Dong 和 He 在 HMM 的基础上提出了隐半马尔可夫预测方法,搭建了一个集成框架多传感器的收集的信号进行融合,显著提高了健康预测的准确性[43-45]。Khaleghei 和 Makis 考虑了一个随机失效的部分观测系统,利用 HSMM 对系统的状态进行建模,并假设状态的逗留时间服从爱尔朗分布[46]。另外,对于多传感器的信息处理,Liu 等人提出了自适应隐半马尔可夫模型(AHSMM)的设备健康诊断和预测方法,采用失效率方法对剩余有效寿命进行了预测[47]。Wang 等人针对设备运行状态识别与故障预测问题,提出一种基于时变转移概率的隐半 Markov 模型,并通过滚动轴承的实验证明了提出的方法比传统方法更为有效[48]。

基于数据驱动的预测方法不依赖任何物理或工程原理,是该方法最大的优势。但在使用该方法时,需要对设备运行过程中的特征数据进行采集和存储,在实际中,设备的历史故障数据可能较稀缺,同时预测结果依赖于数据的可用性。

另外,健康预测领域数据不确定性问题的研究在国内外也早已开展。Bo-Suk 和 Kwang 介绍了 Dempster Shafer 理论在韩国感应电动机故障诊断中的应用,通过将振动和电流分类器分类结果融合来提高诊断的准确性[49]。Fang 等人针对退化信号不完全问题提出了一个半参数方法来预测部分退化系统的剩余寿命,首先利用函数主成分分析法确定历史数据中的主要信号特征,然后使用自适应函数回归模型模拟截取信号特征与失效时间之间的关系[50]。Si 等人提出了一种基于 Wiener 过程的退化建模方法,该方法同时考虑系统的随机退化和不确定测量,并采用卡尔曼滤波技术实现潜在退化状态的估计[51]。郑建飞和胡昌华等人针对工程实际中大量存在的非线性随机性退化系统,同时考虑了不确定测量和个体差异的剩余寿命估计[52]。杨森等人将灰色理论和人工神经网络算法相结合,提出一种基于改进灰色神经网络的故障预测模型[53]。张阳等人提出基于 DS 证据理论的电网故障诊断方法来解决由于不知道所引起的不确定性,并利用一个算例测试验证了该方法能够有效地识别故障元件[54]。

1.3 设备维护方法的研究及进展

1.3.1 单设备维护方法

近几十年来,设备维护方面的理论越来越完善了,特别是单设备的维护策略研究更是十分丰富。

为了使制造业的设备能够减少故障的发生、降低设备维护成本、提高设备的可靠性和可用度等维护目标,很多专家学者从 20 世纪 60 年代开始就对单设备维护模型和策略进行了大量的研究,通过对设备制定有效合理的维护策略,减少企业的维护成本,增加企业的竞争力。维护策略模型一般包括基于役龄的维护模型、等周期维护模型、故障限制维护模型、弹性维护周期模型、顺序预防性维护模型,还有考虑人为因素对设备维护的影响,包括人为错误对设备维护的影响。

Berg 和 Epstein 研究了设备寿命服从爱尔兰分布的情况下,对设备进行固定周期检测,根据当时设备运行情况决定是否进行更换,若设备停机故障则进行更换,反之不进行更换[58]。Low 等人通过建立单设备系统的可用性约束条件,将设备整个寿命期分为若干个不同的维护阶段,在每个维护阶段结束后进行重新规划,联合优化生产计划和预防性维护计划[59]。Lim 和 Park 研究了一种周期性预防性策略,在每次维护的时候不会改变故障率函数分布而降低故障率,设备进行了 N 次预防性维护,在最后一次故障发生后则对设备进行更换[60]。奚立峰等研究设备的故障率服从威布尔分布,综合考虑了混合故障率函数和设备的可靠度约束,从而建立了设备的预防性维护优化模型,最后得到维护周期的间隔逐渐地减少[61]。苏春等人以风力机为研究对象,综合考虑了各种维护成本并以成本最小为目标函数,并考虑可用度约束建立顺序维护优化模型,最后求解出维护周期个数和维护周期时间间隔[62]。Nakagawa 首先提出了单设备的顺序预防性维护,并对两种不完全预防性维护模型进行了分析对比,其中一种是设备进行了多次的预防性维护,虽然故障率降低了,但是维护间隔周期逐渐减少;第二种是通过不完全维护可以降低设备的年龄,两种策略都是以最小化平均成本率为目标函数[63]。El-Ferik 等研究基于单设备役龄的不完美维护模型,目标函数为最小化平均成本,决策变量是维护次数和维护周期[64]。Chien 等考虑设备会受不同的非均匀的泊松过程的冲击,通过利用改善因子描述设备的故障率,目标函数是长期维护成本最小化[65]。Celen 等考虑一种定期预防性维护策略,通过每一次预防性维护都会降低设备的风险率,在设备进行了 N 次维护后,对设备进行更新的策略,目标函数为最小化成本率,决策变量是最优维护次数 N 和维护周期的间隔[66]。Bergman 用故障率函数描述设备的状态,到设备的故障率值达到一定阈值时,对设备进行更换,通过最小化维护期内的总维护成本从而确定最优的故障率阈值[67]。李林等研究租赁设备的预防性维护策略,通过采用冲击模型来对设备的故障进行建模,考虑故障惩罚机制和维护的非修复非新效果,建立了顺序预防性维护模型,目标函数为最小化总成本,通过案例分析说明该策略符合设备的维护状况[68]。

由上述单设备维护决策现状分析可得,单设备维护决策模型主要有等周期预防性维护模型和弹性预防性维护模型、顺序预防维护模型等,优化目标函数一般为费用函数最小化和可靠度最大化、可用度最大化等,主要的约束条件是设备可靠度和可用度,决策变量一般是预防性维护周期、维护方式、故障率阈值等。

1.3.2　多设备维护方法

现代制造型企业一般都采用复杂的多设备生产系统,不单单是仅设备维护那样简单,需要考虑多设备系统之间的关联性和系统结构的影响,从而可以对多设备系统进行有效的维护,增加设备的利用率,减少设备的维护成本,许多专家学者对多设备组成的系统进行研究,并提出了很多维护决策模型。

Das 等以多设备组成的系统为研究对象,并采用成组维护策略,建立了以成本最小为目标函数,假设设备的故障率函数服从威布尔分布,最后通过求解得到设备的最优维护周期时间[69]。Wildman 等提出将长期维护计划分解成短期维护计划中滚动计划的成组维护方法,根据短期获得的信息调整后续的维护计划,从而形成动态的分组策略,该方法可以有效地减少维护费用[70]。Do Van 等以多部件设备为研究对象,建立了多部件设备的动态维护优化模型,考虑部件之间的经济相关性,并使用机会维护这种维护方式[71]。Nicolai 首次提出设备之间存在经济相关性、结构相关性、随机相关性这三种相关关系[72]。Zhou 等考虑了串并联系统的经济相关性,建立了目标函数为平均收益最大的维护优化模型[73]。王灵芝等以多部件设备为研究对象,建立了非周期性成组维护优化模型,求解出满足设备可靠度约束的维护费用最小的维护策略,最后结果表明分组维护要优于对单部件单独进行维护,更加节约费用[74]。刘繁茂等针对串并联的多设备串并联系统,利用连续马尔可夫过程描述设备的退化过程,并根据设备的状态进行维护决策,提出一种新的视情机会维护策略,最后通过蒙特卡洛仿真进行模型求解[75]。王金贺等考虑到多台风力机之间的经济相关性,以风电场多台风力机为研究对象,利用排队论理论,建立了多设备成组维护优化模型,以最大节约维护成本为目标函数,最后通过案例分析得到成组维护要比传统的维护方式要节约成本[76]。徐孙庆等考虑多部件之间的两种相关性:经济相关性和结构相关性,建立了多部件串联系统以节约维护费用最大化为目标函数的维护优化模型,并采用动态成组机会维护策略,最后通过遗传算法进行求解,说明该方法可以减少维护成本[77]。周晓军等以混合故障率函数描述设备的故障率变化,建立了多设备串联系统的机会维护动态决策模型[78]。Xiao 等研究多设备成组维护和生产调度的联合优化模型,以最小化总成本为目标函数,包括生产成本、预防性维护成本、意外故障的最小维护成本和停机成本,决策变量为每台设备的维护间隔和设备的作业任务分配[79]。Xia 等提出一种对于多设备租赁维护的租赁利润优化算法,可以有效地对多设备系统进行维护[80]。

由上述多设备系统维护决策文献研究现状分析可得,多设备系统维护决策一般根据设备之间存在三种关系建立相关的维护优化模型。主要采取的维护策略有机会维护策略和成组维护策略、状态维护策略等。

1.3.3　维护与备件订购方法

在设备维护需要的资源中,备件是一项重要的资源之一,有效地考虑维护策略与备件的联合优化,可以减少维护相关的费用和备件相关的费用,很多学者专家认识到备件对维护的重要性后,对维护策略和备件订购策略进行了大量的研究。

Armstrong 和 Atkins 研究了联合优化替换决策和订购决策系统的可求解性,该系统只考虑一个备件的存储且系统只有一个部件随机劣化,结论表明联合优化比顺序优化节省费用[81]。Kabir 和 Al-Olayan 通过使用仿真模型将 Armstrong 和 Atkins 的研究扩为多个相同设备的基于年龄的更换和订购策略的联合优化,在仿真中,为系统中的每个设备生成一组随机故障时间,并为更换时间、库存水平、补货水平确定一定的范围，在这些范围内制定最佳库存策略[82]。Falkner 研究在有效计划时间内对单机多部件系统进行维护和库存策略的联合优化[83]。Elwany 等以单设备为研究对象，对维护策略与备件订购策略进行了联合优化，并根据传感器检测的数据来计算设备的剩余寿命分布，这样就可以根据设备的实际情况从而决定维护策略和库存策略[84]。Wang 等使用 Wiener 过程对关键部件的劣化过程进行建模，通过使用检测的实时数据和 EM 算法更新参数，推导设备剩余使用寿命的概率密度函数，从而将基于状态的更换与关键部件订购策略进行联合优化[85]。Horenbeek 等对维护和库存优化的联合优化进行了综述性研究，分别从 7 个方面进行分析[86]。Farhad 等比较了在定期检查和连续检查的补货策略下维护和库存的优化研究，通过仿真表明订购的频率是检查频率的两倍时成本是最低的[87]。Samal 等建立了预防性维护与备件订购的联合优化模型，并使用遗传算法和粒子群算法进行求解，最后得到最优的预防性维护周期和备件库存订购间隔[88]。张晓红等以单设备为研究对象，建立了视情预防性维护和备件订购策略的联合优化模型，并以长期费用率最小为优化目标函数，最后通过数值实验进行求解[89]。蔡景等建立了维护策略与备件订购策略的联合优化模型，通过 Wiener 过程对设备的劣化过程进行建模，以平均费用率最小为目标函数，并通过遗传算法和蒙特卡洛方法进行求解，最后得出库存参数和预防性检测阈值[90]。Wang 等通过多个同类型设备进行研究，在等周期对系统进行检测的情况下，对视情更换策略和备件订购策略进行联合优化，并通过仿真和遗传算法进行求解[91]。Keizer 等针对多部件组成的系统的维护与备件订购策略联合优化问题，利用离散马尔可夫过程描述部件退化的状态，构建不同状态的转移概率，并根据部件的状态从而决定部件的订购策略，总的费用包括维护费用、备件订购成本、备件库存成本，最后求解使用数值迭代方法验证模型的正确性[92]。Chang 等提出一种集成决策模型，通过监测设备关键部件的状态，用维纳过程描述设备的退化过程，并通过贝叶斯方法和实时的数据的 EM 算法来更新参数，联合优化设备维护决策和备件订购策略[93]。

1.3.4　生产与维护联合优化方法

设备维护计划被最早地考虑到需要加入企业生产计划中，是从 20 世纪 80 年代开始的。学者们普遍意识到传统的生产经济批量模型太过于片面，仅仅考虑库存驱动的生产模式下需要补充多少产品以达到满足安全库存的要求。

　　为了扩展这一传统的模型,学者们率先考虑将随着生产运作的时间逐渐劣化的设备综合到 EPQ 模型之中。

　　Porteus 于 1986 年率先探索了这一研究领域[94]。他认为在传统的经济生产批量问题中,没有考虑到设备自身状态的转变,而是一直假设设备处于完美状态。因此他提出设备在生产中会出现正常状态和失控状态,而考虑设备失控后得出的生产批量也比传统模型得出的结果要低。几乎与此同时,Rosenblatt 和 Lee 也在他们的研究中,得出了比传统模型生产批量值要低的结果[95]。之后,Lee 和 Park 利用 Porteus 等的研究思路,加入不合格产品返工费用和和已售不合格品的保修费用,得出新的模型[96]。Tseng 在他的研究中不再认为维护只是简单的点检,而是一种主动的、预防性的手段[97]。Hariga 和 Ben-Daya 在 1998 年研究了设备从正常状态到失控状态符合任意分布时的经济批量模型[98]。Kim 和 Hong 等人则发展了 Lee 等人的研究,推导出各生产阶段精确的生产批量,并制作维护时间表[99]。

　　此外,学者们还考虑了停机维护对生产带来的影响。Groenevelt 等[100-101]率先考虑到设备停机维护对生产计划制订的影响,并先后进行了一系列研究。他在研究中认为,故障的发生过程是一个随机过程,每当故障发生时,需要停机维护。由于维护占用了生产时间,因此这种理论下得出的经济生产批量要比传统值偏大。Berg 等在随后的研究中给出假设:产品的需求不是一成不变的,而是离散型分布的随机过程[102]。他们更新了 Groenevelt 等人的研究模型,并得出结论,设备的故障率越大,经济生产批量值越大。1997 年,Dohi 等将基于寿命的预防维护策略整合到生产计划中,为设备制定使用时间寿命,一旦达到寿命,无论设备健康与否,均采取停机维护[103]。之后,他们又考虑到基于寿命的预防维护会带来的停机时间对安全库存的影响,并认为故障率与最优生产批量之间并没有一定存在的正相关关系[104]。王圣东和周永务也考虑维护中断的情况,做出了与 Dohi 等相似的研究[105]。

　　通过对以上文献的研究可以看出,经济生产批量问题或者粗生产计划和设备维护已经整合研究过一段时间。现有的研究中分别从设备劣化导致产能降低和故障维护导致停机损失等角度,证明了生产计划与维护计划结合的必要性和有效性。然而,现实生活中很多企业并不是由库存驱动生产,生产活动更多的是一种连续性的活动,而并非 EPQ 模型中的离散型生产。因此,将更为详尽的企业中期生产计划与设备维护相结合,更为符合实际需求。

中期生产计划和预防维护计划分别是生产和维护两大研究领域中发展较为成熟,也是最受认可的方向。然而将二者结合起来的研究还比较少。于丽英和杨雷将生产周期内各产品产量和预防维护检查周期作为双目标参数,使用整数线性规划法,建立了二者的函数关系[106]。Aghezzaf 等根据中期生产计划的理论,将有限的生产周期进行分段[107]。将总需求细分为各个生产时间段上的需求,在整个生产周期内设备会随机出现故障,以此建立总成本模型。这一研究是基于单产品生产流水线的研究,之后 Aghezzaf 和 Najid 又研究了多产品生产系统的情况[108]。Dolgui 等在 Aghezzaf 的研究基础上加入了不合格产品带来的损失这一因素,同时建立时间模型和费用模型进行决策[109]。

考虑到现实生活中并非所有预防维护活动都是周期性活动,Fitouhi 和 Nourelfath 提出非周期性预防维护策略[110]。之后,Nourelfath 和 Fitouhi 等研究了单一串联生产系统的整合优化问题[111]。Drent 等则又将理论应用于串并联混合设备的生产系统中[112]。

1.4　现有方法的不足

1.4.1　设备健康预测研究的不足

综合以上文献分析结果,发现大部分对机械设备的健康预测研究都是在确定的样本数据下进行的,在数据不确定下进行设备健康预测的研究却很少,或者针对不确定数据问题的解决很难得到满意的结果。但在机械实际运转过程中,会出现样本数据不确定的情况[55—57]。不确定的数据会降低从数据集中抽取模式的正确度和导出规则的准确度,不仅增加数据分析的难度,而且会导致数据挖掘的结果产生偏差,不能准确地对设备进行故障诊断和寿命预测。因此,如果能够对不确定的样本数据先进行一系列的预处理工作,然后利用确定的样本数据去为设备的健康状态做出诊断,就可以为设备未来的运行趋势做出更精确的预测。

1.4.2 设备维护研究的不足

通过对以上国内外单设备维护策略和多设备维护策略以及设备维护与备件联合优化的相关文献分析,可以发现学者们对单设备的研究比较多而且理论也较为完善,但对于多设备组成系统的研究较迟且研究成果不多。设备维护理论可以有效地帮企业减少维护成本,增加市场竞争力,使企业能够更好地运作。设备维护优化主要是帮助企业节约维护成本和保证生产的安全进行。设备的故障一般分为可修复故障和不可修复故障,当设备发生可修复故障时,对设备进行小修或者大修;当设备发生不可修复故障时,对设备更换维护。维护的方式有不完美维护和完美维护,在对设备进行不完美维护的时候,维护后的设备不能恢复到全新状态,当对设备进行完美维护时,设备的状态变成全新。设备会随着运行时间的增长,故障发生的频率逐渐地增加,维护的难度也逐渐地增加。在过去的几十年内,学者们对单设备的维护研究得非常仔细,而且成果也非常丰硕,对设备退化过程进行描述的随机过程也很多,其中比较常用的是连续时间马尔可夫过程、离散时间马尔可夫过程、伽马过程、维纳过程等。对单设备系统的维护策略主要有状态维护策略、定周期维护策略、基于年龄的维护策略、弹性周期维护策略等。状态维护策略与其他维护策略相比,它可以提高维护的效率,因为它是基于设备的实际状态进行维护,既不会维护过度也不会维护不足。对多设备系统的维护策略研究,主要考虑设备之间的三种关系,分别是经济相关性、结构相关性、随机相关性,一般对多设备系统的维护方式主要有三种,分别是状态维护策略、分组维护策略和机会维护策略。对单设备和多设备系统的维护策略研究时,很多没有考虑备件这个因素,即备件是随取随用的,但是在实际中备件的数量是否满足维护需求是未可知的,而且备件的订购数量是否合理都是需要考虑的因素,因此对设备维护策略和备件的订购策略进行联合优化,可以使企业减少维护成本。

从生产与维护联合优化问题的研究中可以发现,维护费用、检查费用和生产成本均已被考虑到总成本模型中去。但是这些模型中,有的忽视维护所需的停工时间对生产能力造成的影响。也有的把维护活动看得过于单一,只是给出一个固定的维护时间,没有考虑到维护时间与具体的零部件的复杂程度和故障的严重程度相关。

1.5   本章小结

　　本章是全书的总体概述，概述性地介绍了相关的研究背景，在实践背景的基础上提出本研究主题，在理论背景的基础上将研究主题细化成具体的研究问题。围绕要解决的具体研究问题，本章分析和探讨了已有设备健康预测、设备维护以及调度的相关研究，包括对已有的研究进行回顾，评论已有方法的不足，确定需要进一步研究的方向。本章既是全书的概述，又是全书研究的逻辑指导。

第 2 章　设备维护的概念及理论

2.1　引　言

实际生产中,设备在长期运行过程中会逐渐老化。为保证设备的正常和安全运行,关于设备健康状态识别和剩余寿命预测的研究越来越受到设备管理人员和研究学者们的重视。设备在完全失效前通常会经历一系列的退化状态,如果能够正确识别设备当前所处的退化状态并预测设备的剩余有效寿命,便能够有效预防设备失效的发生,从而减少给企业带来的损失。因此,对机械设备的状态识别与剩余寿命预测具有十分重要的意义。

设备的健康管理是指从前期设备的购买、安装,到设备的使用、维护、改造,直到最后设备的报废和更新等整个寿命周期的管理。"健康"的含义是当把设备的正常状态设定为标准状态时,设备当前的运行状态符合标准状态的程度。通常我们可以通过对设备的运行状态进行动态监测,然后运用监测到的数据对设备的健康状态进行诊断与预测,从而获取设备当前的健康状态信息。

设备的健康管理主要包含如下内容:

(1) 监测设备运作参数。设备以及零部件在运作过程中,状态参数都会发生变化,在设备的关键部位安装传感器可以对设备运行中各个状态数据进行监测和采集。这是设备健康管理的基础。

(2) 评价设备健康状态。在获取设备各个状态相应的数据后,需要采取适当的评价方法对设备当前所处的健康状态进行评估,识别出设备当前的健康状

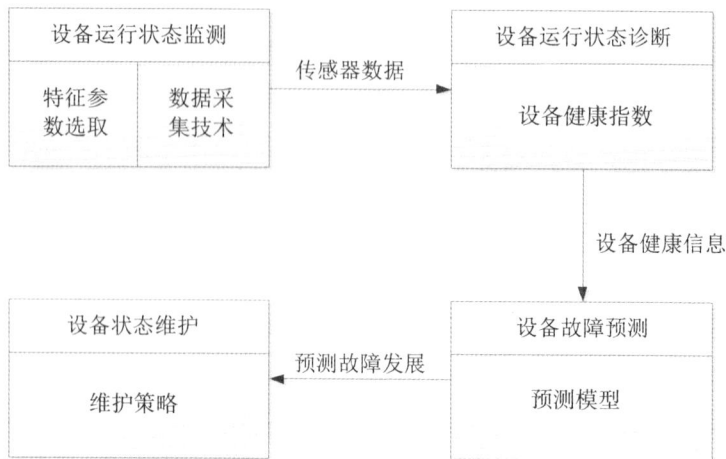

图 2-1 设备健康管理功能图

态和设备发生退化的程度。

（3）预测设备的健康寿命。为了确定设备健康状态的变化趋势,需要对设备后续的运作健康状态进行预测,从而能够及时地发现和排除设备潜在的故障。通常,在诊断出设备的当前运作状态后,还需要结合设备的历史运作数据,通过恰当的预测方法,对设备未来发生故障的时间节点进行预测。准确有效的寿命预测可以保证在设备发生失效前,有足够的时间对设备进行维护。

2.2 设备剩余寿命预测

2.2.1 设备剩余寿命预测的概念

设备的退化是客观存在的,自然的退化过程显然是不可逆的,这样的退化便使得设备存在有限的寿命,工作一段时间后的设备便有了"剩余寿命"的存在。寿命预测分为早期预测和中晚期预测。早期预测是确定设备的设计寿命或计算寿命,主要以计算方法进行,是偏理论的;中晚期预测是指设备累计运行时间已超过或远超过设计寿命,通过对其运行历史的分析、检验鉴定、计算,以其他直接和间接的寿命诊断技术作为科学依据,评估设备还能够继续安全运行的时间,也就是预测设备的剩余寿命,这种预测是偏实践的、偏经验的。为了进行寿命预

测,需要做大量的资料分析、实地检验、试验等工作。通过寿命预测和管理可以达到以下目标:

(1) 发现设备缺陷,监督其发展状况,掌握设备健康水平;

(2) 确定寿命损耗率,预测设备剩余寿命;

(3) 提出合理运行方式;

(4) 为制订设备检修、维护、改造、更换方案及反事故措施提供科学依据;

(5) 延长超期服役设备的运行寿命,这是最经济的,进行寿命预测所需费用仅为更换该设备所需费用的 $1/6 \sim 1/3$。

设备剩余有效寿命是指从设备当前时刻到失效时刻的有效时间间隔,在实际生产中,基于随机过程首达时间的概念[113],一旦描述设备健康状况随时间变化的退化过程 $\{X(t), t \geqslant 0\}$ 达到设定的失效阈值 ω,则认为机械设备寿命终止。关于失效阈值,在工业中通常由相关的工业标准或设计要求确定。鉴于此,基于当前的观测数据 $X_{0:k} = \{x_0, x_1, x_2, \cdots, x_k\}$,将设备在时刻 t_k 的剩余有效寿命 L_k 定义为:

$$L_k = \inf \{l_k : X(l_k + t_k) \geqslant \omega / X_{0:k}\} \qquad (2-1)$$

2.2.2　设备剩余寿命预测方法的分类

根据状态监测数据的类型,将获取到的监测数据分为直接数据和间接数据[114]。直接数据主要指可以直接反映设备的性能或健康状态的监测数据,通常提到的退化数据如磨损、疲劳裂纹数据等就属于这一类。因此,利用这类数据进行剩余寿命预测就是预测监测退化变量首达失效阈值的时间。基于直接监测数据的剩余寿命预测方法有随机系数回归模型、Wiener 过程、Gamma 过程和马尔可夫链方法[115-118]。

(1) 随机系数回归模型。随机系数回归(random coefficient regression,RCR)模型主要是为了表示回归系数会在某个区域上发生变化的特征而提出的,例如系数会随着个体、时间或者经济单元的变化而改变。随机系数回归模型是一类广泛应用于经济学、生物学、心理学和动力学等领域的线性模型,在这些领域的研究中不同的个体往往要进行重复观测,而观测点(如观测的时间点、空间的分配等)的选择都在观测者的控制之下。

（2）Wiener 过程。Wiener 过程是一个连续时间的随机过程，也被称为布朗运动。Wiener 过程是莱维过程（指左极限右连续的平稳独立增量随机过程）中最有名的一类，在纯数学、应用数学、经济学与物理学中都有重要应用。如果一个随机过程 $\{X(t),t\geqslant 0\}$ 满足：① $X(t)$ 是独立增量过程；②任意 $s,t>0$，$X(s+t)-X(s)\sim N(0,\sigma^2 t)$；③ $X(t)$ 关于 t 是连续函数，则称 $\{X(t),t\geqslant 0\}$ 是 Wiener 过程。

（3）Gamma 过程。Gamma 过程是单调退化过程，具有独立非负增量，适合对单调退化产品的性能退化建模。如果产品的性能退化是磨损、疲劳、腐蚀、裂纹增长的退化过程，可以考虑采用 Gamma 过程建模。Gamma 过程同样是对线性退化产品建模，如果产品的退化过程是非线性的，需要通过对时间 t 的变换将这些非线性退化过程转化为线性退化过程。

间接监测数据主要指只能间接或部分地反映设备性能或健康状态的监测数据，这类数据主要包括振动分析数据、油液分析数据等。利用这类数据进行剩余寿命预测时就需要预测设备的隐含退化状态，并将隐含退化状态与剩余寿命联系起来。本书所获得的数据就是属于间接数据。在生产实际中，间接数据可以通过傅立叶变换、小波变换等信号处理方法转化为可以反映设备健康状态的直接数据，这一过程通常被称为特征提取[119-121]。常用的基于间接监测数据的剩余寿命预测方法包括随机滤波、隐马尔可夫和隐半马尔可夫模型[122-125]。

（1）随机滤波模型。基于随机滤波技术的剩余寿命预测方法通过构建状态空间模型，能够自然地建模设备监测数据与隐含状态的关系，实现剩余寿命预测结果依赖于所有的监测数据，因而得到了广泛的关注和应用。但该方法依赖于隐含状态的失效阈值，而隐含退化状态阈值的选择是一个难题。

（2）隐马尔可夫模型。隐马尔可夫模型是随机过程模型的一种，它能够描述出双重内嵌于系统底层且不可见的随机过程。一个 HMM 中的随机序列遵循马尔可夫链，但是序列中的状态不能被直接观察到，而是与一个概率函数相关。一个随机状态序列的产生会导致出现一个观测向量的序列。每个观测向量各自通过某些概率密度分布表现为各种状态，同时每个观测向量由一个具有相应概率密度分布的状态序列产生。一个 HMM 包括五个部分：模型中的状态数量、每个状态下观测到的观测值、状态转移概率矩阵、观测状态转移概率矩阵和初始状态概率矩阵。

（3）隐半马尔可夫模型。隐半马尔可夫模型是在隐马尔可夫模型的基础上考虑了时间驻留问题,利用显示状态驻留时间分布参数来表示状态驻留时间概率密度函数。因此,该方法更适合用于描述机械设备失效的演化过程,提高故障诊断和寿命预测的准确度和可靠性。

2.3　设备维护优化的基本流程

一般维护优化的基本流程分为 5 个流程,分别是选定研究对象、描述系统特征、制定维护策略、建立优化模型、模型的优化与求解。

（1）选定研究对象。根据研究对象的不同,考虑的因素也不同,一般研究对象可分为单设备系统和多设备系统。其中单设备系统的建模研究比较多,相对简单,单设备的维护决策研究对多设备的研究具有重要的指导意义。多设备系统的研究需要考虑系统中设备之间的关系,如串联、并联、混联等,以及设备之间的相关性等问题对最优维护决策带来的影响。无论是单设备系统还是多设备系统,很多因素会对维护决策产生影响,譬如维护备件是否充足、维护能力是否满足要求等。

（2）描述系统特征。通过周期性检测或者连续性检测,可观察到设备的状态信息,判断设备的状态;或根据设备的劣化数据,判断设备的状态;也可以利用随机过程建模理论,对设备的退化过程进行建模。

（3）制定维护策略。基于设备的退化状态、维护次数、剩余寿命、故障率等信息,采用合适的维护策略,主要有年龄更换、周期更换、维护限制、故障限制、视情维护、成组维护、机会维护等维护策略,维护方式主要有大修、小修、更换;维护效果有修复如新、修复非新、修复如旧等。

（4）建立优化模型。决策变量一般为维护周期、状态检查周期、维护状态阈值、故障率阈值、可靠度阈值、剩余寿命阈值等;优化指标一般为总费用、费用率、停机时间、可靠度、可用度等;维护目标可为单目标或多目标;优化约束一般为维护资源、维护时间、维护成本、系统可靠度、系统可用度;优化区间一般为有限区间、无限区间、更新周期、检测周期、单位时间;建模理论有更新理论、半更新理论、离散时间仿真等。

（5）模型的优化与求解。根据所建立模型的特点,采用适合的算法进行求解,主要有解析求解、智能优化、启发式算法、动态规划等。

2.4　设备维护策略

2.4.1　维护策略类型

维护是指"为了使产品恢复或者保持相应的功能而做出相应的管理和技术活动"。维护是设备维护保养和修理的简称[126]。维护是系统仍然正常工作的情形下,为保证系统完好工作状态所采取的一切活动,包括清洗擦拭、润滑涂油等。而修理则是系统失效后采取的活动,比如检测故障、排除故障及修理等。一般来说,维护方式主要有四种:事后维护、预防性维护、状态维护、预测性维护。

2.4.1.1　事后维护策略

事后维护是指设备发生故障后再对其进行停机修理,是最早诞生的维护策略。起初,车间工人们在使用设备的同时,负责维护和修理设备。然而随着技术水平的发展,投入生产中的设备也变得越来越复杂精细,这使得没有专门设备相关知识技术的车间人员对设备维护工作变得越来越困难。因此,人们开始意识到设备的维护修理应当从生产中分离出来,成立专门的部门,由专门的技术人员进行管理,制订专门的维护计划。但由于技术水平的限制和生产成本在企业投入中所占的比重太高,人们只能在设备发生故障影响生产或导致设备宕机之后,对其进行维护。由于当时的设备复杂性不高,对故障采用的维护手段也通常只是简单地更换零部件或局部保养,事后维护的方式能够暂时得以推广。

然而,这种维护策略有其自身的缺陷:①突如其来的故障带来较长的设备停机时间和较高的维护费用;②打乱生产计划,使设备产能得不到充分发挥。

2.4.1.2　预防维护策略

事后维护属于被动维护管理手段,其成本主要来自以下三个方面。第一,使系统恢复到功能状态的成本;第二,由于故障引起的二次损害和安全风险成本;第三,由于故障造成的生产损失成本[127]。随着科技的发展,生产机器从单一或少量串联设备演变成复杂的生产系统,而每台生产设备承担的生产任务也更加繁重,使得设备维护管理变得更加困难。到了第二次世界大战时期,军工生产繁忙,设备承担的生产压力达到空前高度,这也导致设备故障率提高,经常性的故障产生严重地破坏了生产。正是在这种实际需求的驱动下,诞生了预防维护制度,人们希望通过这种制度降低设备故障率,减少设备停机维护时间,保证设备能够稳定持久地发挥其生产能力。

预防维护指的是,在设备使用过程中通过检测设备状态,预测出设备可能出现的故障并提前进行维护,将可能出现的故障避免的维护策略[128]。与事后维护和修复性维护相比,预防维护是一种主动的、有计划的维护策略,它要求维护人员需要对设备运行周期内产生的各种状态有充分的了解,对各个零部件进行波动检测,监测数据需要精确且可以被分析。在充分了解设备状态之后,结合统计分析和主观经验,预测出设备故障分布曲线,在设备可能发生故障之前采取措施,维护和修理设备。

基于时间的预防维护有时也被称作计划维护(Scheduled Maintenance),顾名思义这是一种根据时间来制订维护计划的策略。这种维护方式是人们通过经验积累以及对设备运行状态资料进行统计分析,寻找设备总会在某些时间段产生故障的规律,依靠这种规律制订相应的维护计划,在生产周期的一个特定的时间段对劣化设备或零部件进行修理或更换[129]。当时间到达维护计划中指定的预防维护时间时,不管设备当时处于什么样的运行状态,设备的可靠性如何,都将按计划实施维护或更换。

这种检测方式的准确度取决于对以往设备运行记录的统计和分析情况,如果可以根据历史数据计算出设备故障概率分布函数,就能较为准确地预测出设备可能出现异常状况的时间点,只需要在异常到来前的时间内合理安排好人员和维护设备,就能以比较小的代价恢复设备状态,这样,既降低了维护难度,也能最大限度地保证设备生产能力,是最理想化的维护策略。然而它的难点在于,想要比较好地实施这种维护策略,就需要很强的数理分析能力,能够从数据中获取信息,模拟仿真出设备的劣化趋势,这往往需要企业维护部门投入大量的精力去研究和实验。本书就是着力于研究 TBM 的策略,建立生产设备的故障随时间分布的模型,做好提前维护,降低维护成本。

2.4.1.3　状态维护策略

提出状态维护这一概念的学者们认为,设备故障并非离散式的突然发生,大多数设备在使用过程中,故障率都是平滑上升的,达到某种状态后导致故障发生。Bloch 和 Geitner 曾通过研究指出,99％的故障在发生之前会出现一定的征兆,并且在很多情况下,这些征兆往往在故障发生之前的几个星期或几个月就已经出现[130]。设备在使用的过程中,会经历正常运行、开始劣化、出现缺陷、故障停机这几个阶段。而这些不同的阶段之间设备会呈现出不同的状态。

这种维护策略,是以设备所处的状态为依据的维护。它要求在设备运行过程中,对其核心零部件位进行状态检测,根据检测到的设备状态,判定设备处于什么阶段,预测是否会有出现故障的可能。当设备的某种状态预示着故障即将发生时,维护人员应采取措施,提前制订维护计划,使得设备恢复其正常状态,并继续监测。

状态维护基于对生产设备充分了解的基础上,能够准确预测设备故障时间,那么这种提前性的维护活动能起到防患于未然的作用。但是一旦设备实际状况偏离了之前对设备故障率的预测,就会出现维护不及时或者不必要的维护。基于状态维护能够避免这一情况的产生,做到真正在最需要的时刻进行最恰当的维护。

但是这种维护方式建立在对各个生产设备充分检测的前提下,这使得维护检测成本和难度大大上升,而且还需要很深的数学基础才能分析出设备状态预示的设备所处的阶段。与此同时,过高的检测要求也使得维护依赖于精密的检测设备,而一旦检测设备自身发生故障,导致检测出的状态不准确,也会使得维护计划失败。

2.4.1.4　预测性维护

预测性维护是通过对设备进行定期或连续时间的状态检测和对故障进行的诊断,得出设备所处的状态,并对未来设备状态的变化情况预测和判断可能出现的故障,从而制订预测性维护计划,其中包括具体的维护时间、维护方式、维护备件数量等。随着预测性维护方式的不断发展,已经慢慢形成了完整的技术体系,如图 2-2 所示。

由图 2-2 可知预测性维护技术体系主要由四种技术组成:状态监测技术、故障诊断技术、状态预测技术、维护决策支持与维护活动。预测性维护主要是定期或连续时间对设备的状态进行监测和故障诊断,从而正确地判别设备的状态,制定出科学合理的维护策略,所以故障诊断和状态预测是关键性技术。

2.4.1.5　不同维护策略的优缺点比较

设备及其零部件的维护策略主要有事后维护、定时维护、状态维护等。专家

```
                        ┌──────────┐
                        │ 预测性维修 │
                        └────┬─────┘
         ┌───────────┬───────┴────────┬────────────┐
     ┌───┴───┐   ┌───┴───┐       ┌───┴───┐    ┌───┴───┐
     │ 状态检测 │   │ 故障诊断 │       │ 状态预测 │    │ 维修决策 │
     └───┬───┘   └───┬───┘       └───┬───┘    └───┬───┘
   ┌─────┴─────┐ ┌───┴──────┐ ┌──────┴──────┐ ┌───┴──────┐
   │1.振动监测法 │ │1.时频诊断法 │ │1.时序模型预测法│ │1.故障树推理法│
   │2.噪声监测法 │ │2.统计诊断法 │ │2.灰色模型预测法│ │2.数学模型解析法│
   │3.温度监测法 │ │3.信息理论分析法│ │3.神经网络预测法等│ │3.贝叶斯网络法│
   │4.压力监测法 │ │4.人工智能诊断法│ └─────────────┘ │4.智能维修决策法等│
   │5.油液分析监测法│ │5.集成化诊断法等│                 └──────────┘
   │6.声发射监测法等│ └──────────┘
   └───────────┘
```

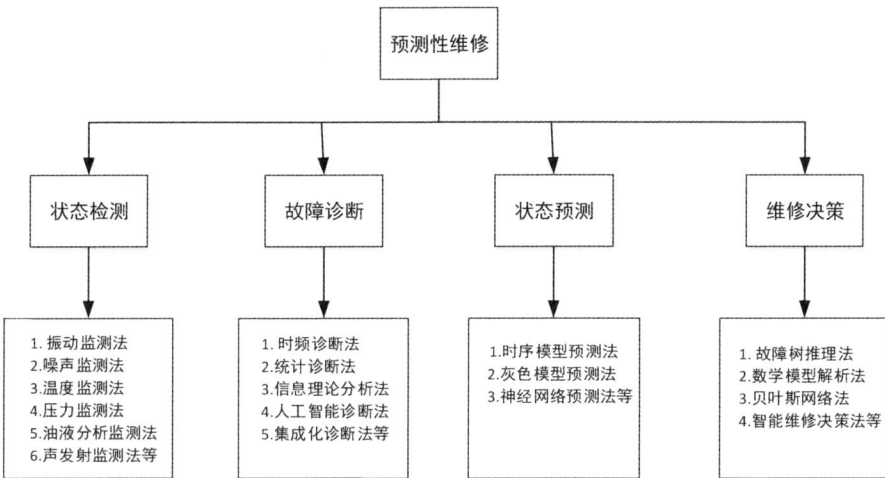

图 2-2　预测性维护技术体系

学者对设备维护进行研究时,比较了不同维护策略的优缺点,并给出了优化的维护方案。设备三种不同维护策略的优缺点如表 2-1 所示。

表 2-1　不同维护策略的优缺点比较

维护策略	维护依据	维护时机	优点	缺点
事后维护	设备故障	故障发生后进行	(1)传统的维护策略,不需要考虑设备的运行状态 (2)能够充分利用设备的寿命	(1)被动维护,易造成设备的停机损失,影响设备正常运行 (2)维护无计划性,无法控制备件库存,浪费资金
预防维护	定时维护	故障前定时进行	(1)按照规定的维护间隔定时维护,可以防止设备故障的发生 (2)合理安排维护备件的维护备件库存	(1)不能了解设备的实际运行状态 (2)容易出现过度维护或者维护不足,造成维护资源浪费
	视情维护	故障前根据状态适时进行	(1)根据设备状态进行维护,提前安排维护计划,节约维护成本 (2)与定时维护相比,避免了维护不足和维护过度	(1)状态维护需要大量的设备的数据信息 (2)需要对设备进行实时检测,会增加维护费用

2.4.2 维护方式

维护的目标主要是使设备的状态恢复到更好的程度,根据维护使设备恢复的状态的不同可以将维护方式分为三种:小修、不完美维护和完美维护。

(1)小修主要是对设备进行一些简单的修复,主要应用于意外故障的维护,当生产设备发生故障时,对设备进行小修可以使其能迅速恢复工作状态。

(2)不完美维护主要是将设备的状态修复到更加健康的状态,使设备的故障率减少,但是不是全新的状态,实际生活中主要进行不完美维护。

(3)完美维护是将设备的状态修复到全新的状态,主要通过对设备进行更新或更换零部件,使设备状态完好如初。

2.5　多设备维护策略

多设备系统一般具有三种类型的相关关系,分别是经济相关性、结构相关性、随机相关性。经济相关是指相对单一设备进行维护来说,对多台设备同时进行维护可以减少维护成本。结构相关性是指多设备系统中存在的物理拓扑关系,当一台设备发生停机时会导致多台设备同时停机,通过这种关系可以对其他设备进行检查,可以减少多设备系统停机次数。随机相关性是指一台设备的故障率可能会影响其他设备的故障率,各设备之间的劣化过程相互影响。

多设备维护策略主要分为成组维护策略和机会维护策略:

1) 成组维护策略

成组维护策略是指将一些具有某种相同特性的设备分成一组,当设备中某个设备发生故障或者需要维护的时候,对设备组中的其他设备也进行相应的维护,这种维护策略可以有效地降低维护成本。

Gertsbakh 研究了多台独立设备的寿命服从相同指数分布,当设备的故障数量达到一定数量时,对所有故障的设备同时进行成组维护[131]。Assaf 等研究了一组设备在连续和周期性检测下最优分组维护策略,并以故障率函数进行分组[132]。Van 等通过将多台设备的状态分为四个,不同状态的逗留时间服从指数分布,从而研究最优的分组维护策略[133]。Liu 研究了 N 个独立运行的服务器组成的系统成组维护,当故障的服务器数量达到预定阈值,便对所有故障的服务器进行维护[134]。Okumoto 和 Elsayed 针对一类多部件并联系统提出了基于寿命的维护策略：系统已经投入运行的时间超过某一阈值就对全部失效部件实施替换。该系统中每个部件的寿命为独立同分布的随机变量，且当部件失效后若不对其进行替换则会导致生产上的损失[135]。Heidergott 针对多部件系统提出了一种新的分组维护策略：一旦系统中失效部件的数目达到某一值，就对系统中已经失效和仍未失效但年龄超过阈值的部件进行替换[136]。

2）机会维护策略

机会维护策略是指当一台设备发生故障或需要维护时，再观察其他设备情况是否满足一定的条件，如果满足则进行机会维护，这样可以有效地减少维护成本。相比成组维护策略来说，机会维护更加考虑设备的实际退化状态，防止过度维护。

Mccall 和 Radner 提出了两部件组成的系统的机会维护模型，两个部件的寿命都服从指数分布，当两个部件中的一个发生故障时，若另一个部件的运行时间超过一定时间时，则进行机会维护[137−138]。Hou 和 Jiang 提出了一种多设备串联的机会维护策略，通过调整预防性维护阈值和机会维护阈值，可以得到有效时间内的最优预防性维护计划[139]。侯文瑞等针对部件故障可能会导致整个系统失效这种情况，提出了一种考虑风险的机会维护优化模型[140]。宋之杰等研究多个故障率不相同的部件构成的串联系统，得出每个部件的最优机会维护方案[141]。郭建等研究多部件组成的系统，综合考虑状态维护和机会维护，在进行机会维护的时候分为三种维护策略：完全维护、不完全维护和混合维护，以最小平均费用为目标函数[142]。Benoît 等通过考虑多部件制造系统的经济相关性和结构相关性，提出一种新的机会维护策略，可以与生产计划同步的高效维护计划，有效减少维护时间，提高设备的生产率[143]。

2.6　本章小结

本章主要介绍了设备健康预测和维护优化相关概念，描述了设备健康管理的发展历程，同时，给出了状态识别、剩余寿命预测、设备维护等的概念。

第 3 章　数据完备情况下设备健康预测

3.1　引　言

　　诊断和预测是基于状态维护的两个重要方面,诊断是根据观测到的状态对设备过去以及当前的状态进行评估,预测则是对系统未来的状况进行估计。由于预测对于系统安全性能的改进、设备维护规划与调度、系统维护费用和停机时间的降低至关重要[144],可靠的预测是基于状态维护的关键,因而需要一个系统有效的预测框架对设备的寿命进行预测。本章介绍了一种基于改进 HSMM 的设备寿命预测方法,HSMM 中包含了时间组件,与 HMM 不同,HSMM 不必遵循不现实的马尔可夫链假设,因此该方法能对实际问题更好地进行建模与分析[30]。

3.2　HSMM 基础理论

　　通常设备的健康状态是逐渐退化的,当退化达到一定的程度时就会产生故障。比方说在校准轴承时一个微小差错就会使轴承在转动过程中产生刮擦,伴随着轴承的运转,刮擦又导致了其他裂痕的产生,最终导致了轴承的故障[145]。可以使用 HMM 对这一过程进行建模,通过可观测的传感器信号对隐藏的健康状态进行预测。

　　HMM 由遵循马尔可夫链的随机序列构成,马尔可夫链是一个包含多个事件的序列,这一序列中所包含每个事件的发生概率只与前一个事件有关[146]。在HMM 中,虽然无法直接观测到事件的状态,但是状态与概率相关,此外,当产生一个随机状态序列时,一个相对应的观测向量序列也会随之产生。观测向量和与之相对应的隐藏健康状态序列,两者可以通过某些概率密度相互转化[147−149]。

一个 HMM 由以下几个要素组成:

(1) N 模型中的状态数。尽管状态是隐藏的,但是与状态相关联的物理信号是可以观测的。用 $\{1,2,\cdots,N\}$ 表示各个状态,t 时刻的状态用 S_t 表示[150]。

(2) M 各个状态下显示的观测值。每个状态的观测特征可以用 $O=\{O_1,O_2,\cdots,O_M\}$ 表示[151]。

(3) $A=\{a_{ij}\}$ 状态转移概率分布[152]

$$a_{ij}=p[s_{t+1}=j\,|\,s_t=i]\quad 1\leqslant i,j\leqslant N \tag{3-1}$$

(4) $B=\{b_i(k)\}_{N\times M}$ 观测概率分布[153]

$$b_i(k)=P[v_k\,|\,s_t=i]\quad 1\leqslant i\leqslant N,1\leqslant k\leqslant M \tag{3-2}$$

(5) $\pi=\{\pi_i\}$ 初始状态分布[154]

$$\pi_i=P[s_1=i]\quad 1\leqslant i\leqslant N \tag{3-3}$$

一个完整的 HMM 需要对 N,M,A,B,π 这几个参数进行定义。为了描述方便,本章中使用参数集 $\lambda=(\pi,A,B)$ 来定义 HMM[155]。

在 HMM 中,设备在健康状态 i 下驻留 d 个时间单位的概率为[156]:

$$P_i(d)=a_{ii}^{d-1}(1-a_{ii}) \tag{3-4}$$

其中,a_{ii} 表示设备停留在状态 i 下的概率,$(1-a_{ii})$ 表示设备进入另一个状态的概率。然而在实际应用中经常出现与该函数描述的不符合的情况,因此这种描述设备在某个状态下驻留时间概率的方式存在着诸多争议。HMM 需要解决的三个基本问题:

(1)评估(也称为分类):在给定观测序列 $O=o_1o_2\cdots o_T$ 和参数值序列 $\lambda=(\pi,A,B)$ 的 HMM 中,该观测序列出现的概率大小[122]。

(2)解码(也称识别):在给定观测序列 $O=o_1o_2\cdots o_T$ 以及参数值序列 $\lambda=(\pi,A,B)$ 的 HMM 中,哪种最优的隐藏状态序列 $S=s_1s_2\cdots s_T$ 最有可能产生给定的观测序列[157]。

(3)学习(也称训练):如何调节模型中的参数使出现观测序列的概率最大[158]。

　　针对 HMM 需要解决的三个基本问题,可以采用最直接的枚举法进行处理,即穷举出与每种观测值数量相对应的状态序列,显然这种方法的计算量太大,且往往无法实现全局最优[159]。因此,针对 HMM 的分类问题,有些学者利用动态规划模型,提出了前后向算法。解码是为了找出隐藏的最优状态序列,在解决此类问题时,最常采取的方法是找出单个最佳状态序列,有学者提出用 Viterbi 算法来寻找出最优的状态序列。针对 HMM 的学习问题,可以使用迭代算法 Baum-Welch 算法来调整模型的参数 $\lambda=(\pi,A,B,)$,实现 $P(O|\lambda)$ 的最优化[160]。

　　一个设备在发生故障前往往会经历许多不同的健康状态,例如,一台液压泵在故障发生前往往会经历四种不同的健康状态:好、中、差、恶劣。我们可以定义 N 种不同的状态序列来描述设备的失效机制[161]:没有缺陷(用 h_0 表示),缺陷等级 1(用 h_1 表示),缺陷等级 2(用 h_2 表示)……缺陷等级 L(用 h_l 表示)。这里缺陷等级 L 表示设备完全失效。用 d_i 表示设备在健康状态 h_i 下的驻留时间,用 T 表示设备总的寿命时间,则 $T=\sum_{i=0}^{L-1}d_i$。

　　不同于只能生成单个观测值的 HMM,在 HSMM 中任一状态生成的观测值往往包含一个片段,这一片段通常叫做宏状态,宏状态由许多微状态组成。假设一个宏状态中包含 L 个片段,用 q_L 表示第 L 个片段的结束时间点。则宏状态、微状态等要素间的关系如图 3-1 所示[162]。

时间单位	$1,\cdots,q_1$	$q_1+1,\cdots,q_2$	$\cdots$	$q_{L-2}+1,\cdots,q_{L-1}$	q_L
观测序列	$o_1,\cdots,o_{q_1}$	$o_{q_1+1},\cdots,o_{q_2}$	$\cdots$	$o_{q_{L-2}}+1,\cdots,o_{q_{L-1}}$	o_L
微状态	$s_1,\cdots,s_{q_1}$	$s_{q_1+1},\cdots,s_{q_2}$	$\cdots$	$s_{L-2}+1,\cdots,s_{L-1}$	s_L
宏状态	h_1	h_2	$\cdots$	h_{L-1}	h_L
状态持续时间	$d_1=q_1$	$d_2=q_2-q_1$	$\cdots$	$d_L=q_L-q_{L-1}$	$d_L=\infty$
片段	1	2	$\cdots$	$L-1$	L

图 3-1　HSMM 模型中状态间关系

　　对于模型中第 i 个宏状态,它的观测序列为 $O_{q_{i-1}},\cdots,O_{q_i}$,这些观测状态属于同一个宏状态:

$$s_{q_{i-1}+1}\equiv s_{q_{i-1}+2}\equiv\cdots\equiv s_{q_i}\equiv h_i$$

用 s_t 表示设备位于 t 时刻的隐藏状态,用 O 表示该状态下的观测序列。可以用如下参数对 HSMM 进行描述:初始状态分布(π),状态转移矩阵(A),状态持续时间分布(D)以及观测值模型(B)则一个完整的 HSMM 可以表示为 $\lambda=(\pi,A,B,D)$[163]。在 HSMM 中包含 N 个隐藏的状态,用矩阵 A 表示各个隐藏状态间的转移概率,与标准的 HMM 类似,假设 S_0 表示 $t=0$ 时刻的状态,并把这个状态作为特殊的初始状态,用 π 表示初始的状态分布。尽管宏状态间的转换 $s_{ql-1} \rightarrow s_{ql}$ 符合马尔可夫过程:

$$P(s_{ql}=j \,|\, s_{ql-1}=i)=a_{ij}$$

微状态 $s_{t-1} \rightarrow s_t$ 的转换通常不符合马尔可夫假设,所以该模型被称为"半马尔可夫"。只有当设备从一个宏状态转移到另一个宏状态时,这个转换过程才是马尔可夫过程[164]。

HSMM 相比于 HMM 的另一个延伸体现在片段观测分布上,当设备在状态 i 下驻留 d 个时间单位时,片段($o(t_1,t_2)$)概率可以表示为[111]:

$$P(o_{(t_1,t_2)} \,|\, i,d)(d=t_2-t_1) \tag{3-5}$$

在本章中,还运用了混合高斯分布。它的概率密度函数由有限个如下式子的组合构成[162]:

$$b_j(o)=\sum_{m=1}^{M_j} c_{jm}\eta\left[O,\mu_{jm},U_{jm}\right]=\sum_{m=1}^{M_j} P(M_m=m \,|\, s_t=j)\eta\left[O,\mu_{jm},U_{jm}\right] \quad 1\leqslant j\leqslant N \tag{3-6}$$

这里 O 表示观测向量序列,M_j 表示每个状态中高斯元数量,η 表示多高斯概率密度函数,$c_{jm}=P(M_m=m|s_t=j)$ 状态 j 下第 m 个高斯元的条件权重,μ_{jm} 为均值,U_{jm} 为协方差矩阵[165]。

3.3　改进的 HSMM

与 HMM 相似,HSMM 也需要解决评估、识别以及训练三个问题,然而 HSMM 基本算法在实际应用中还存在着一些问题,下面就 HSMM 涉及的几个算法进行阐述,并做出相应的改进。

3.3.1　改进的前向—后向算法

前向—后向算法是为了解决 HSMM 中分类的问题,即在给定观测序列 $O=$

$o_1 o_2 \cdots o_T$ 和参数值序列 $\lambda = (\pi, A, B, D)$ 的 HSMM 中,该观测序列出现的概率大小。当运用 HSMM 对设备进行健康预测时,为了使预测框架更具有高效性,首先需要定义一个新的前向—后向变量,其次,需要对前向—后向算法进行改进,最终采用动态规划的方案降低程序的复杂度,首先定义一个前向变量 $\alpha_t(i)$ 表示当状态 i 终止时,生成观测序列 $o_1 o_2 \cdots o_t$ 的概率。

$$\alpha_t(i) = P(o_1 o_2 \cdots o_t, i \text{ ends at state } t \mid \lambda) = \sum_{i=1}^{N} \sum_{d=1}^{\min(D,t)} \alpha_{t-d}(i) a_{ij} p(d \mid j) b_j(\boldsymbol{O}_{t-d+1}^t)$$

$$(3-7)$$

这里 D 表示任意状态持续的最长时间,$b_j(\boldsymbol{O}_{t-d+1}^t)$ 是 d 个观测序列 $(o_{t-d+1} o_{t-d+2} \cdots o_t)$ 的联合概率密度,那么当给定模型的参数为 λ 时,生成序列 $\boldsymbol{O}$ 的概率可以表示为:

$$P(O \mid \lambda) = \sum_{i=1}^{N} \alpha_T(i)$$

与前向变量相似,定义一个后向变量

$$\beta_t(i) = \sum_{j=1}^{N} \sum_{d=1}^{\min(D,t)} a_{ij} p(d \mid j) b_j(\boldsymbol{O}_{t+1}^{t+d}) \beta_{t+d}(j) \qquad (3-8)$$

为了对改进的 HSMM 中的参数进行重估,又重新定义了三个前向—后向变量[166]:

(1) 在 t 时刻停留状态 i,t' 时刻停留状态 j 生成部分观测序列 $o_1 o_2 \cdots o_{t'}$,概率

$$\alpha_{t,t'}(i,j) = P(o_1 o_2 \cdots o_{t'}, t = q_n, s_t = i, t' = q_{n+1}, s_{t'} = j \mid \lambda) \qquad (3-9)$$

(2) 在状态 i 停留 d 个时间单位后转换到状态 j 的概率

$$\varphi_{t,t'}(i,j) = \sum_{d=1}^{D} \left[P(d = t' - t \mid j) P(\boldsymbol{O}_{t+1}^{t'} \mid t = q_n, s_t = i, t' = q_{n+1}, s_{t'} = j \mid \lambda) \right]$$

$$(3-10)$$

(3) 当观测序列为 $o_1 o_2 \cdots o_t$ 时,在状态 i 停留 t 个时间单位后转换到 j 的概率

$$\xi_{t,t'}(i,j) = P(t = q_n, s_t = i, t' = q_{n+1}, s_{t'} = j \mid \boldsymbol{O}_1^T \lambda) \qquad (3-11)$$

这里 $\boldsymbol{O}_{t+1}^{t'} = o_{t+1} o_{t+2} \cdots o_{t'}$ 并且 $\boldsymbol{O}_1^T = o_1 o_2 \cdots o_T$,$t' = t + d$

基于式(3-4),可以推导出 $\alpha_{t,t'}(i,j)$、$\alpha_{t'}(j)$ 以及 $\xi_{t,t'}(i,j)$ 的表达式:

$$\alpha_{t,t'}(i,j) = P(o_1 o_2 \cdots o_t o_{t+1} \cdots o_{t'}, t = q_n, s_t = i, t' = q_{n+1}, s^{t'} = j \mid \lambda)$$

$$= P(o_1 o_2 \cdots o_t, t = q_n, s_t = i \mid \lambda) P(\boldsymbol{O}_{t+1}^{t'}, t' = q_{n+1}, s_{t'} = j \mid \boldsymbol{O}_1^t, t = q_n, s_t = i, \lambda)$$

$$=\alpha_t(i)P(\boldsymbol{O}_{t+1}^{t'},t'=q_{n+1},s_{t'}=j\mid t=q_n,s_t=i,\lambda)$$

$$=\alpha_t(i)P(t'=q_{n+1},s_{t'}=j\mid t=q_n,s_t=i,\lambda)P(\boldsymbol{O}_{t+1}^{t'}\mid t=q_n,s_t=i,t'=q_{n+1},$$

$$s_{t'}=j,\lambda)$$

$$=\alpha_t(i)a_{ij}\sum_{d=1}^{D}P(d=t'-t\mid j)P(\boldsymbol{O}_{t+1}^{t'}\mid t=q_n,s_t=i,t'=q_{n+1},s_{t'}=j,\lambda)$$

$$=\alpha_t(i)a_{ij}\varphi_{t,t'}(i,j) \tag{3-12}$$

$$\alpha_{t'}(j)=P(O_1O_2\cdots O_{t'},t'=q_{n+1},s_{t'}=j\mid\lambda)$$

$$=\sum_{i=1}^{N}\sum_{d=1}^{D}P(d=t'-t\mid j)P(O_1O_2\cdots O_tO_{t+1}\cdots O_{t'},t=q_n,s_t=i,t'=q_{n+1},$$

$$s_{t'}=j\mid\lambda)$$

$$=\sum_{i=1}^{N}\sum_{d=1}^{D}\left[P(d=t'-t\mid j)\alpha_{t,t'}(i,j)\right] \tag{3-13}$$

$$\xi_{t,t'}(i,j)=P(t=q_n,s_t=i,t'=q_{n+1},s_{t'}=j\mid\boldsymbol{O}_1^T,\lambda)$$

$$=\frac{P(t=q_n,s_t=i,t'=q_{n+1},s_{t'}=j,\boldsymbol{O}_1^T\mid\lambda)}{P(\boldsymbol{O}_1^T\mid\lambda)}$$

$$=\frac{P(t=q_n,s_t=i,t'=q_{n+1},s_{t'}=j,\boldsymbol{O}_1^t,\boldsymbol{O}_{t+1}^{t'},\boldsymbol{O}_{t'+1}^T\mid\lambda)}{P(\boldsymbol{O}_1^T\mid\lambda)}$$

$$=\frac{P(t=q_n,s_t=i,\boldsymbol{O}_1^t\mid\lambda)P(t'=q_{n+1},s_{t'}=j,\boldsymbol{O}_{t+1}^{t'},\boldsymbol{O}_{t'+1}^T\mid t=q_n,s_t=i,\boldsymbol{O}_1^t,\lambda)}{P(\boldsymbol{O}_1^T\mid\lambda)}$$

$$=\frac{\alpha_t(i)P(t'=q_{n+1},s_{t'}=j,\boldsymbol{O}_{t+1}^{t'},\boldsymbol{O}_{t'+1}^T\mid t=q_n,s_t=i,\boldsymbol{O}_1^t,\lambda)}{P(\boldsymbol{O}_1^T\mid\lambda)}$$

$$=\frac{\alpha_t(i)P(t'=q_{n+1},s_{t'}=j,\boldsymbol{O}_{t+1}^{t'},\boldsymbol{O}_{t'+1}^T\mid t=q_n,s_t=i,\lambda)}{P(\boldsymbol{O}_1^T\mid\lambda)}$$

$$=\frac{\alpha_t(i)P(t'=q_{n+1},s_{t'}=j\mid t=q_n,s_t=i,\lambda)P(\boldsymbol{O}_{t+1}^{t'},\boldsymbol{O}_{t'+1}^T\mid t=q_n,s_t=i,t'=q_{n+1},s_{t'}=j)}{P(\boldsymbol{O}_1^T\mid\lambda)}$$

$$=\frac{\alpha_t(i)a_{ij}\sum_{d=1}^{D}P(d\mid j)p(\boldsymbol{O}_{t+1}^{t'}\mid t=q_n,s_t=i,t'=q_{n+1},s_{t'}=j)P(\boldsymbol{O}_{t'+1}^T\mid t=q_n,s_t=i,t'=q_{n+1},s_{t'}=j,\boldsymbol{O}_{t+1}^{t'})}{P(\boldsymbol{O}_1^T\mid\lambda)}$$

$$=\frac{\alpha_t(i)a_{ij}\sum_{d=1}^{D}p(d\mid j)b_j(\boldsymbol{O}_{t+1}^{t'})P(\boldsymbol{O}_{t'+1}^T\mid t'=q_{n+1},s_{t'}=j)}{P(\boldsymbol{O}_1^T\mid\lambda)}$$

$$= \frac{\alpha_t(i)a_{ij}\sum_{d=1}^{D}p(d \mid j)b_j(\mathbf{O}_{t+1}^{t'})\beta_{t'}(j)}{P(\mathbf{O}_1^T \mid s_0 = START, \lambda)}$$

$$= \frac{\sum_{d=1}^{D}\alpha_t(i)a_{ij}\varphi_{t,t'}(i,j)\beta_{t'}(j)}{\beta_0(i = START)} \tag{3-14}$$

则前向—后向算法的基本流程为[167]:

向前传递:前向传递可以计算出 $\alpha_t(i)$,$\alpha_{t,t'}(i,j)$ 以及 $\varphi_{t,t'}(i,j)$。

第一步:初始化($t=0$)

$$\alpha_{t=0}(i) = \begin{cases} 1, i = START, \\ 0, otherwise. \end{cases}$$

第二步:进行前向递归($t>0$)满足 $t=1,2,\cdots,T$;$1 \leqslant i,j \leqslant N$,并且 $1 \leqslant d \leqslant D$。

$$\varphi_{t,t'}(i,j) = \sum_{d=1}^{D}[P(d = t'-t \mid j)P(\mathbf{O}_{t+1}^{t'} \mid t = q_n, s_t = i, t' = q_{n+1}, s_{t'} = j \mid \lambda)]$$

$$\alpha_{t,t'}(i,j) = \alpha_t(i)a_{ij}\varphi_{t,t'}(i,j)$$

$$\alpha_{t'}(j) = \sum_{i=1}^{N}\sum_{d=1}^{D}[P(d = t'-t \mid j)\alpha_{t,t'}(i,j)]$$

向后传递:用后向传递算法可以计算出 $\beta_t(i)$ 和 $\xi_{t,t'}(i,j)$。

第一步:初始化($t=T$,$1 \leqslant i,j \leqslant N$)

$$\beta_t(i) = 1$$

第二步:进行后向递归($t<T$)满足 $t=1,2,\cdots,T$;$1 \leqslant i,j \leqslant N$,并且 $1 \leqslant d \leqslant D$。

$$\beta_t(i) = \sum_{j=1}^{N}\sum_{d=1}^{\min(D,t)}a_{ij}p(d \mid j)b_j(O_{t+1}^{t+d})\beta_{t+d}(j) = \sum_{j=1}^{N}a_{ij}\varphi_{t,t'}(i,j)\beta_{t'}(j)$$

$$\xi_{t,t'}(i,j) = \frac{\sum_{d=1}^{D}\alpha_t(i)a_{ij}\varphi_{t,t'}(i,j)\beta_{t'}(j)}{\beta_0(i = START)}$$

3.3.2　改进的 Viterbi 算法

Viterbi 算法是为了解决 HSMM 中的识别问题,即在给定观测序列 $\mathbf{O} = o_1 o_2 \cdots o_T$ 以及参数值序列 $\lambda = (\pi, A, B, D)$ 的 HSMM 中,哪种最优的隐藏状态

序列 $S = s_1 s_2 \cdots s_T$ 最有可能产生给定的观测序列。解决这类问题最直接的方法就是将所有可能的隐藏状态序列全部列举出来,然后计算出每种组合相应的观测序列的概率,最佳的隐藏状态序列应该是使 Pr(观察序列│隐藏状态的组合)值最大的组合[168]。这种方法显然非常繁琐,需要设计一种算法使计算更加便捷。改进的 Viterbi 算法的叙述如下。

定义 $\delta_t(i)$ 为当位于时刻 t 时,沿着一条路径 $a_1, a_2 \cdots a_i$,且 $a_i = s_i$ 生成观测状态 $o_1, o_2 \cdots o_i$ 的最大概率,那么则

$$\delta_t(i) = \max_{a_1, a_2 \cdots a_{i-1}} p(a_1, a_2 \cdots a_i, a_i = s_i, o_1, o_2 \cdots o_i | \lambda) \qquad (3-15)$$

计算最佳隐藏状态序列 A^* 的步骤如下:

第一步:初始化$(t=1)$

$$\delta_1(i) = \pi_i b_i(o_1) \quad 1 \leqslant i \leqslant N \qquad (3-16)$$

$$\varphi_1(i) = 0 \quad 1 \leqslant i \leqslant N \qquad (3-17)$$

第二步:自左向右递归

$$\delta_t(j) = \max_{1 \leqslant i \leqslant N} \sum_{d=1}^{t} \delta_{t-d}(i) a_{ij} p(j | d) b_j(o_{t-d+1}^t) \; 2 \leqslant t \leqslant T \quad 1 \leqslant j \leqslant N$$

$$\qquad (3-18)$$

$$\varphi_t(j) = \mathrm{argmax} \sum_{d=1}^{t} \delta_{t-d}(i) a_{ij} p(d | j) \quad 2 \leqslant t \leqslant T \quad 1 \leqslant j \leqslant N$$

$$\qquad (3-19)$$

第三步:终止

$$p^* = \max_{1 \leqslant i \leqslant N} [\delta_T(i)] \qquad (3-20)$$

$$a_T{}^* = \mathrm{argmax}[\delta_T(i)] \qquad (3-21)$$

第四步:求解最优状态序列

$$a_t{}^* = \varphi_{t+1} a_{t+1}{}^* \quad t = T-1, T-2, \cdots, 1 \qquad (3-22)$$

在计算时,为了避免因连乘过多造成的下溢问题,可以运用对数形式对 Viterbi 算法进行处理[169]。步骤如下:

(1) 参数对数预处理。

$$\tilde{\pi}_i = \log(\pi_i) \qquad (3-23)$$

$$\tilde{b}_i(o_t) = \log[b_i(o_t)] \qquad (3-24)$$

$$\tilde{a}_{ij} = \log(a_{ij}) \qquad (3-25)$$

$$p(\tilde{d}|j) = \log[p(d|j)] \qquad (3-26)$$

（2）算法初始化。

$$\tilde{\delta}_1(i) = \log[\delta_1(i)] = \tilde{\pi} + \tilde{b}_i(o_t) \qquad (3-27)$$

$$\varphi_1(i) = 0 \qquad (3-28)$$

（3）递推。

$$\tilde{\delta}_t(j) = \log[\delta_t(j)] = \max \log\left\{\sum_{d=1}^{t} \delta_{t-d}(i)a_{ij}p(d\mid j)b_j(o_{t-d+1}^{t})\right\}$$

$$(3-29)$$

$$\tilde{\varphi}_t(j) = \operatorname{argmax}\{\tilde{a}_{ij} + \log sum \exp_d[\tilde{\delta}_{t-d}(j) + \tilde{p}(d|j)]\} \qquad (3-30)$$

（4）算法终止。

$$\tilde{p}^* = \max_{1 \leqslant i \leqslant N}[\tilde{\delta}_t(i)] \qquad (3-31)$$

$$a_T^* = \operatorname{argmax}[\tilde{\delta}_T(i)] \qquad (3-32)$$

（5）回溯最佳状态序列。

$$a_t^* = \varphi_{t+1}a_{t+1}^* \qquad (3-33)$$

3.3.3 改进的 Baum-Welch 算法

HSMM 中的 Baum-Welch 算法主要是用来对模型进行训练和参数重估。该方法遵循极大似然准则，采用一种多重迭代的优化算法，用拉格朗日数乘法构造一个目标函数，该目标函数将 HSMM 中所有涉及的参数作为变量，分别对各个变量求偏导数，推导出目标函数到达极点时，新旧模型参数间的关系，对各个参数进行重新估计，通过不断迭代，直到模型参数无明显的变化[170]。

HSMM 中参数的重估公式如下：

（1）初始状态分布。

初始状态分布重估公式表示在已知观测序列 O 时，初始状态为 i 的概率。

$$\bar{\pi}_i = \frac{\pi_i \left[\sum_{d=1}^{D}\beta_d(i)P(d\mid i)b_i(O_1^d)\right]}{P(O\mid\lambda)} \qquad (3-34)$$

（2）状态转移概率。

状态转移概率的重估公式表示设备从状态 $i \rightarrow j$ 的所有期望数目和设备从状态 i 到其他所有状态的期望数目之比。

$$\overline{a}_{ij} = \frac{\sum_{t=1}^{T} \alpha_t(i) a_{ij} \sum_{d=1}^{D} p(d \mid j) b_j(o_t') \beta_{t'}(j)}{\sum_{t=1}^{T} \sum_{i=1}^{N} \sum_{j=1}^{N} \alpha_t(i) a_{ij} \sum_{d=1}^{D} p(d \mid j) b_j(o_t') \beta_{t'}(j)} = \frac{\sum_{t=1}^{T} \xi_{t,t'}(i,j)}{\sum_{t=1}^{T} \sum_{i=1}^{N} \sum_{j=1}^{N} \xi_{t,t'}(i,j)}$$

$$(3-35)$$

（3）宏状态驻留时间分布。

宏状态驻留时间分布的重估公式表示设备在状态 i 驻留时间为 d 的期望次数与状态 i 驻留时间为任意时间长度的期望次数之比。

$$\overline{p}_i(d) = \frac{\sum_{t=1}^{T} \alpha_{t,t'}(i,j) p(d = t' - t \mid j) b_j(O_{t+1}')}{\sum_{d=1}^{D} \sum_{t=1}^{T} \alpha_{t,t'}(i,j) p(d = t' - t \mid j) b_j(O_{t+1}')}$$

$$(3-36)$$

（4）观测值概率分布。

观测值概率分布的重估公式表示当设备处于在状态 i 时,观测值 $o_t = v_k$ 的期望出现次数,与状态 i 下任何一个观测值之比。

$$\tilde{b}_i(k) = \frac{\sum_{t=1}^{T} \alpha_t(i) \left[\dfrac{\varphi_{t,t'}(i,j)}{\sum_{d=1}^{D} p(d = t' - t \mid i)} \right]_{s.t.O_t = v_k} \beta_t(i)}{\sum_{t=1}^{T} \alpha_t(i) \left[\dfrac{\varphi_{t,t'}(i,j)}{\sum_{d=1}^{D} p(d = t' - t \mid i)} \right] \beta_t(i)}$$

$$(3-37)$$

（5）设备健康状态驻留时间。

设备健康状态驻留时间的重估公式表示设备在状态 i 下的驻留时间的均值和方差的估计。

$$\mu(i) = \frac{\sum_{q_{n-1}=1}^{T} \sum_{q_n = q_{n-1}}^{T} \dfrac{1}{\sqrt{2\pi}\sigma} e^{-[((q_n - q_{n-1}) - \mu)^2 / 2\sigma^2]} (q_n - q_{n-1})}{\sum_{q_{n-1}=1}^{T} \sum_{q_n = q_{n-1}}^{T} \dfrac{1}{\sqrt{2\pi}\sigma} e^{-[((q_n - q_{n-1}) - \mu)^2 / 2\sigma^2]}}$$

$$(3-38)$$

$$\sigma^2(i) = \frac{\sum_{q_{n-1}=1}^{T} \sum_{q_n = q_{n-1}}^{T} \dfrac{1}{\sqrt{2\pi}\sigma} e^{-[((q_n - q_{n-1}) - \mu)^2 / 2\sigma^2]} (q_n - q_{n-1})^2}{\sum_{q_{n-1}=1}^{T} \sum_{q_n = q_{n-1}}^{T} \dfrac{1}{\sqrt{2\pi}\sigma} e^{-[((q_n - q_{n-1}) - \mu)^2 / 2\sigma^2]}} - \mu^2(i)$$

$$(3-39)$$

3.4　基于改进 HSMM 的设备健康预测框架

设备的状态识别是实施设备健康预测的基础,只有识别出设备的健康状态后,才能对该状态下设备的剩余寿命进行预测,继而实现对设备全生命周期的预测,因此设备的健康预测包含诊断以及预测两个方面。下面就这两个方面分别进行介绍[47]。

3.4.1　基于改进 HSMM 的设备故障诊断

诊断就是用数据训练模型,主要任务就是将设备的健康状态进行分类。当设备的输出信号存在着特定的特征时,能够识别出设备的健康状态。因此,设备的不同健康状态,需要训练出相对应的 HSMM。

当给定一组观测序列时,将观测序列代入每一个训练过的 HSMM 中,根据计算所得到的最大对数似然值对观测序列进行分类。基于 HSMM 的设备健康诊断与寿命预测框架如图 3 - 2 所示。

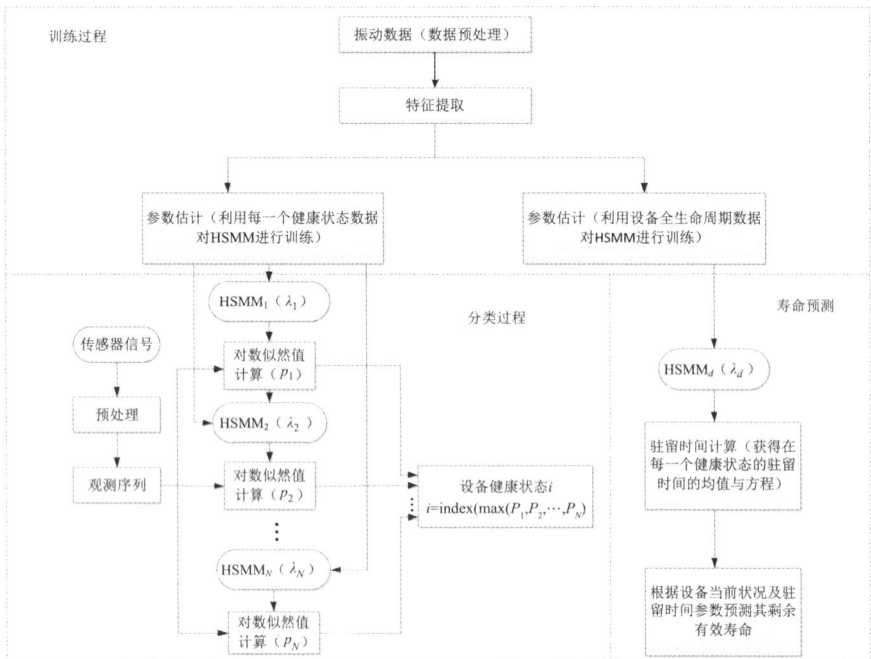

图 3 - 2　基于 HSMM 的设备健康诊断与预测框架

3.4.2　基于改进 HSMM 的寿命预测

预测的主要目标是根据故障的演化规律对预测设备的剩余有效寿命进行预测。设备在使用过程中会经历许多不同的健康状态转换点,健康状态转换点就是设备从状态 $h_l \to h_{l+1}$ 的时刻点。对于设备健康状态转移可以通过如下方法进行识别:当出现新的观测序列 $o_1 \cdots o_t \cdots$ 时执行 Viterbi 算法,如果 $s_t = h_{l+1}$ 出现在最佳的状态序列中,那么可以得到 t 时刻就是健康状态转换点。

在 HSMM 中,针对任意状态序列都能够估算出相应的健康状态转换点。例如,在状态 $s^{(t)}$ 中,t 表示健康状态的转换点,其估值为:

$$t'_{lc} = \sum_{t=2}^{T} t \times P(s^{(t)} \mid O) \tag{3-40}$$

由于

$$P(s_{t-1} = l \mid O) = \sum_{t'=l}^{T} P(s^{(t')} \mid O) = P(s^{(t)} \mid O) +$$

$$\sum_{t'=l+1}^{T} P(s^{(t)} \mid O) = P(s^{(t)} \mid O) + P(s_t = l \mid O) \tag{3-41}$$

可以推导出

$$t'_{lc} = \sum_{t=2}^{T} \{t \times [P(s_{t-1} = l \mid O) - P(s_t = l \mid O)]\} \tag{3-42}$$

为了使惩罚函数 $\sum_{tlc} P(t_{lc} \mid O)(t_{lc} - t'_{lc})^2$ 达到最小化,可以对均值进行权重处理。这里 t_{lc} 表示设备健康状态转换点,运用改进的前向—后向算法,对该估值进行计算。

预测是为了获得设备的状态变化情况以及估算出设备的剩余有效寿命。根据式(3-32)和式(3-33)获得的每个宏状态的驻留时间,各个状态的持续时间可以表示为:

$$D(h_l) = \mu(h_l) + \rho\sigma^2(h_l) \tag{3-43}$$

$$\rho = \left(T - \sum_{l=0}^{L-1} \mu(h_l)\right) / \sum_{l=0}^{L-1} \sigma^2(h_l) \tag{3-44}$$

状态持续时间的值可以使 $\log P(S \mid \lambda, T) = \sum_{i=0}^{n-1} P(d_n \mid h_i)$ 获得最大值,另外还满足 $T = \sum_{i=0}^{n-1} D(h_i)$ 这一条件。其计算框架如图 3-3 所示。

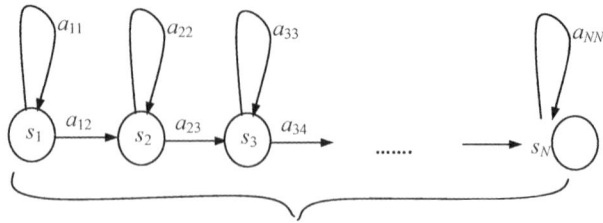

设备寿命＝$D(s_1)+D(s_2)+D(s_3)+\cdots+D(s_N)$

$D(s_i)$:设备停留在健康状态 s_i 的驻留

s_1:健康状态 1($Baseline$),s_2:健康状态 2($Degradation\ 1$),$\cdots$,s_N

健康状态 $N(Failure)$,a_{ij}:转移概率

图 3 - 3   设备剩余寿命计算框架

基于改进 HSMM 的设备剩余寿命的计算步骤:

第一步:根据 HSMM 参数估计,可以得到 HSMM 的状态转移概率。

第二步:通过对参数进行重新估计,可以得到设备在每个健康状态的驻留时间概率密度函数,从而计算出驻留时间的均值和方差。

第三步:通过分类,识别出设备当前所处的健康状态。

第四步:设备的剩余有效寿命可由下面的递归公式计算得到(假设设备当前处于状态 l,RUL_l 表示从状态 l 开始的剩余有效寿命)。

当位于状态 $L-2$ 时:

$$RUL_{L-2}=a_{L-2,L-2}[D(h_{L-2})+D(h_{L-1})]+a_{L-2,L-1}[D(h_{L-1})]$$

当位于状态 $L-3$ 时:

$$RUL_{L-3}=a_{L-3,L-3}[D(h_{L-3})+D(h_{L-2})]+a_{L-3,L-2}[D(h_{L-2})]$$

$\cdots\cdots$

当位于状态 l 时:

$$RUL_l=\hat{t}_{lc}+a_{l,l+1}[RUL_{l+1}]$$

3.5   设备老化的定义及分类

随着设备的频繁使用,设备自然会发生老化。在改进的 HSMM 中,假设转移概率只与设备的状态有关,即伴随着设备使用年限的增长,设备转移到另一个健康等级差的状态的概率是不变的,显然这一假设是不合理的。如果能设计出

一种老化因子,模拟出设备逐渐老化的过程,并把这种老化因子集成到改进的
HSMM 中,对设备状态转移矩阵进行更新,必然能提升设备健康预测的精确度。

设备的老化是指设备及其零部件,在使用或闲置中出现性能的退化、价值的
降低的现象。

老化主要分为两类,一类是有形老化,指设备在使用或闲置过程中,因摩擦、
磨损等造成了物理形态的变化,导致设备性能变差。另一类老化是无形老化,指
由于科技进步导致使用价值或再生价格降低。

在本章的研究中,主要考虑是设备的有形老化,即当设备处于工作状态时,
不对设备进行任何的维护,那么设备的性能必然会逐渐衰退,最终会转入比当前
所处健康状态更差的状态。

3.6　考虑老化因子的 HSMM

通过运用改进的 HSMM,可以获得设备各状态间的转移概率以及在各个状
态的期望驻留时间。通过分类,可以识别出设备当前所处的健康状态,本章建立
在之前已经对模型进行分类以及识别的基础之上,运用从训练好的改进 HSMM
中得到的数据,将老化因子集成到模型中预测出设备的剩余有效寿命。当将老
化因子集成到模型中时,从改进 HSMM 中获得的设备的原始状态转移概率矩
阵会更新成一个新的转移矩阵,再运用先前获得的设备处于何种健康状态的分
类信息,结合设备的失效率函数设计一种新的设备剩余寿命的预测方法。

3.6.1　考虑老化因子的转移矩阵

在对改进的 HSMM 进行训练后,在 t 时刻输入观测值就能够识别出当前的
健康状态,另外还可以得到设备初始健康状态分布矩阵以及各个健康状态间的
转移概率矩阵。用 $\boldsymbol{\Phi}_0$ 表示由转移概率 P_{ij} 组成的转换矩阵,则 $\boldsymbol{\Phi}_0$ 为:

$$\boldsymbol{\Phi}_0 = \begin{bmatrix} P_{1,1} & P_{1,2} & \cdots & \cdots & P_{1,F} \\ P_{2,1} & P_{2,2} & \cdots & \cdots & P_{2,F} \\ \vdots & \cdots & \cdots & \ddots & \vdots \\ P_{n-1,1} & P_{n-1,2} & \cdots & \cdots & P_{n-1,F} \\ P_{F,1} & P_{F,2} & \cdots & \cdots & P_{F,F} \end{bmatrix} \qquad (3-45)$$

这里,矩阵满足如下条件 $\sum_{j=1}^{n} p_{ij}=1$,P_{ij} 表示由健康状 $i \to j$ 的转换概率。健康状态 i 以及健康状态 j 都表示宏状态。假设一个设备因故障停止工作,我们就认为设备处于健康状态 F,并且设备会一直停留在这一状态直到对设备采取维护活动,则健康状态 F 具有如下特性:$P_{FF}=1$,$P_{Fj}=0$ 其中 $j=1,2,\cdots,n-1$。

在实际生产生活中,当设备处于运作状态下时,如果不对其进行任何维护,设备的性能必然会逐渐变差,最终会进入健康等级更低的状态,即当 $i>j$ 时,$P_{ij}=0$。根据这一假设,初始转换矩阵 $\boldsymbol{\Phi}_0$ 可以更新为:

$$\boldsymbol{\Phi}_0 = \begin{bmatrix} P_{1,1} & P_{1,2} & \cdots & P_{1,n-1} & P_{1,F} \\ 0 & P_{2,2} & \cdots & P_{2,n-1} & P_{2,F} \\ \vdots & \cdots & \cdots & \ddots & \vdots \\ 0 & 0 & \cdots & P_{n-1,n-1} & P_{n-1,F} \\ 0 & 0 & \cdots & 0 & P_{F,F} \end{bmatrix} \quad (3-46)$$

基于改进 HSMM 健康状态转移框架如图 3-4 所示,在这一框架中,H_i 表示宏状态,S_i 表示微状态,在现实条件下,当不对设备采取任何维护时,设备不会转换到一个比当前健康状态更好的状态。在转换矩阵 $\boldsymbol{\Phi}_0$ 中,第 i 行表示在当前状态为 H_i 的条件下,宏状态间的转移概率分布。当 $j>i$ 时,假设当前健康状态为 H_i,那么宏状态间的条件转换概率会随着 j 的增大而减小,即设备处于当前状态的概率会更大,所以 P_{ii} 可能比所有转换概率 P_{ij} 都要大。假设一个设备在完全停止工作前会经历 A、B、C、D、E 个健康状态。假设用 A 表示最优,用 E 表示最劣。假设目前所处的健康状态为 B,则在下个时间点仍驻留在健康状态 B 的概率最大,当健康状态发生变化时,设备进入状态 C 的概率要大于进入状态 D 的概率,同理,进入健康状态 D 的概率要大于进入状态 E 的概率。

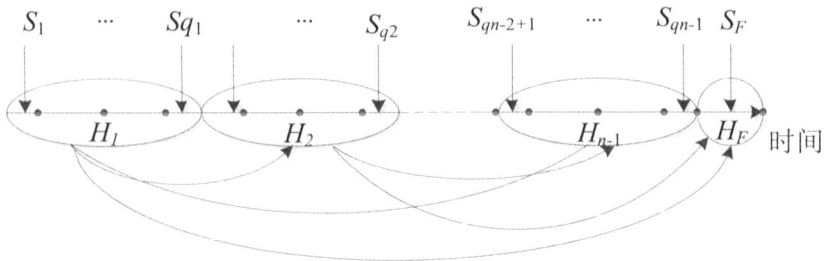

图 3-4 基于改进 HSMM 的健康状态转移框架图

构造一个样本空间 Λ，假设该样本空间包含 Q 个独立事件，对于每个独立事件在失效前设备的健康状态都会经历一系列的随机过程，假设每隔 Δt 时刻对设备进行一次观测，设备的失效发生在第 k_i 和 (k_i+1) 样本间，定义失效发生时刻为 t_{Fi}，则 $k_i \Delta t < t_{Fi} \leqslant (k_i+1)\Delta t$。用 M^i 表示任意产生失效的事件经历的失效过程，则 $M^i = (a_1^i, a_2^i, \cdots, a_{ki}^i, a_{ki+1}^i)$。

这里 a_j^i 表示在路径 M^i 下第 j 次观测设备所处的隐藏状态，则该失效概率可以表示为：

$$Pr[T = t_{Fi}, M^i = (a_1^i, a_2^i, \cdots a_{ki}^i, a_{ki+1}^i)]$$

$$= Pr(a_{ki+1}^i = F \mid a_{ki}^i) \cdots Pr(a_2^i \mid a_1^i) = \prod_{m=1}^{ki} P_{a_{im}, a_{im+1}} \qquad (3-47)$$

当把老化因子考虑在内时，当设备越来越陈旧时，设备处于当前状态 H_i 的概率会逐渐降低，即 $P_{ii}(t+\Delta t) \leqslant P_{ii}(t)$，$\sum_{j=i+1}^{n} p_{ij}(t+\Delta t) \geqslant \sum_{j=i+1}^{n} p_{ij}(t)$，这里 Δt 表示两次观测间的固定时间间隔。为了保证 $\sum_{j=i}^{n} p_{ij} = 1$，则

$$p_{i,i}(t) - p_{i,i}(t+\Delta t) = \sum_{j=i+1}^{n} p_{ij}(t+\Delta t) - \sum_{j=i+1}^{n} p_{ij}(t) \qquad (3-48)$$

3.6.2　指数型老化因子的设计

假设伴随着设备使用年限的增长，设备的性能呈现指数形式的退化，因此需要对设备的状态转移矩阵进行更新。然而当设备在运转时，设备下一时刻的健康状态要么与当前健康状态相同，要么会转变到另一个较差的健康状态，因此老化因子的设计应充分考虑这两种情况。

（1）当 P_{ii} 以指数形式变化时，假设一个指数型的老化因子为 α：

$$\alpha = [\ln P_{ii}(t+\Delta t)/\ln P_{ii}(t)] - 1 \qquad (3-49)$$

那么可以推导出：

$$P_{i,i}(t+\Delta t) = [P_{i,i}(t)]^{1+\alpha} \qquad (3-50)$$

$$P_{i,j}(t+\Delta t) = P_{i,j}(t) + \frac{[P_{i,i}(t) - P_{i,i}(t+\Delta t)] \cdot P_{i,j}(t)}{\sum_{j=i+1}^{n} P_{i,j}(t)} \qquad (3-51)$$

那么从初始的转移概率 $P_{ij}^0 = P_{ij}(t=0)$ 起，考虑老化因子 α 的转移概率 $P_{ij}(t=k\Delta t)$ 可以表示为：

$$P_{ii}(t=k\Delta t)=[P_{ii}(t=(k-1)\Delta t)]^{1+\alpha}=\cdots=(P_{ii}^0)^{(1+\alpha)k} \quad (3-52)$$

由于

$$P_{i,j}(t=k\Delta t)=P_{i,j}[t=(k-1)\Delta t]+$$

$$\frac{\{P_{i,i}[t=(k-1)\Delta t]-P_{i,i}(t=k\Delta t)\} \cdot P_{i,j}[t=(k-1)\Delta t]}{\sum\limits_{j=i+1}^{n}P_{i,j}[t=(k-1)\Delta t]}$$

$$=P_{i,j}[t=(k-1)\Delta t]+[(P_{i,i}^0)^{(1+\alpha)k-1}-(P_{i,i}^0)^{(1+\alpha)k}] \cdot P_{i,j}^0 / \sum\limits_{j=i+1}^{n}P_{i,j}^0$$

$$=P_{i,j}[t=(k-2)\Delta t]+[(P_{i,i}^0)^{(1+\alpha)k-2}-(P_{i,i}^0)^{(1+\alpha)k}] \cdot P_{i,j}^0 / \sum\limits_{j=i+1}^{n}P_{i,j}^0$$

$$=\cdots=P_{i,j}^0+\cdot P_{i,j}^0 \cdot [P_{i,i}^0-(P_{i,i}^0)^{(1+\alpha)k}] / \sum\limits_{j=i+1}^{n}P_{i,j}^0 \quad (3-53)$$

其中 $j=i+1,j=i+2,\cdots,j=n$

根据式(3-46)、式(3-52)、式(3-53),那么在 $t=k\Delta t$ 时刻考虑老化因子 α 的状态转移矩阵可以表示为:

$$\boldsymbol{\Phi}_t=\begin{bmatrix} (P_{11}^0)^{(1+\alpha)^t} & P_{12}^0+P_{12}^0 \cdot [P_{11}^0-(P_{11}^0)^{(1+\alpha)^t}] / \sum\limits_{j=2}^{n}P_{1j}^0 & \cdots & \cdots & P_{1F}^0+P_{1F}^0[P_{1,1}^0-(P_{11}^0)^{(1+\alpha)^t}] / \sum\limits_{j=2}^{n}P_{1j}^0 \\ 0 & (P_{22}^0)^{(1+\alpha)^t} & \cdots & \cdots & P_{2F}^0+P_{2F}^0[P_{11}^0-(P_{22}^0)^{(1+\alpha)^t}] / \sum\limits_{j=3}^{n}P_{2j}^0 \\ \vdots & \cdots & \cdots & \ddots & \vdots \\ 0 & & \cdots & (P_{n-1,n-1}^0)^{(1+\alpha)^t} & P_{n-1,F}^0+P_{n-1,n-1}^0-(P_{n-1,n-1}^0)^{(1+\alpha)^t} \\ & & & & 0 \end{bmatrix}$$

$$(3-54)$$

(2) 当 P_{ij} 以指数形式变化时,假设一个指数型老化因子 β:

$$\beta=[\ln p_{ij}(t+\Delta t)/\ln p_{ij}(t)]-1 \quad (3-55)$$

那么从初始的转移概率 $P_{ij}^0=P_{ij}(t=0)$ 起,考虑老化因子 β 的转移概率 P_{ij} $(t=k\Delta t)$ 可以表示为:

$$p_{ij}(t=k\Delta t)=[p_{ij}(t=(k-1)\Delta t)]^{1+\beta}=\cdots=p_{ij}^{0,(1+\beta)k} \quad (3-56)$$

其中 $j=i+1,j=i+2,\cdots,j=n$

那么可以推导出：

$$p_{ii}(t=k\Delta t)=1-\sum_{j=i+1}^{n}p_{ij}(t=k\Delta t)=1-\sum_{j=i+1}^{n}p_{ij}^{0\,(1+\beta)k} \qquad (3-57)$$

根据式(3-46)、式(3-56)以及式(3-57)可以得出：

$$\boldsymbol{\Phi}_t=\begin{bmatrix} 1-\sum_{j=2}^{n}p_{ij}^{0\,(1+\beta)k} & (p_{12}^{0})^{(1+\beta)k} & \cdots & \cdots & (p_{1F}^{0})^{(1+\beta)k} \\ 0 & 1-\sum_{j=3}^{n}p_{2j}^{0\,(1+\beta)k} & \cdots & \cdots & (p_{2F}^{0})^{(1+\beta)k} \\ \vdots & \cdots & \cdots & \ddots & \vdots \\ 0 & & \cdots & 1-(p_{n-1F}^{0})^{(1+\beta)k} & (p_{n-1F}^{0})^{(1+\beta)k} \\ 0 & \cdots & \cdots & 0 & P_{FF} \end{bmatrix}$$

$$(3-58)$$

3.6.3　乘数型老化因子的设计

当设备以乘数形式退化时，各状态间的转换概率同样可能有两种变换方式：
①P_{ii} 以乘数形式变化；②$P_{i,j}$ 以乘数形式变化。

（1）当 P_{ii} 以乘数形式变化时，假设乘数老化因子为 δ_1：

$$\delta_1=[P_{ii}(t)-P_{ii}(t+\Delta t)]/P_{ii}(t) \qquad (3-59)$$

则可以推导出：

$$P_{ii}(t+\Delta t)=P_{ii}(t)(1-\delta_1) \qquad (3-60)$$

$$P_{ij}(t+\Delta t)=P_{ij}(t)+\frac{\delta_1 P_{ii}(t)P_{ij}(t)}{\sum_{j=i+1}^{n}P_{ij}(t)}, \qquad (3-61)$$

其中 $j=i+1,i+2,\cdots,n$。

那么从初始的转移矩阵 $P_{ij}{}^0=P_{ij}(t=0)$ 起，考虑老化因子 δ_1 的转移概率
$P_{ij}(t=k\Delta t)$ 可以表示为：

$$P_{ii}(t=k\Delta t)=P_{ii}[t=(k-1)\Delta t](1-\delta_1)=\cdots P_{ii}^{o}(1-\delta_1)^k \qquad (3-62)$$

$$P_{i,j}(t=k\Delta t)/\sum_{j=i+1}^{n}P_{i,j}(t=k\Delta t)$$

$$= \frac{\left\{ P_{i,j}\big[t=(k-1)\Delta t\big] + \big\{ P_{i,i}\big[t=(k-1)\Delta t\big] - P_{i,i}(t=k\Delta t)\big\} \cdot P_{i,j}\big[t=(k-1)\Delta t\big]/\sum\limits_{j=i+1}^{n} P_{i,j}\big[t=(k-1)\Delta t\big] \right\}}{\big\{ P_{i,i}\big[t=(k-1)\Delta t\big] - P_{i,i}(t=k\Delta t)\big\} + \sum\limits_{j=i+1}^{n} P_{i,j}\big[t=(k-1)\Delta t\big]}$$

$$= \frac{P_{i,j}\big[t=(k-1)\Delta t\big] \cdot \left\{ 1 + \dfrac{P_{i,i}\big[t=(k-1)\Delta t\big] - P_{i,i}(t=k\Delta t)}{\sum\limits_{j=i+1}^{n} P_{i,j}\big[t=(k-1)\Delta t\big]} \right\}}{\sum\limits_{j=i+1}^{n} P_{i,j}\big[t=(k-1)\Delta t\big] \left\{ \dfrac{1 + P_{i,i}\big[t=(k-1)\Delta t\big] - P_{i,i}(t=k\Delta t)}{\sum\limits_{j=i+1}^{n} P_{i,j}\big[t=(k-1)\Delta t\big]} \right\}}$$

$$= \frac{P_{i,j}\big[t=(k-1)\Delta t\big]}{\sum\limits_{j=i+1}^{n} P_{i,j}\big[t=(k-1)\Delta t\big]}$$

$$= \frac{P_{i,j}\big[t=(k-2)\Delta t\big]}{\sum\limits_{j=i+1}^{n} P_{i,j}\big[t=(k-2)\Delta t\big]}$$

$$= \cdots$$

$$= P_{i,j}(t=\Delta t)/\sum\limits_{j=i+1}^{n} P_{i,j}(t=\Delta t)$$

$$= P_{i,j}(t=0)/\sum\limits_{j=i+1}^{n} P_{i,j}(t=0) \tag{3-63}$$

那么可以得到：

$$P_{i,j}(t=k\Delta t)$$

$$= \frac{P_{i,j}\big[t=(k-1)\Delta t\big] + \delta_1 \cdot P_{i,i}\big[t=(k-1)\Delta t\big] \cdot P_{i,j}\big[t=(k-1)\Delta t\big]}{\sum\limits_{j=i+1}^{n} P_{i,j}\big[t=(k-1)\Delta t\big]}$$

$$= \frac{P_{i,j}\big[t=(k-1)\Delta t\big] + \delta_1 \cdot (1-\delta_1)k-1 P_{i,i}^0 \cdot P_{i,j}^0}{\sum\limits_{j=i+1}^{n} P_{i,j}^0}$$

$$= P_{i,j}^0 + \left(\frac{\delta_1 \cdot P_{i,i}^0 \cdot P_{i,j}^0}{\sum\limits_{j=i+1}^{n} P_{i,j}^0} \right) \sum\limits_{l=1}^{k} (1-\delta_1)^{l-1} \tag{3-64}$$

那么根据式(3-63)和式(3-64)，在位于时刻 t 时，考虑老化因子 δ_1 的状态转换矩阵可以表示为：

$$\boldsymbol{\Phi}_t = \begin{bmatrix} (1-\delta_1)^{k-1}P_{11}^0 & P_{12}^0 + (\delta_1 \cdot P_{11}^0 \cdot P_{12}^0 / \sum\limits_{j=2}^{n} P_{1j}^0) \sum\limits_{l=1}^{k}(1-\delta_1)^{l-1} & \cdots & \cdots & P_{1F}^0 + (\delta_1 \cdot P_{11}^0 \cdot P_{1F}^0 / \sum\limits_{j=2}^{n} P_{1j}^0) \sum\limits_{l=1}^{k}(1-\delta_1)^{l-1} \\ 0 & (1-\delta_1)^{k-1}P_{22}^0 & \cdots & \cdots & P_{2F}^0 + (\delta_1 \cdot P_{22}^0 \cdot P_{2F}^0 / \sum\limits_{j=3}^{n} P_{2j}^0) \sum\limits_{l=1}^{k}(1-\delta_1)^{l-1} \\ \vdots & \cdots & \cdots & \ddots & \vdots \\ 0 & \cdots & (1-\delta_1)^{k-1}P_{n-1,n-1}^0 & & P_{n-1,F}^0 + (\delta_1 \cdot P_{n-1,n-1}^0) \sum\limits_{l=1}^{k}(1-\delta_1)^{l-1} \\ 0 & \cdots & \cdots & 0 & P_{FF} \end{bmatrix}$$

（2）当 P_{ij} 以乘数形式变化时，假设乘数老化因子为 δ_2

$$\delta_2 = \Big[\sum_{j=i+1}^{n} P_{i,j}(t+\Delta t) - \sum_{j=i+1}^{n} P_{i,j}(t)\Big] / \sum_{j=i+1}^{n} P_{i,j}(t) \qquad (3-65)$$

那么从初始转移矩阵 $P_{ij}^0 = P_{ij}(t=0)$ 起，考虑老化因子 δ_2 的状态转移概率 $P_{ij}(t=k\Delta t)$ 可以表示为：

$$P_{i,j}(t=k\Delta t) = (1+\delta_2)P_{i,j}[t=(k-1)\Delta t] = \cdots = (1+\delta_2)^k P_{i,j}^0 \quad (3-66)$$

其中 $j = i+1, i+2, \cdots n$。

可以进一步推导出：

$$P_{i,i}(t=k\Delta t) = P_{i,i}[t=(k-1)\Delta t] - \delta_2 \sum_{j=i+1}^{n} P_{i,j}[(k-1)\Delta t]$$

$$= P_{i,i}[t=(k-1)\Delta t] - \delta_2 \sum_{j=i+1}^{n} (1+\delta_2)^{k-1} P_{i,j}^0$$

$$= P_{i,i}^0 - \delta_2 \big(\sum_{j=i+1}^{n} P_{i,j}^0\big) \cdot \big(\sum_{l=1}^{k} (1+\delta_2)^{l-1}\big)$$

$$= 1 - \sum_{j=i+1}^{n} P_{i,j}^0 - \delta_2 \big(\sum_{j=i+1}^{n} P_{i,j}^0\big) \cdot \big(\sum_{l=1}^{k} (1+\delta_2)^{l-1}\big)$$

$$=1-(1+\delta_2)k\sum_{j=i+1}^{n}P_{i,j}^0 \tag{3-67}$$

那么根据式(3-66)和式(3-67)，在位于时刻 t 时，考虑老化因子 δ_1 的状态转换矩阵可以表示为：

$$\boldsymbol{\Phi}_t = \begin{bmatrix} 1-(1+\delta_2)^k\sum_{j=2}^{n}P_{1j}^0 & P_{12}^0(1+\delta_2)^k & \cdots & \cdots & P_{1F}^0(1+\delta_2)^k \\ 0 & 1-(1+\delta_2)^k\sum_{j=3}^{n}P_{2j}^0 & \cdots & \cdots & P_{2F}^0(1+\delta_2)^k \\ \vdots & \cdots & \cdots & \ddots & \vdots \\ 0 & \cdots & \cdots & 1-(1+\delta_2)^kP_{n-1,F}^0 & P_{n-1,F}^0(1+\delta_2)^k \\ 0 & \cdots & \cdots & 0 & P_{FF} \end{bmatrix}$$

3.7　老化因子的估值算法

当初始转移矩阵 Φ_0 已知时，需要对老化因子进行估值，假设样本空间中包含 Q 个独立的失效事件，将老化因子 α、β、δ_1、δ_2 分别添加到式(3-47)中可以得到新的公式来描述特定失效路径下的概率，以老化因子 α 为例：

$$Pr[T=t_{Fi},M^i=(a_1^i,a_1^i,\cdots,a_{k_i}^i,a_{k_i+1}^i)\mid\alpha]$$
$$=[Pr(a_{k_i+1}^i=F)\mid a_{k_i}^i,\alpha]\cdot[Pr(a_{k_i}^i=F)\mid a_{k_i-1}^i,\alpha]\cdots\cdot[Pr(a_2^i=F)\mid a_1^i,\alpha]$$
$$=\prod_{m=1}^{k_i}(P_{a_m^i,a_{m+1}^i}\mid\alpha)=\prod_{m=1}^{k_i}P_{a_m^i,a_{m+1}^i}^m \tag{3-68}$$

这里 $P_{a_m^i,a_{m+1}^i}^m$ 表示当时间片段 $m\Delta t$ 结束时，设备从健康状态 a_m^i 转换到 a_{m+1}^i 的概率。那么，$P_{a_m^i,a_{m+1}^i}^m$ 可以通过式(3-52)和式(3-53)计算而得出，那么在该样本空间中，似然函数表达为：

$$L=\prod_{i=1}^{Q}Pr[T=t_{Fi},M^i=(a_1^i,a_1^i,\cdots,a_{k_i}^i,a_{k_i+1}^i)\mid\alpha]=\prod_{i=1}^{Q_i}\prod_{m=1}^{k_i}P_{a_m^i,a_{m+1}^i}^m \tag{3-69}$$

则，通过运用最大似然函数，α 的估值可以表示为：

$$\alpha=\arg\max_{\alpha}\left\{\log\prod_{i=1}^{Q_i}\prod_{m=1}^{k_i}P_{a_m^i,a_{m+1}^i}^m\right\}=\arg\max_{\alpha}\left\{\sum_{i=1}^{Q_i}\sum_{m=1}^{k_i}\log P_{a_m^i,a_{m+1}^i}^m\right\} \tag{3-70}$$

本章中提出了一个算法求解老化因子 α、β、δ_1、δ_2，算法流程如图 3-5 所示，在图中用 N 代表任意形式的老化因子。在该算法中有两个层面的迭代过程。第一层建立在特定步长和预先设计的终止条件基础之上，目的是计算出最优的老化因子。第二层是将获得的最大似然值 $\log L$ 进行比较，求出满足条件的步长，从而得出老化因子的最终估值。当步长越小以及预设精度越精确时，算法的计算时间越长，得到的值也越准确。假设该算法的终止条件为精度提升小于 0.1%，原始步长为 1，初始老化因子 N 为 0（N 可以为 α、β、δ_1、δ_2 以及其他老化因子）。

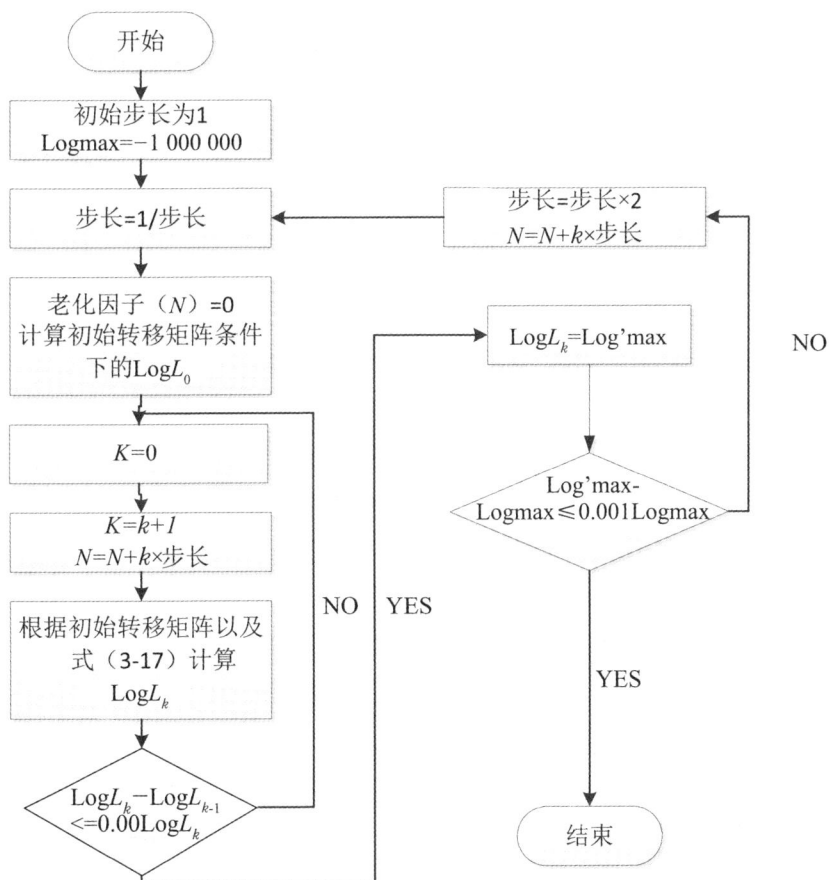

图 3-5　求解老化因子算法流程图

3.8　基于失效率的设备剩余有效寿命估值算法

失效率函数(HR)以及剩余有效寿命(RUL)函数在诸多学科领域中都有应用。失效率函数在设备剩余寿命的预测领域应用十分广泛,和失效率相关的符号以及函数如下:

(1)可靠度函数:可靠度指设备在规定时间和条件下,实现期望功能的能力。可靠度函数可以用关于时间 t 的函数表示,记为 $R(t)$

$$R(t)=P\ (t<T),P\in[0,1]$$

其中 t 为给定的时刻,T 为设备寿命,根据定义,$R(t)$ 表示设备在$[0,t]$时间间隔里能够正常运作的概率,所以 $R(0)=1,R(\infty)=0$。

(2)寿命分布函数:即设备在规定的时间和条件下发生失效的概率,用$F(t)$表示,则 $F(t)$ 和 $R(t)$ 满足 $F(t)+R(t)=1,F(0)=0,F(\infty)=1$。

(3)失效概率密度函数:即设备在时刻 t 时产生失效的概率,用 $f(t)$ 表示。假设 $F(0)=0$ 且存在密度函数 $f(t)=F'(t)$,则 $f(t)$ 为设备失效概率密度函数。

(4)失效率函数:即设备在 t 时刻截止时还没产生失效的前提下,在该时段后设备产生失效的概率,用 $\lambda(t)$ 表示:

$$\lambda(t)=\lim_{\substack{N\to\infty\\ \Delta t\to0}}\frac{\Delta n(t)}{[N-n(t)]\Delta t}=\frac{\mathrm{d}n(t)}{[N-n(t)]\mathrm{d}t}=\frac{\mathrm{d}n(t)/N}{1-F(t)}=\frac{f(t)}{R(t)}$$

这里,样本总数为 N,在 t 时刻前已经发生失效的样本数量用 $n(t)$ 表示,时间间隔$(t,t+\Delta t)$内发生失效的样本数用 $\Delta n(t)$ 表示。

(5)剩余有效寿命函数:在设备工作到 t 时刻仍未产生失效的条件下,距离失效产生时刻的期望值,用 $\mu(t)$ 表示:

$$\mu(t)=E[T-t\mid T>t]=[1/R(t)]\int_t^\infty R(x)\mathrm{d}x$$

满足 $R(t)>0$,则 $\lambda(t)dt$ 表示在设备工作至 t 时刻仍未产生失效的条件下,在时间段$(t,t+\Delta t)$内产生失效的条件概率。

假设设备在进入失效状态 F 前会经历不同的健康状态 $H_i(i=1,2,\cdots,n-1)$,用 $D(H_i)$ 表示设备在状态 H_i 下的期望驻留时间,一旦设备进入状态 H_i 后,它的剩余有效寿命(RUL)可以表示为设备在该状态下的剩余有效时间和设备失效前所经历状态对应的期望时间之和。

当设备进入健康状态 H_i 中第 I 个观测时刻点时,用 $\widehat{D}[H_i^{(I)}]$ 表示该时刻下当前状态的期望驻留时间,则在间隔时间 $[t+I\Delta t, t+(I+1)\Delta t]$ 内,失效的条件概率可以表示为:

$$\widehat{\lambda}(t+I\Delta t)\Delta t = \frac{\text{设备在接下来的时间 } \Delta t \text{ 中状态转换到任意其他状态的概率}}{\text{设备在时刻}(t+I\Delta t)\text{仍停留在状态 } H_i \text{ 的概率}}$$

$$(3-71)$$

其中 I 表示设备进入状态 H_i 后第 I 个观测样本,定义可靠函数 $R(t+I\Delta t)$ 为设备在 $t+I\Delta t$ 时刻仍停留在状态 H_i 的概率:

$$R(t+I\Delta t) = \prod_{n=0}^{I-1} P_{ii}^n \qquad (3-72)$$

可以进一步推出:

$$\widehat{\lambda}(t+I\Delta t)\cdot\Delta t = (1-P_{i,i}^I)/\prod_{n=0}^{I-1}P_{i,i}^n \qquad (3-73)$$

$$\widehat{D}[H_i^{(I)}] = D(H_i)[1-\widehat{\lambda}(t+I\Delta t)\cdot\Delta t] = D(H_i)[1-(1-P_{i,i}^I)/\prod_{n=0}^{I-1}P_{i,i}^n]$$

$$(3-74)$$

因此,当设备进入 H_i 后,第 I 个观测时间点的剩余有效寿命为:

$$RUL^{(I)} = \widehat{D}[H_i^{(I)}] + \sum_{j=i+1}^{n-1} D(H_j) \qquad (3-75)$$

将式(3-74)代入式(3-75)中即可求得当设备处于状态 H_i 时第 I 个观测时间点时的剩余有效寿命。

基于改进 HSMM 并将设备老化考虑在内的设备 RUL 的预测模型框架图如图 3-6 所示,关于该预测框架的阐述如下:

第一步:运用获得的数据对 HSMM 进行训练,可以获得初始状态转移矩阵 Φ_0、任意健康状态的期望驻留时间等参数的值。

第二步:收集历史数据,构建一个包含 Q 个独立失效事件构成的样本空间 Λ。

第三步:运用历史数据,根据提出的算法,对老化因子进行计算。

第四步:当设备进入健康状态 H_i 后,运用从传感器收集的数据,计算出该状态下第 I 个观测点,驻留在健康状态 H_i 的概率 P_{ii}^I。

第五步:根据式(3-73)计算失效率。

第六步:根据式(3-75)计算出当设备进入健康状态 H_i 后第 I 个观测时间点对应的剩余有效寿命。

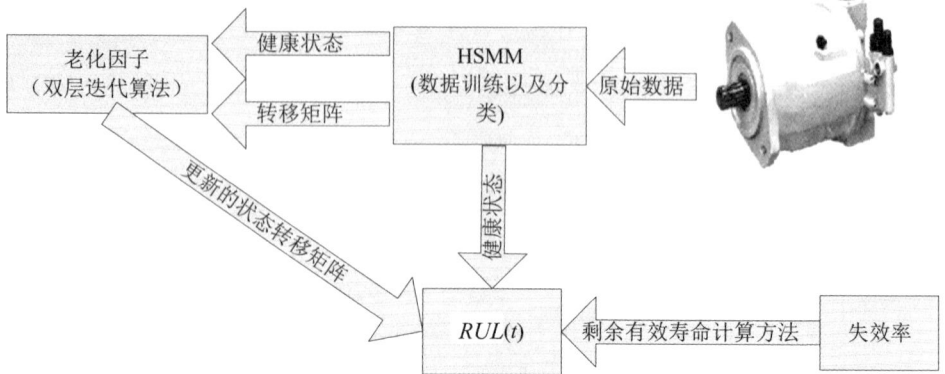

图 3 - 6 *RUL* 预测模型框架图

3.9 算例分析

为了验证考虑了老化因子的预测模型的可靠性,案例分析选取了液压泵作为研究对象,利用从液压泵上获取的数据对老化因子进行估值同时对液压泵的寿命进行预测。在实验中,选取三个液压泵作为研究对象(分别为泵 A、泵 B、泵 C),在液压泵运转过程中,往液压泵里加入含有泥沙的油,液压泵必定会产生损耗,从而液压泵的流量也会发生不同程度的减少。换句话说这三台液压泵的退化并不遵循自然退化的过程。实验中将油的污染程度分成 4 个不同的等级:等级 1(无污染)、等级 2(往油箱中加入 5mg,20mm 的泥沙)、等级 3(往油箱中加入 10mg,20mm 的泥沙),等级 4(往油箱中加入 15mg,20mm 的泥沙)。在实验中,油的污染等级和液压泵流量损失程度成正相关,即油的污染等级越高,液压泵的流量损失也越多。液压泵的流量直接显示出其健康状态,在实验中,油的污染程度决定着液压泵的流量损失程度,所以这一指标被用来对液压泵的不同健康等级状态进行定义。

在实验中,使用的液压泵为 Back Hoe Loader:74cm³/rev 的变量液压泵,为了收集来自液压泵的振动信号,在与液压泵旋转轴平行的位置安装了一个液压泵加速器,该实验的组织结构如图 3 - 7 所示。

在进行数据采样时,设置采样频率为 60KHZ,为了更好地处理从液压泵加

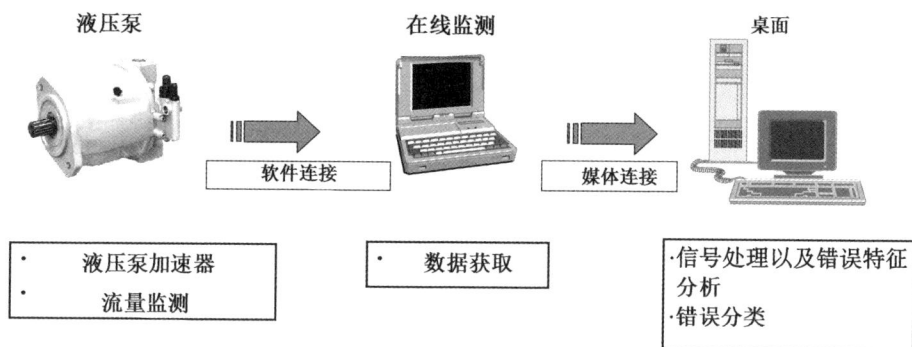

图 3 - 7　实验组织结构图

速器上得到的信号,选取反锯齿滤波器处理振动信号;对于数据特征值的提取,相关研究显示,5 层小波分解层数的 Daubechies wavelet 10 可以高效地对设备振动信号中的故障信息进行提取。通过小波分解得到的小波系数,可以作为改进 HSMM 的输入[43-44,171]。

利用从传感器上收集到的数据对 HSMM 进行训练后,能够获得液压泵每个健康状态间相互转换的初始健康状态转移矩阵以及其在任意健康状态下的平均驻留时间,如表 3 - 1 和表 3 - 2 所示。

表 3 - 1　初始健康状态转换矩阵

状态	等级 1	等级 2	等级 3	等级 4
等级 1	0.9056	0.0879	0.0063	0.0002
等级 2	0	0.8491	0.1506	0.0003
等级 3	0	0	0.9129	0.0871
等级 4	0	0	0	1

表 3 - 2　各健康等级平均驻留时间

1 健康状态	等级 1	等级 2	等级 3	等级 4(故障)
驻留均值	10.4549	9.7923	11.3375	∞
驻留方差	1.9388	0.9792	1.2415	—
$D(h_i)$	10.6485	9.89	11.4615	—

　　构造一个包含 30 个独立失效事件的样本空间 Λ，液压泵的健康等级 1、2、3、4 分别用数字 1、2、3、4 表示。从液压泵上获取的每个观测点的数据与液压泵当时的健康等级相对应，图 3-8 表示样本中一个失效事件的健康等级序列图，如图所示设备的健康等级是从优到劣，逐渐衰退直至最终产生失效。

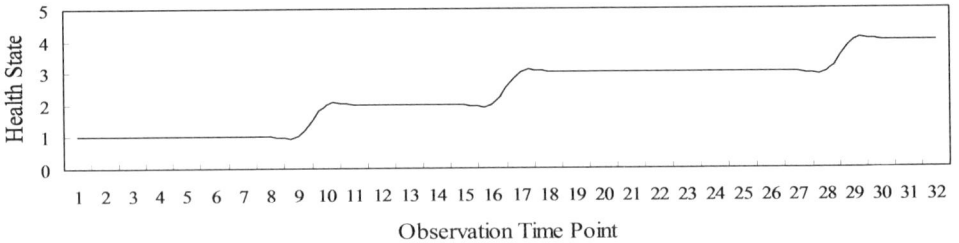

图 3-8　液压泵健康等级趋势图

3.9.1　老化因子的求解

　　根据老化因子估值算法，可以对老化因子 α 进行估值，求得的最佳步长为 $1/128$，老化因子 α 最大似然值 $\log L(\alpha) = -73.1826$，$k = 14$，老化因子 α 的估值为 $\alpha = k \times$ 步长 $= 0.1094$。

　　对老化因子 β 进行估值，求得的最佳步长为 $1/128$，老化因子 β 最大似然结果 $\log L(\beta) = -71.7913$，$k = 20$，老化因子 α 的估值为 $\alpha = k \times$ 步长 $= 0.1563$。

　　对乘数型老化因子 δ_1 进行估值，求得的最佳步长为 $1/1024$，老化因子 δ_1 最大似然值 $\log L(\delta_1) = -74.72$，$k = 12$，老化因子 δ_1 的估值为 0.012。

　　对乘数型老化因子 δ_2 进行估值，求得的最佳步长为 $1/100$，老化因子 δ_2 最大似然结果 $\log L(\delta_2) = -45.56$，$k = 18$，老化因子 δ_2 的估值为 0.18。

　　在不同老化因子 α、β、δ_1、δ_2 作用下，老化因子的似然值 $\mathrm{Log}L$ 随着算法迭代的时间 k 逐渐增大时的收敛过程，当迭代时间 k 增加时，函数 $\mathrm{Log}L$ 的值会逐渐变大。另 $\mathrm{Log}L' = \log L_k - \log L_{k-1}$ 随着迭时间 k 的增大，$\log L'$ 的取值逐渐变小。无论是何种形式的老化因子，它的估计值是和迭代时间 k 呈正相关的，但是，当迭代时间 k 不断增大时，$\log L$ 值的增大速度会慢慢降低，直至到达某一确定值。

3.9.2　剩余有效寿命的估值

由于 $\log L(\delta_2)>\log L(\beta)>\log L(\alpha)>\log L(\delta_1)$，所以选取老化因子 δ_2 计算 RUL。当设备进入初始健康等级后，选取老化因子 $\delta_2=0.18$，计算出第 6 次观测时对应的 RUL。

第一步：通过式(3-67)，$p_{1,i}^i$ 的计算结果如表 3-3 所示。

表 3-3　$p_{1,i}^i$ 计算结果

i	1	2	3	4	5	6
$P_{1,1}^i$	0.8886	0.8714	0.8552	0.8375	0.8206	0.8042

第二步：计算 $\hat{\lambda}(t+I\Delta t)\cdot\Delta t$。

$$\hat{\lambda}(t+\Delta t)\cdot\Delta t=(1-P_{1,1}^1)/\prod_{n=0}^{0}P_{1,1}^n=0.1074$$

$$\hat{\lambda}(t+2\Delta t)\cdot\Delta t=(1-P_{1,1}^2)/\prod_{n=0}^{1}P_{1,1}^n=0.1372$$

$$\hat{\lambda}(t+3\Delta t)\cdot\Delta t=(1-P_{1,1}^3)/\prod_{n=0}^{2}P_{1,1}^n=0.1835$$

$$\hat{\lambda}(t+4\Delta t)\cdot\Delta t=(1-P_{1,1}^4)/\prod_{n=0}^{3}P_{1,1}^n=0.2194$$

$$\hat{\lambda}(t+5\Delta t)\cdot\Delta t=(1-P_{1,1}^5)/\prod_{n=0}^{4}P_{1,1}^n=0.3297$$

$$\hat{\lambda}(t+6\Delta t)\cdot\Delta t=(1-P_{1,1}^5)/\prod_{n=0}^{4}P_{1,1}^n=0.4582$$

第三步：计算液压泵停留在初始健康等级下的期望剩余驻留时间。

$$\hat{D}[H_1^{(1)}]=D(H_1)[1-\hat{\lambda}(t+\Delta t)\cdot\Delta t]=10.4549\times(1-0.1074)=9.3320$$

$$\hat{D}[H_1^{(2)}]=D(H_1)[1-\hat{\lambda}(t+2\Delta t)\cdot\Delta t]=10.4549\times(1-0.1372)=9.0205$$

$$\hat{D}[H_1^{(3)}]=D(H_1)[1-\hat{\lambda}(t+3\Delta t)\cdot\Delta t]=10.4549\times(1-0.1835)=8.5364$$

$$\hat{D}[H_1^{(4)}]=D(H_1)[1-\hat{\lambda}(t+4\Delta t)\cdot\Delta t]=10.4549\times(1-0.2194)=8.1611$$

$$\hat{D}[H_1^{(5)}]=D(H_1)[1-\hat{\lambda}(t+5\Delta t)\cdot\Delta t]=10.4549\times(1-0.3297)=7.008$$

$$\hat{D}[H_1^{(6)}]=D(H_1)[1-\hat{\lambda}(t+6\Delta t)\cdot\Delta t]=10.4549\times(1-0.4582)=5.6645$$

第四步：根据式(3-75)计算设备的 RUL。

$$RUL_{(1,1)} = \overline{D}(1,1) + \sum_{j=2}^{4} D(j) = 9.3320 + 9.8437 + 11.5468 = 30.7225$$

$$RUL_{(1,2)} = \overline{D}(1,2) + \sum_{j=2}^{4} D(j) = 9.0205 + 9.8437 + 11.5468 = 30.4113$$

$$RUL_{(1,3)} = \overline{D}(1,3) + \sum_{j=2}^{4} D(j) = 8.5364 + 9.8437 + 11.5468 = 29.9269$$

$$RUL_{(1,4)} = \overline{D}(1,4) + \sum_{j=2}^{4} D(j) = 8.1611 + 9.8437 + 11.5468 = 29.5516$$

$$RUL_{(1,5)} = \overline{D}(1,5) + \sum_{j=2}^{4} D(j) = 7.008 + 9.8437 + 11.5468 = 28.3985$$

$$RUL_{(1,6)} = \overline{D}(1,6) + \sum_{j=2}^{4} D(j) = 5.6645 + 9.8437 + 11.5468 = 27.0554$$

3.9.3 对比分析

为了比较不同老化因子的预测精确度,表 3-4 给出选取不同的老化因子求出的液压泵 RUL 的值,同时计算并对比了预测的误差。表中 RUL_m 表示 RUL 的预测值。

表 3-4 不同老化因子预测性能比较

实际 RUL	δ_1		δ_2		α		β	
	RUL_m	$Error(\%)$	RUL_m	$Error(\%)$	RUL_m	$Error(\%)$	RUL_m	$Error(\%)$
32	30.6283	4.2866	30.7225	3.9922	30.5347	4.5790	30.7514	3.9019
31	29.7665	3.9790	29.9239	3.4713	30.3158	2.2071	30.1635	2.6984
30	28.4509	5.1637	29.4263	1.9123	29.0349	3.217	29.3429	2.1903
29	27.9914	3.4779	29.1002	0.3455	28.0427	3.3010	28.2476	2.5945
28	26.9668	3.69	27.8442	0.5564	26.9635	3.7018	27.2546	2.6621
27	25.6743	4.91	26.6112	1.44	25.4363	5.7915	26.2243	2.8730
平均误差	~	3.2515	~	1.9530	~	3.7996	~	2.8200

误差的计算公式如下:

$$误差 = \frac{100\% \times |实际\ RUL - 预测\ RUL|}{实际\ RUL}$$

通过比较 RUL_m 与 RUL ,我们可以看出,老化因子 δ_2 的预测最精确,从表中可以初步推断出,最大似然值越大,老化因子预测性能也越好。但是老化因子 α 的最大似然值比老化因子 δ_1 的最大似然值大,但是预测误差却高于 δ_1 ,造成这一问题的原因可能是选取样本的数量太少。

为了克服因样本数量少的局限性,减少对统计结果的影响,下面将样本空间扩大,其部分计算结果如图 3－9、图 3－10、图 3－11、图 3－12 所示,从图 3－9 至图 3－12 和表 3－5 可以清晰地得出对应似然值越大的老化因子,的确 RUL 的预测性能更优。

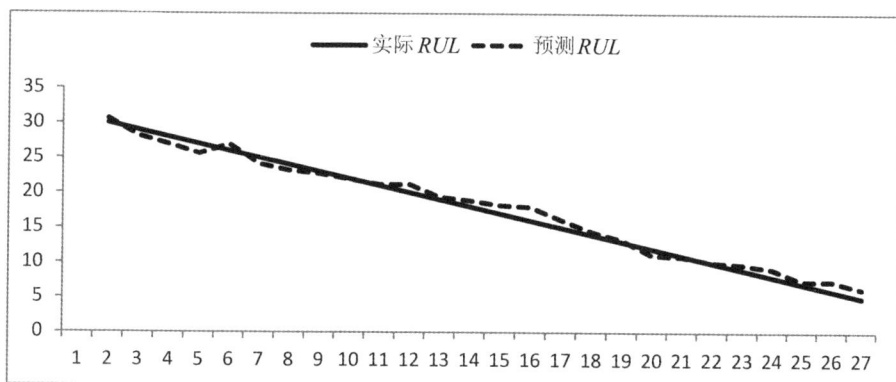

图 3－9　实际 RUL 与预测 RUL 关系图(老化因子 δ_1)

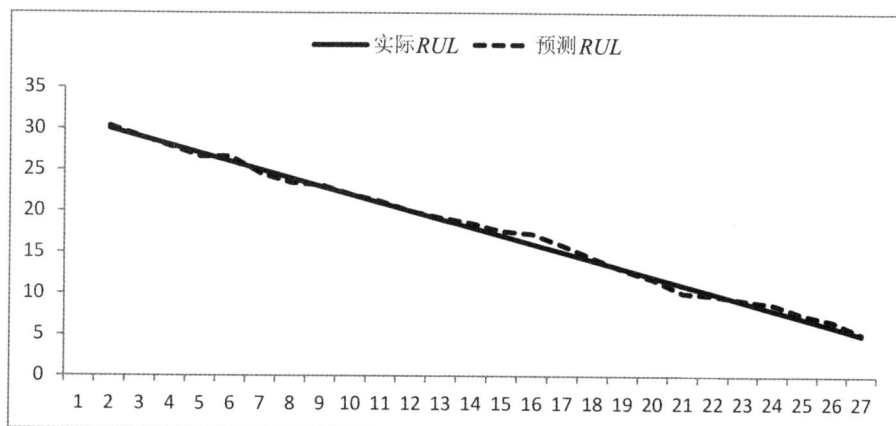

图 3－10　实际 RUL 与预测 RUL 关系图(老化因子 δ_2)

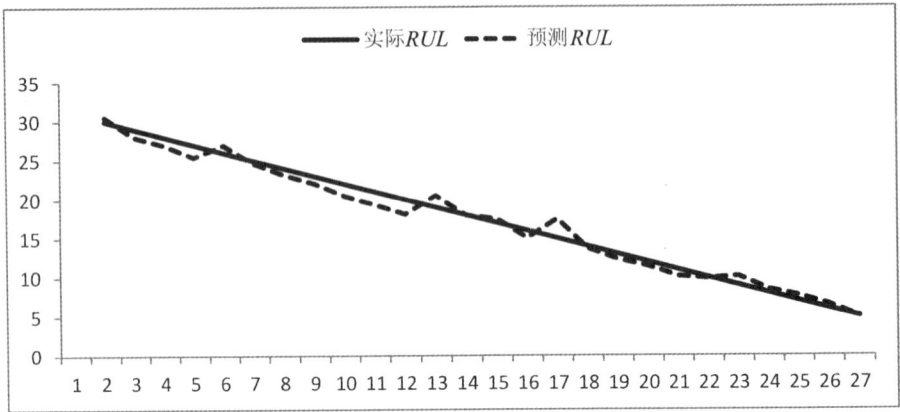

图 3 - 11　实际 *RUL* 与预测 *RUL* 关系图（老化因子 α）

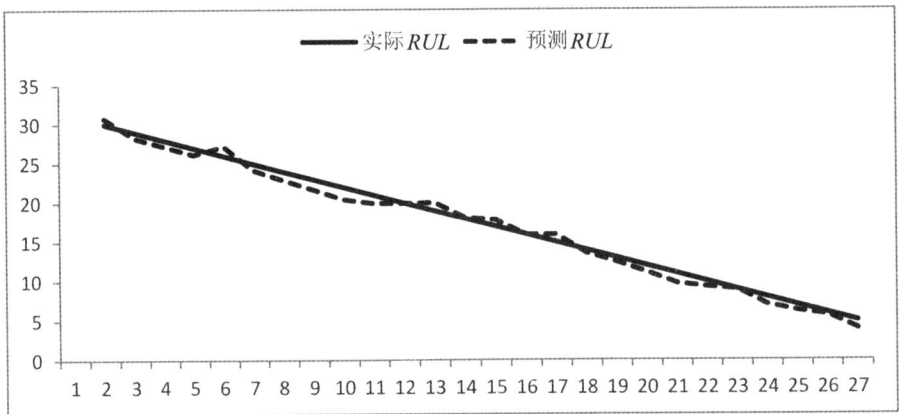

图 3 - 12　实际 *RUL* 与预测 *RUL* 关系图（老化因子 β）

表 3 - 5　不同老化因子预测性能统计指标

	δ_1	δ_2	α	β	不考虑老化
平均误差（%）	6.7328	3.6764	6.1536	4.7828	5.9675
MSE	4.4826	1.6872	4.0372	1.9667	3.2651

　　选择预测精度最高的老化因子 δ_2 和不考虑老化因子的 HSMM 预测结果进行对比,比较结果见表 3 - 6。如表中数据所示,伴随着液压泵剩余寿命的不断降低,当不考虑老化因的影响时,运用 HSMM 对液压泵的 *RUL* 进行预测,得到

的预测结果会逐渐偏离液压泵的实际 RUL 值,而且偏离的程度越来越大。当考虑老化因子 δ_2 对状态转移矩阵进行更新后,预测结果与实际 RUL 相差始终不明显,该误差属于可接受范围内的误差。

表 3 - 6　考虑老化因子与不考虑老化因子的 HSMM 预测性能比较

实际 RUL	30.0000	26.0000	22.0000	17.0000	12.0000	11.0000	9.0000	5.0000
$\delta_2=0.18$	30.2683	25.3294	22.2483	17.6643	11.6223	10.0508	9.2144	5.1635
$\delta_2=0$	30.2558	29.9643	29.7954	19.4981	18.8666	10.2471	10.0291	9.7675

3.10　本章小结

本章首先介绍了 HMM 的基本概念,在 HMM 的基础上引出了 HSMM,指出了 HSMM 与传统 HMM 的区别。详细介绍了 HSMM 中涉及的算法,对相关参数的由来进行了详细的推导,针对 HSMM 中算法在训练时连乘造成的下溢问题进行了相应的改进。在改进的 HSMM 基础上,提出了设备健康预测的框架,这一集成的健康预测框架克服了 HMM 中诸多局限,可以更好地运用于设备的健康预测。

其次,在改进 HSMM 的基础上,为了将设备的实际老化考虑在内,设计了指数、乘数形式的设备老化因子并把它融合进了改进 HSMM 预测模型的状态转移矩阵中,更新了预测模型的状态转移矩阵。此外还设计了一种老化因子的估值算法,结合设备的失效率函数提出了设备的剩余有效寿命的预测方法。

最后,运用提出的估值算法对老化因子进行了估值,选取几种老化因子中似然值最大的老化因子对设备的剩余有效寿命进行了计算。通过对不同老化因子的预测性能进行比较,得出当老化因子的似然估计值越大时,RUL 的预测性能更优,此外考虑老化因子的 HSMM 比不考虑老化因子的 HSMM 预测结果更精确。

第4章　数据不完备情况下设备健康预测

4.1　引　言

在实际生产过程中,由于某些外界的突发事件导致部分传感器失效,从而造成采集的样本数据中存在缺失数据的情况。数据缺失会使样本数据不完整,而不完整的样本数据会导致数据挖掘的结果产生偏差,从而不能准确地对设备进行故障诊断和剩余寿命预测。可靠的设备健康预测是有效实施维护策略的核心,因此需要一个系统有效的预测框架对设备的剩余寿命进行预测。本章介绍了一种基于灰色 EM-SHSMM 的设备寿命预测方法。灰色模型可以对样本数据中的缺失问题进行有效处理,帮助对系统进行分析、建模、预测和控制。SHSMM 中包含了时间组件,与传统的 HMM 不同,SHSMM 不必遵循不现实的马尔可夫链假设。因此该方法能对实际问题更好地进行建模与分析。

设备在实际生产过程中,由于受到周围环境因素的影响,导致采集数据的传感器发生波动,从而使采集到的样本数据中出现许多不符合逻辑性和真实性的数据,这些数据称为异常数据。异常数据会使监测样本数据不精确,在利用不精确的样本数据进行设备健康预测时,会造成预测模型的稳定性变差或者得到的模型不具有普遍性,从而导致剩余寿命的预测结果出现误差。对一些重大或者价值昂贵的设备来说,一点点误差会带来严重的损失[172−173]。因此,在数据挖掘之前对异常数据进行有效的处理,降低其对监测样本数据的影响,对设备的健康预测具有重要意义。本章介绍了一种动态前向后向填充算法来处理样本数据中的异常值,然后基于提出的 SHSMM 模型对设备进行健康预测。

随着大数据技术的日益成熟,越来越多的学者将数据挖掘应用在设备健康预测中。理想情况下,样本数据集中的每条记录都是准确无误的,但在实际生产中,由于人为和客观原因导致样本数据在采集过程中出现模糊不具体的数据,这些数据称作不准确数据。与缺失数据和异常数据一样,不准确数据也会影响样本数据的质量,从而影响机械设备的寿命预测结果。因此,如何解决数据不准确下机械设备健康预测具有重要意义。针对样本数据中存在数据不准确的情况,本章介绍了一种基于 DS-MM 的设备寿命预测方法,考虑到区间数的性质,利用区间数来表示不准确的数据,并基于区间数之间的距离和相似度来作为产生基本概率赋值(BPA)的证据,提出的 DS-MM 框架能够有效对设备的健康状态进行预测。

4.2　考虑数据缺失下的设备健康预测

4.2.1　SHSMM 的推理与学习机制

4.2.1.1　SHSMM 结构

与常规 HMM 中每个隐藏状态只对应着单一的观测值不同,SHSMM 中每个隐藏状态都对应着一个片段的观测值,即一个观测值序列,这一片段通常叫做宏状态。每个宏状态中由一定数量的单个状态组成,这些单个的状态被称为微状态。假设一个宏状态的序列中包含 L 个宏状态片段,同时用 q_l 表示第 l 个片段的结束时间指针,则宏状态、微状态及其各自的持续时间和对应的实际状态间的关系如图 4-1。

时间单位	$1,\cdots,q_1$	$q_1+1,\cdots,q_2$	$\cdots$	$q_{L-2}+1,\cdots,q_{L-1}$	q_L
观测序列	$o_1,\cdots,o_{q_1}$	$o_{q_{1+1}},\cdots,o_{q_2}$	$\cdots$	$o_{q_{L-2}}+1,\cdots,o_{q_{L-1}}$	o_L
微状态	$s_1,\cdots,s_{q_1}$	$s_{q_{1+1}},\cdots,s_{q_2}$	$\cdots$	$s_{L-2}+1,\cdots,s_{L-1}$	s_L
宏状态	h_1	h_2	$\cdots$	h_{L-1}	h_L
状态持续时间	$d_1=q_1$	$d_2=q_2-q_1$	$\cdots$	$d_L=q_L-q_{L-1}$	$d_L=\infty$
片段	1	2	$\cdots$	$L-1$	L

图 4-1　SHSMM 中状态间的对应关系

对于模型中第 i 个宏状态,它的观测序列为 $O_{q_{i-1}+1}, \cdots, O_{q_i}$,这些观测状态属于同一个宏状态:

$$S_{q_{i-1}+1} = S_{q_{i-1}+2} = \cdots = S_{q_i} = h_i \tag{4-1}$$

令 s_t 表示设备位于 t 时刻的隐藏状态,O 表示该状态下的观测序列。SHSMM 的模型表达式可以描述为 $\Theta = (\pi, A, B, D)$,其中:π 为初始状态概率分布,A 为宏状态转移概率矩阵,B 为观测值概率矩阵,D 为状态驻留分布。在 SHSMM 中,有 N 个状态,均是隐藏不可直接观测的。状态间的转换符合转换矩阵 A,从状态 i 转换到 j 的概率为 a_{ij}。与标准 HMM 相似,我们假设状态时刻 t 为 0 时的状态为 s_0,以此为"开始"。状态的初始分布为 π。宏状态的转换过程 $S_{q_{l-1}} \rightarrow S_{ql}$ 符合马尔可夫过程:

$$P(S_{ql} = j \mid S_{q_{l-1}} = i) = a_{ij} \tag{4-2}$$

微状态的转换 $S_{t-1} \rightarrow S_t$ 通常不是马尔可夫过程,这也是该模型被称为"半马尔可夫"的原因[174]。在半马尔可夫的情况下,只有设备从一个宏状态转换到另一个宏状态时,马尔可夫模型中的转换过程才成立。

4.2.1.2　推理过程

与常规 HMM 类似,SHSMM 也需要解决评估、识别和训练问题。为了让 SHSMM 的参数估计与推导更容易,首先定义一个前向变量:

$$\alpha_t(i) = P(O_1 O_2, \cdots, O_t, q_t = i / \theta) \tag{4-3}$$

表示在 t 时刻产生观测序列 $(O_1 O_2, \cdots, O_t)$,并终止于状态 i 的概率。

假设设备在状态 i 持续的时间为 d,概率为 $P(d/j)$。$O_1 O_2, \cdots, O_{t-d}$ 表示在 $t-d$ 时刻以状态 i 结束而产生的一系列观察变量,$O_{t-d} O_{t-d+1}, \cdots, O_t$ 表示在 t 时刻以状态 j 结束的观察变量,将在 $t-d$ 时刻的所有状态和这些状态的可能持续时间相加,可以得到以下递归公式:

$$\alpha_t(j) = \sum_{i=1}^{N} \sum_{d=1}^{D} \alpha_{t-d}(i) \, a_{ij} \, P_j(d) \prod_{s=t-d+1}^{t} b_j(O_s) \tag{4-4}$$

其中,D 是每个状态可能持续的最长时间。给定模型 θ,产生观察序列 O 的概率为:

$$P(O \mid \theta) = \sum_{j=1}^{N} \alpha_T(j) \tag{4-5}$$

与前向变量类似,后向变量可表示为:

$$\beta_t(i) = \sum_{j=1}^{N} \sum_{d=1}^{D} \beta_{t+d}(j)\, a_{ij}\, P_j(d) \prod_{s=t+1}^{t+d} b_j(O_s) \qquad (4-6)$$

4.2.2 期望最大化参数自适应估计算法

为了解决 SHSMM 中的模型训练问题,采用期望最大化估计方法来估计 Θ。令 $O = \{o_1, o_2, \cdots, o_t\}$ 表示当前采集到的观测值,$S = \{s_1, s_2, \cdots, s_t\}$ 表示观测值对应的状态,基于观测值 O 的对数似然函数可以表示为:

$$L(\theta) = \log[p(O/\theta)] \qquad (4-7)$$

其中 $p(O/\Theta)$ 为观测值 $\{o_1, o_2, \cdots, o_t\}$ 的联合概率密度函数,由于 S 是一个隐含变量,因此直接使上式关于 Θ 最大化是不可行的。因此,通过最大化似然函数 $p(O, S/\Theta)$ 并对隐含变量 S 求取关于 $O, S/\Theta$ 的期望来估计逼近参数。具体过程为:

E 步骤:计算

$$L(\theta/\hat{\theta}^i) = E_{S/O, \hat{\theta}^i} \{\log p(O, S/\theta)\} \qquad (4-8)$$

其中 $\hat{\theta}^i$ 表示在第 i 步估计的参数值。将式(4-8)展开:

$$L(\theta/\hat{\theta}^i) = \sum_S p(O/S, \hat{\theta}^i) \log p(O, S/\theta) \qquad (4-9)$$

因为极大化 L 函数过程中常数因子的乘除是没有影响的,所以式(4-9)可以推导为:

$$L(\theta/\hat{\theta}^i) = \sum_S p(O, S/\hat{\theta}^i) \log p(O, S/\theta) \qquad (4-10)$$

又

$$p(O, S/\theta) = \pi_{S_{q_1}} P_{S_{q_1}}(d = q_1 - q_0) b_{S_{q_1}}(O_1^{q_1}) \cdots a_{S_{q_{N-1}} S_{q_N}} P_{S_{q_N}}(d = q_N - q_{N-1}) b_{S_{q_N}}(O_{q_{N-1}+1}^{q_N})$$

$$\log p(O, S/\theta) = \log \pi_{S_{q_1}} + \sum_{n=1}^{N-1} \log a_{S_{q_n} S_{q_{n+1}}} + \sum_{n=1}^{N} \log b_{S_{q_n}}(O_{q_{n-1}+1}^{q_n}) + \sum_{n=1}^{N} \log P_{S_{q_n}}(d = q_n - q_{n-1})$$

故 $L(\theta/\hat{\theta}^i)$ 可以表示为:

$$L(\theta/\hat{\theta}^i) = \sum_S \log \pi_{S_{q_1}} p(O, S/\hat{\theta}^i) + \sum_S \left(\sum_{n=1}^{N-1} \log a_{S_{q_n} S_{q_{n+1}}}\right) p(O, S/\hat{\theta}^i) + \sum_S \left[\sum_{n=1}^{N} \log b_{S_{q_n}}(O_{q_{n-1}+1}^{q_n})\right] p(O, S/\hat{\theta}^i) + \cdots$$

$$+ \sum_S \left[\sum_{n=1}^{N} \log P_{S_{q_n}} (d = q_n - q_{n-1}) \right] p(O, S/\hat{\theta}^i) \qquad (4-11)$$

M 步骤：计算

$$\hat{\theta}^{(i+1)} = \arg\max_{\theta} \{ L(\theta / \hat{\theta}^i) \} \qquad (4-12)$$

由于要极大化的参数单独出现在式（4-11）的各个部分中，所以只需对各个部分分别极大化。式（4-11）的第一部分可以表示为：

$$\sum_S \log \pi_{S_{q1}} P(O, S/\hat{\theta}^i) = \sum_{i=1}^{N} \log \pi_i P(O, S_{qi} = i/\hat{\theta}^i) \qquad (4-13)$$

因为 π_i 满足约束条件 $\sum_{i=1}^{N} \pi_i = 1$，利用拉格朗日乘数法可得到第 $i+1$ 步状态初始概率估计的参数值为：

$$\overline{\pi}_i = \frac{\pi_i \left[\sum_{d=1}^{D} \beta_d(i) P_i(d) \prod_{s=1}^{d} b_i(O_s) \right]}{\sum_{i=1}^{N} \sum_{j=1}^{N} \sum_{d=1}^{D} \alpha_{t-d}(i) a_{ij} P_j(d) \prod_{s=t-d+1}^{t} b_j(O_s) \beta_t(j)} \qquad (4-14)$$

同理，SHSMM 的其他参数的估计值为：

$$\overline{a}_{ij} = \frac{\sum_{t=1}^{T} \alpha_t(i) a_{ij} \sum_{d=1}^{D} P_j(d) \prod_{s=t+1}^{t+d} b_j(O_s) \beta_{t+d}(j)}{\sum_{j=1}^{N} \sum_{t=1}^{T} \alpha_t(i) a_{ij} \sum_{d=1}^{D} P_j(d) \prod_{s=t+1}^{t+d} b_j(O_s) \beta_{t+d}(j)} \qquad (4-15)$$

$$\overline{b}_j(k) = \frac{\sum_{t=1, O_t = V_k}^{T} \alpha_t(j) \beta_t(j)}{\sum_{k=1}^{K} \sum_{t=1}^{T} \alpha_t(j) \beta_t(j)} \qquad (4-16)$$

$$\overline{P}_j(d) = \frac{\sum_{t=1}^{T} \sum_{i=1}^{N} \alpha_t(i) a_{ij} P_j(d) \beta_{t+d}(j) \prod_{s=t+1}^{t+d} b_j(O_s)}{\sum_{d=1}^{D} \sum_{t=1}^{T} \sum_{i=1}^{N} \alpha_t(i) a_{ij} P_j(d) \beta_{t+d}(j) \prod_{s=t+1}^{t+d} b_j(O_s)} \qquad (4-17)$$

然后迭代 E 步骤和 M 步骤直到 $p(O/\Theta)$ 收敛终止，由此得到对应的参数估计值。

4.2.3 基于灰色 EM-SHSMM 的设备健康预测

4.2.3.1 *WGM*(1,1)模型

在传统的 *GM*(1,1)模型中将生成系数 W 值等于 0.5，然而，这并没有考虑

到背景影响因素对预测过程的干扰[175-177]。因此,为了提高模型的预测精度,对原始 $GM(1,1)$ 模型中的背景值进行改进,令:

$$Z^{(1)}(k)=WX^{(1)}(k)+(1-W)X^{(1)}(k-1) \quad (4-18)$$

将 $Z^{(1)}(k)$ 代入差分方程 $X^{(0)}(k)+aZ^{(1)}(k)=b$ 中,并通过数学归纳法可得预测模型为:

$$\hat{X}^{(0)}(k)=\frac{(1+aW-a)^{k-2}[b-aX^{(0)}(1)]}{(1+aW)^{k-1}},k=2,3\cdots \quad (4-19)$$

利用最小二乘法可求出参数 a 和 b,再将 a,b,W 的值代入式(4-19)中就可得到预测值 $\hat{X}^{(0)}(k)$。

由于给定一个样本数据,模型的精度只取决于生成系数 W,所以如何找到最优生成系数是关键。令 $\varepsilon_k=X^{(0)}(k)-\hat{X}^{(0)}(k)$,这样根据真实值与预测值的离差平方和 $S=\sum_{k=1}^n \varepsilon_k^2$ 最小来找到使模型精度最高的生成系数 W^*,并最终以该生成系数下的 $WGM(1,1)$ 模型进行预测。

4.2.3.2　灰色启发式算法

基于 $WGM(1,1)$ 和 $SHSMM$ 的启发式算法步骤如下:

步骤 1:采集设备在各个监测时刻点的健康状态值构成样本数据集 $X^{(0)}=[X^{(0)}(1),X^{(0)}(2),\cdots,X^{(0)}(n)]$。

步骤 2:从样本数据集中的某个缺失值 $X^{(0)}(k_i)$ 向前寻找一个相邻的缺失数据 $X^{(0)}(k_{i-1})$,其中 k_i 表示第 i 个缺失数据的监测时刻点,并由这两个缺失数据间的所有数据组成一个完整片段 y_1,然后利用 $GM(1,1,\lambda)$ 模型方法计算出缺失数据前向填补值:

$$\hat{X}^{(0)}(k_i)=\{(1+a\lambda-a)^{k_i-k_{i-1}-2}[b-aX^{(0)}(k_{i-1}+1)]\}/(1+a\lambda)^{k_i-k_{i-1}-1}$$
$$(4-20)$$

步骤 3:从缺失值 $X^{(0)}(k_i)$ 向后寻找一个相邻的缺失数据 $X^{(0)}(k_{i+1})$,并由这两个缺失数据间的所有数据组成一个完整片段 y_2。然后利用 $GM(1,1,\lambda)$ 方法计算出缺失数据后向填补值:

$$\ddot{X}^{(0)}(k_i)=\{(1+a\lambda-a)^{k_{i+1}-k_i-2}[b-aX^{(0)}(k_{i+1}-1)]\}/(1+a\lambda)^{k_{i+1}-k_i-1}$$
$$(4-21)$$

步骤 4:将步骤 2 和步骤 3 中的计算结果进行加权平均得到:

$$\overline{X}^{(0)}(k_2)=\frac{k_i-k_{i-1}-1}{k_i-k_{i-1}-1+k_{i+1}-k_i-1}\widehat{X}^{(0)}(k_i)+\frac{k_{i+1}-k_i-1}{k_i-k_{i-1}-1+k_{i+1}-k_i-1}\ddot{X}^{(0)}(k_i)$$

$$(4-22)$$

并将 $\overline{X}^{(0)}(k_2)$ 作为缺失数据的填补值。

步骤 5:将填补后的完整数据输入 SHSMM 中,并得到所有数据对应时刻的设备健康状态,若片段 y_1y_2 中存在与填补值对应时刻的设备健康状态不同的数据,则剔除这些不相同的数据,并返回步骤 2,重新开始计算填补值,否则进行步骤 6。

步骤 6:若填补值对应时刻的设备健康状态与片段 y_1y_2 中所有数据对应时刻的设备的健康状态相同,则输出填补值,算法终止。

4.2.3.3 设备寿命预测过程

将用灰色启发式算法填补好的完整观测向量输入 SHSMM 中,计算观测向量在不同模型下的概率,其中输出概率最大的状态即为设备当前所处的状态,从而实现设备的状态识别,在此基础上进行设备的寿命预测。基本预测过程如图 4-2 所示。

假设设备当前健康状态为状态 l,RUL_l 表示设备处于健康状态 l 的剩余使用寿命,则:

$$RUL_l=a_{ll}[D(h_l)+RUL_{l+1}]+a_{ll+1}(RUL_{l+1})   (4-23)$$

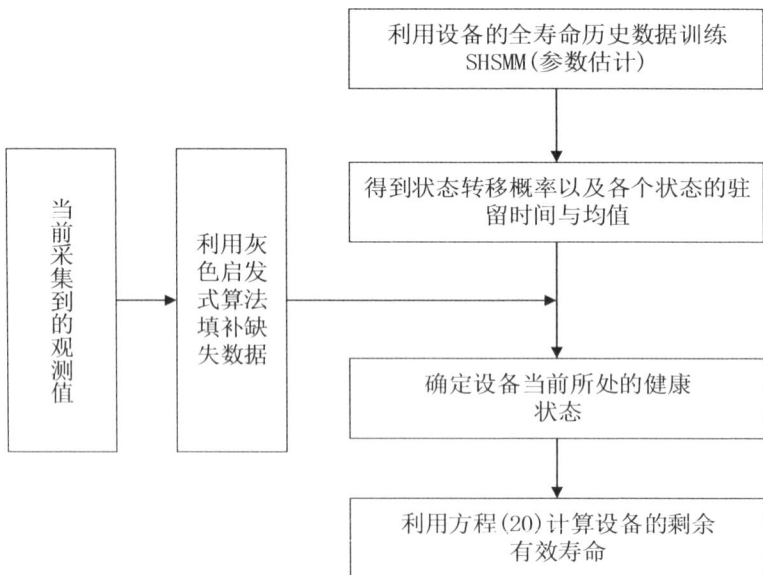

图 4-2 设备寿命预测基本过程

4.2.4　算例分析

通过美国卡特彼勒公司液压泵的状态识别与寿命预测案例对提出的方法进行评价。在实验中,将液压泵加速计安装在与液压泵旋转轴平行的位置,用来收集振动信号。该案例中,使液压泵分别在充入微尘 20mg,40mg,60mg,80mg 的状态下运转,每隔 10min 采集一个时间大约为 1min 的振动样本,然后用 10db 的小波将振动信号样本分为 5 层,以得到的小波系数(为了加快计算速度,将 32 维经过主成分分析转换为 24 维)用作 SHSMM 的输入特征向量。液压泵可分为好、中、差、坏 4 种状态。在测试运行中,针对每一种条件收集振动信号,用于各种条件下训练和测试的数据见表 4-1。

表 4-1　用于各种状态下训练和测试的数据点数目

健康状态	好		中		差		坏	
	训练	测试	训练	测试	训练	测试	训练	测试
数据点	12	2	7	2	11	2	8	2

4.2.4.1　模型训练

在 SHSMM 训练过程中,随着迭代次数的增加,最大似然估计的对数值也在增加,直到达到收敛误差为止。实验中设定训练的最大迭代步数为 30,收敛误差限定在 $e=0.0001$。基于 SHSMM 的训练曲线如图 4-3 所示。由图 4-3 可以看出,4 个模型的迭代曲线均可以达到训练时设定的误差标准,其训练步数均不超过 20 步,说明该方法训练速度快、训练精度高。

利用液压泵的全寿命历史数据训练得到各个状态之间的转移概率以及每个状态下的驻留时间均值和方差,见表 4-2 和表 4-3。

表 4-2　四个状态之间的转移概率

状态类别	好	中	差	坏
好	0.8897	0.1095	0.0006	0.0002
中	0.0000	0.7204	0.2702	0.0004
差	0.0000	0.0000	0.9267	0.0733
坏	0.0000	0.0000	0.0000	1.0000

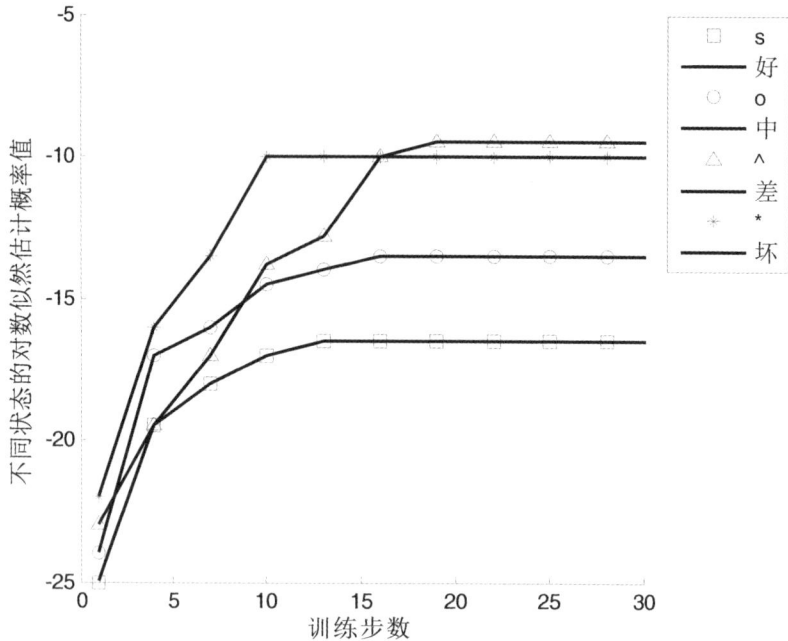

图 4-3   基于 SHSMM 的模型训练

表 4-3   四个状态下的驻留时间均值和方差

状态类别	好	中	差	坏
均值	10.5351	9.7753	11.4432	10.5366
方差	1.8291	0.9893	1.2641	0.1980

4.2.4.2   状态识别

将各个状态下的测试数据分别输入训练好的模型中进行测试,结果见表 4-4。从表 4-4 可以看出,基于 SHSMM 的状态识别率为:8/8=100%。

表 4-4   SHSMM 测试结果

健康状态 最大似然值	好 测试 1	好 测试 2	中 测试 1	中 测试 2	差 测试 1	差 测试 2	坏 测试 1	坏 测试 2
$HSMM_B$	−17.624	−16.738	−64.966	−65.233	−421.28	−430.2	−339.01	−337.9
$HSMM_{DI}$	−379.514	−366.34	−13.72	−13.547	−439.18	−438.9	−344.84	−345.2
$HSMM_F$	−Inf	−Inf	−Inf	−Inf	−175.71	−177.2	−8.7294	−8.713

从每个状态下的测试数据中随机选择 5 组数据,将其设置为缺失数据,并将含有缺失数据的测试数据输入到训练好的模型中进行测试,结果见表 4 - 5。从表 4 - 5 中可以看出,缺失数据下 SHSMM 的状态识别率为:4/8=50%。缺失数据会降低模型的识别率,从而影响设备的寿命预测结果。

表 4 - 5　缺失数据下 SHSMM 测试结果

健康状态 最大似然值	好 测试 1	好 测试 2	中 测试 1	中 测试 2	差 测试 1	差 测试 2	坏 测试 1	坏 测试 2
$HSMM_B$	−19.4082	−18.021	−134.04	−135.32	−290.82	−430.2	−107.92	−108.4
$HSMM_{D1}$	−Inf	−Inf	−167.71	−165.87	−Inf	−Inf	−Inf	−Inf
$HSMM_{D2}$	−384.56	−385.03	−320.73	−320.71	−13.66	−13.03	−86.63	−87.03
$HSMM_F$	−Inf	−Inf	−Inf	−Inf	−456.77	−458.1	−72.08	−72.13

利用提出的灰色启发式算法对测试数据中的 5 组缺失数据进行填补,然后将填补后的完整测试数据输入到训练好的模型中进行测试,结果见表 4 - 6。从表 4 - 6 中可以看出,利用灰色启发式算法填补后的 SHSMM 识别率为:8/8=100%。

表 4 - 6　灰色启发式算法填补后的 SHSMM 测试结果

健康状态 最大似然值	好 测试 1	好 测试 2	中 测试 1	中 测试 2	差 测试 1	差 测试 2	坏 测试 1	坏 测试 2
$HSMM_B$	−16.533	−15.641	−54.36	−55.743	−Inf	−Inf	−Inf	−Inf
$HSMM_{D1}$	−370.514	−358.34	−14.12	−14.047	−Inf	−Inf	−Inf	−Inf
$HSMM_{D2}$	−Inf	−Inf	−164.3	−163.78	−10.570	−11.03	−80.553	−81.67
$HSMM_F$	−Inf	−Inf	−Inf	−Inf	−165.41	−160.2	−9.455	−9.615

4.2.4.3　寿命预测

根据式(4 - 23)可知,设备的剩余有效寿命等于当前所处状态下驻留时间均值加上设备下一个健康状态下的剩余有效寿命。并且,通过对液压泵的全寿命历史数据进行训练,可以获得健康状态间的转移概率以及每个健康状态驻留时间的均值和方差。经过表 1 中的测试数据检验,训练所得参数值都是可行的。基于状态识别结果,确定液压泵当前所处的健康状态,然后利用式(4‐23)计算出液压泵的平均剩余有效寿命。假设液压泵当前处于的健康状态类别为"差",即第 3 种状态。由表 4‐2 和表 4‐3 知,$a_{33}=0.9267$,$D(h_3)=11.4432$,$RUL_4=10.5366$,计算出液压泵的平均剩余有效寿命为:$RUL = 0.9267 \times 11.4432 + 10.5366 = 21.1410$。与设备处于当前状态的实际剩余寿命 21 的相对误差仅为 $0.67\%^{[42]}$,因此,剩余预测结果也是可行的。

4.3　考虑数据异常下的设备健康预测

4.3.1　异常数据的处理

4.3.1.1　异常值分析

异常值是指样本中的个别值,其数值明显偏离其余的观测值。异常值也称为离群点,异常值的分析也称为离群点分析。异常值分析是检验数据是否有录入错误以及含有不合常理的数据。异常值分析主要有三种方法。

(1)简单统计量分析。可以先对变量做一个描述性统计,进而查看哪些数据是不合理的。最常用的统计量是最大值和最小值,用来判断这个变量的取值是否超过了合理的范围。

(2)3σ 原则。如果数据服从正态分布,在 3σ 原则下,异常值被定义为一组测定值中与平均值的偏差超过三倍标准差的值。在正态分布的假设下,距离平均值 3σ 之外的值出现的概率为 $P(|x-\mu|>3\sigma)\leqslant0.003$,属于极个别的小概率事件。如果数据不服从正态分布,也可以用远离平均值的多少倍标准差来描述。

(3)箱型图分析。箱型图提供了识别异常值的一个标准:异常值通常被定义为小于 $Q_L-1.5IQR$ 或大于 $Q_U+1.5IQR$ 的值。Q_L 称为下四分位数,表示全部观测值中有四分之一的数据值比它小;Q_U 称为上四分位数,表示全部观测值中有四分之一的数据值比它大;IQR 称为四分位数间距,是上四分位数 Q_U 与下四分位数 Q_L 之差,其间包含了全部观测值的一半。

4.3.1.2　异常数据的常见处理方法

为了减少异常数据,可以在事前采取预防措施,减少因人为过失等原因导致的异常数据情况。通常即使采取了相应的事前预防措施,异常数据的现象还是时常出现,所以异常数据事后处理是最主要的异常数据处理方法,需要认真分析异常数据产生的原因,采取有针对性的补救措施。目前关于异常数据处理方法的相关文献和书籍有很多,大致的处理方法可以分为三大类[178−180]。

(1)异常值剔除法:将含有异常数据的数据集剔除。

(2)不处理法:对包含异常数据的数据集直接进行挖掘,不对异常值进行处理。

(3)异常值填补法:将异常值当作缺失值,采用某种缺失值填补技术,把异常值用最接近它的值来替代。

异常值剔除法是最常见的异常数据处理方法,这种方法简单且容易进行,如果异常数据所占比例较小的话,这一方法十分有效。但是当样本量较少的情况下,删除少量对象就足以严重影响到数据的客观性和结果的正确性,从而使得剩余的数据在构建一些模型时变得毫无意义,建立的模型缺乏可靠性。直接在包含异常值的数据上进行数据挖掘可能会导致数据挖掘结果发生偏差,产生误导。因此,前两种方法都有很大的局限性。而将异常值当作缺失值处理相对来说是切实有效的,因为它大致保全了原始的信息系统。

目前已经出现了很多缺失数据填补算法模型包括回归分析法、期望最大化算法和信息增益法。基于回归分析的填充方法通过拟合回归数学模型来计算异常缺失数据,但该方法仅适用于满足确定数学模型的数据集。基于期望最大化算法的填充方法是在给出异常缺失数据初值的条件下估计出参数值,再根据参数值估计出异常缺失数据的值,再根据估值对参数值进行更新,如此反复迭代直至收敛,由于该方法的算法过于复杂,限制了它的使用。基于信息增益的方法依据与缺失数据关系密切的属性对异常值进行填充,该方法针对标称型数据效果良好,但不适用于数值型数据。但在实际生产中,设备产生的数据是没有确定的模型,且大都是数值型的。因此,本章基于 $WGM(1,1)$ 模型介绍了一种动态前向后向灰色填充方法。

4.3.2　基于动态前向后向灰色填充方法

4.3.2.1　双向灰色预测模型

双向灰色预测模型是将样本数据序列按照异常数据分成两部分,并利用这两部分数据分别建立前向和后向灰色预测模型,预测异常值。设样本序列 $X=$ $[X(0)(1),X(0)(2),\cdots,X(0)(k),\cdots,X(0)(n)]$ 中存在异常值 $X(0)(k)$。在该异常值附近截取一段数据作为模型训练数据,记为 $X=[X(0)(u),\cdots,$ $X(0)(k),\cdots,X(0)(v)]$。定义 $\tau=(u,v)$ 表示包含数据序列 X 的窗口,$\tau_l=$ $(u,k-1)$ 表示左窗口,$\tau_r=(k+1,v)$ 表示右窗口。在 $X=[X(0)(u),\cdots,$ $X(0)(k-1)]$ 序列上建立灰色预测模型,即称作前向灰色预测模型,预测异常值 $X_l(0)(k)$,在 $X=[X(0)(k+1),\cdots,X(0)(v)]$ 序列上建立灰色预测模型,即称作后向预测模型,预测异常值 $X_r(0)(k)$。

4.3.2.2　动态前向后向灰色填充算法

基于动态前向后向灰色填充算法首先找到数据序列异常值的位置;之后根据异常值所在位置设定初始填充窗口,并建立双向灰色预测模型;然后动态调整窗口大小,使得模型达到一定范围内的最优;最后根据最优双向预测模型得到的结果对异常数据进行预测填充。动态前向后向灰色填充算法的基本步骤如下:

步骤 1:采集设备在各个监测时刻点的健康状态值构成样本数据集 $X(0)=$ $[X(0)(1),X(0)(2),\cdots,X(0)(n)]$。

步骤 2:找到样本数据集中的第一个异常值 $X(0)(k_1)$ 并将其标记为缺失值,其中 k_1 表示第 1 个异常数据的监测时刻点。

步骤 3:在 $[X(0)(u),\cdots,X(0)(k_1-1)]$ 前向序列基础上建立 $WGM(1,1)$ 模型,并计算相对误差,然后动态地向前增大 τ 个步长,在 $[X(0)(u-\tau),\cdots,$ $X(0)(k_1-1)]$ 基础上建立新的 $WGM(1,1)$ 模型,并计算相对误差。循环上述步骤,直到满足 τ 小于预设值 w。选择产生相对误差最小的前向灰色预测模型,并计算出异常数据前向填补值 $\hat{X}^{(0)}(k_1)$。

步骤 4:在 $[X(0)(k_1+1),\cdots,X(0)(v)]$ 后向序列基础上建立 $WGM(1,1)$ 模型,并计算相对误差,然后动态的向后增大 τ 个步长,在 $[X(0)(k_1+1),\cdots,$ $X(0)(v+\tau)]$ 基础上建立新的 $WGM(1,1)$ 模型,并计算相对误差。循环上述步骤,直到满足 τ 小于预设值 w。选择产生相对误差最小的后向灰色预测模型,并计算出异常数据后向填补值 $\ddot{X}^{(0)}(k_1)$。

步骤 5:将步骤 2 和步骤 3 中的计算结果进行加权平均得到:

$$\overline{X}^{(0)}(k_1)=\frac{y}{y+z}\hat{X}^{(0)}(k_1)+\frac{z}{y+z}\ddot{X}^{(0)}(k_1) \tag{4-24}$$

其中 y 为最优前向灰色模型中样本数据的个数，z 为最优后向灰色模型中样本数据的个数，并将 $\overline{X}^{(0)}(k_1)$ 作为异常数据的填补值。

步骤 6：检查填补后的样本数据是否存在异常值，若存在返回步骤 1，否则算法终止。

将通过动态前向后向灰色填充算法处理过的完整观测向量输入 SHSMM 模型中，并计算观测向量在不同模型下的似然概率对数值，其中输出似然概率对数值最大的状态即为当前设备所处的状态，从而实现设备的状态识别，在此基础上进行机械设备的寿命预测。

4.3.3　算例分析

在本节的案例分析中，以 4.2 节的液压泵设备为研究对象。很显然，液压泵在使用运行过程中会因为噪声扰动等因素导致样本数据异常，因此在案例分析中，我们综合比较了异常数据剔除、不处理和视作缺失值填补的处理结果。对提出的方法进行分析，说明提出方法在解决异常数据下机械设备健康预测的有效性。本算例数据分析所用运行平台为 Matlab，运行环境为 Windows 7。

4.3.3.1　数据准备

在实验过程中，针对每一种条件收集振动信号，每个状态条件下各获取 30 个数据样本，采用前 20 组数据进行模型训练，后 10 组数据用于测试模型。实验中设定 SHSMM 训练的最大迭代步数为 30，收敛误差限定在 $e=0.0001$。SHSMM 的训练曲线如图 4-3 所示。液压泵健康状态间的转移概率矩阵以及每个状态下的驻留时间和均值可以根据 4.2 节的内容获得。在本案例中，对于每一健康状态观测时刻点，液压泵的历史健康状态趋势见图 4-4。其中，对于坐标轴 y，1 表示健康状态好，2 表示健康状态中，3 表示健康状态差，4 表示健康状态坏。从图 4-4 可以看出，液压泵的健康状态随着时间的变化，呈现一个衰退的趋势。

4.3.3.2　健康状态识别

在训练后的 SHSMM 模型，用不同状态条件下的实验数据来验证提出的状态识别方法的精确度，可以获得 40 个测试数据的状态识别结果，结果如表 4-7 所示。从表 4-7 可以看出，基于 SHSMM 的状态识别率为 100%。

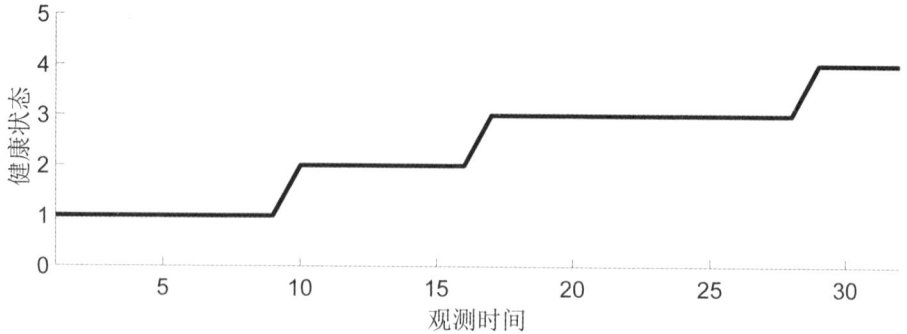

图 4‑4　液压泵的历史健康状态趋势

表 4‑7　SHSMM 状态识别结果

健康状态	好	中	差	坏	诊断率
好	10	0	0	0	100%
中	0	10	0	0	100%
差	0	0	10	0	100%
坏	0	0	0	10	100%

　　为了验证提出的异常值处理方法的有效性,分别从各个状态下的测试数据中随机选取 6 组数据,将其设置为异常数据,先将含有异常数据但没有处理的测试数据输入到训练好的模型中进行测试,然后将异常数据剔除过的测试数据输入 SHSMM 模型中进行测试,最后利用提出的动态前向后向灰色填充算法对异常数据进行处理,然后将处理后的完整测试数据输入训练好的模型中进行测试。测试结果如表 4‑8 所示。从表 4‑8 可以看出异常数据不处理和直接剔除异常数据都会降低模型的识别率,而通过处理后的 SHSMM 识别率为 100%。

表 4‑8　异常数据下和处理后的状态识别结果

健康状态		好	中	差	坏	诊断率
异常数据 不处理下 SHSMM	好	5	1	0	0	83.3%
	中	0	4	2	0	66.7%
	差	0	1	3	2	50%
	坏	0	0	1	5	83.3%

（续表）

健康状态		好	中	差	坏	诊断率
异常数据 剔除下的 SHSMM	好	4	2	0	0	66.7%
	中	2	3	1	0	50%
	差	1	1	4	0	66.7%
	坏	0	1	2	3	50%
填充算法 处理后的 SHSMM	好	6	0	0	0	100%
	中	0	6	0	0	100%
	差	0	0	6	0	100%
	坏	0	0	0	6	100%

4.3.3.3　寿命预测

通过对液压泵的全寿命历史数据进行训练,可以获得健康状态间的转移概率以及每个健康状态驻留时间的均值和方差;并且经过测试数据检验,通过训练得到的参数值都是可行的。同 4.2.4.3 分析一样,机械设备的寿命剩余预测结果也是可行的。

4.4　考虑数据不准确下的设备健康预测

4.4.1　DS-MM 理论框架

4.4.1.1　DS 证据理论

设 Θ 为一有限集,2^Θ 为 Θ 上的幂集,m 是 2^Θ 到[0,1]上的函数,若满足:

$$m(\phi)=0,\sum_{A\subseteq 2^\theta}m(A)=1 \qquad (4-25)$$

称 m 为 Θ 上的基本概率分配函数,$\forall A\in 2^\Theta$,$m(A)$称为 A 的基本概率赋值,反映了对 A 的信任程度[181]。如果 A 的基本概率赋值$m(A)>0$,则把 A 称为 Θ 的一个焦元。Θ 通常也称为识别框架,表示在条件 E 下所有可能结论的基础命题的有限集,Θ 的一个子集 A,即 2^Θ 中的元素,可以理解为一个命题。

4.4.1.2　马尔可夫(Markov)链

随机序列 X_n 在任一时刻 n,它可以处在状态 $O_1,O_2,\cdots,O_N$,且它在 $l+k$

时刻所处的状态为 q_{l+k} 的概率,只与它在 l 时刻的状态 q_l 有关,而与 l 时刻以前所处状态无关,即:

$$P(X_{l+k}=q_{l+k}|X_l=q_l,\cdots X_1=q_1)=P(X_{l+k}=q_{l+k}|X_l=q_l) \quad (4-26)$$

其中 $q_1,q_2,\cdots,q_l,q_{l+k}\in(O_1,O_2,\cdots,O_N)$,则称 X_n 为 Markov 链[182]。

并且称 $P_{ij}(l,l+k)=P(q_{l+k}=O_j|q_l=O_i)$ 为 k 步转移概率,其中 $1\leqslant i$, $j\leqslant N$,l,k 为正整数。当 $P_{ij}(l,l+k)$ 与 l 无关时,称这个 Markov 链为齐次 Markov 链,此时 $P_{ij}(l,l+k)=P_{ij}(k)$。当 $k=1$ 时,$P_{ij}(1)$ 表示单步转移概率,简称为转移概率。

4.4.2 基于 DS-MM 的设备健康预测

4.4.2.1 识别框架确立

根据相同设备的历史运行状况可以建立状态识别框架 $\Theta=\{\Theta_1,\Theta_2,\cdots,\Theta_n\}$,其中 $\Theta_1,\Theta_2,\cdots,\Theta_n$ 表示设备的 n 个基础状态。识别框架 Θ 的幂集为 2^Θ,令 2^Θ 中的每个元素分别代表设备运行中的一个状态,则设备的状态相应在原来的 n 个基础状态上增加了,然后根据实际情况可以确定每个状态对应的数据范围。

4.4.2.2 基本概率赋值计算

因为设备在运行过程中会受到环境的影响,例如温度的变化、噪音、传感器的波动,所以在采集数据的时候会出现数据不确定的情况。在这里,我们用区间数的形式来表示不确定的数据。区间数的定义为:在实数域 R 内,对于任意的 a^-,$a^+\in R$,如果满足 $a^-\leqslant a^+$,则称闭区间 $\bar{a}=[a^-,a^+]$ 为一个区间数,在这里,a^- 表示 a 的左极限,a^+ 表示 a 的右极限。特别地,当 $a^-=a^+$ 时,$\bar{a}$ 退化为一个确定的实数。

另外,若 $A=[a_1,a_2]$,$B=[b_1,b_2]$ 分别表示两个区间数,则它们之间距离的平方为:

$$D^2(A,B)=\int_{-\frac{1}{2}}^{\frac{1}{2}}\int_{-\frac{1}{2}}^{\frac{1}{2}}\left\{\left[\left(\frac{a_1+a_2}{2}\right)+x(a_2-a_1)\right]-\left[\left(\frac{b_1+b_2}{2}\right)+y(b_2-b_1)\right]\right\}^2 dx\,dy$$

$$=\left[\left(\frac{a_1+a_2}{2}\right)-\left(\frac{b_1+b_2}{2}\right)\right]^2+\frac{1}{3}\left[\left(\frac{a_2-a_1}{2}\right)^2+\left(\frac{b_2-b_1}{2}\right)^2\right]$$

$$(4-27)$$

其中，$D(A,B)$ 表示区间数 A 和 B 之间的距离[183]。虽然采集到的数据很多是确定的，但是仍可以用区间数来表示，例如 10 可以表示成 $[10,10]$。因为每个状态都有对应的数据范围，基于式 (4-27)，计算采集到的数据和状态之间的距离。然后基于区间数之间的距离计算区间数之间的相似度。区间数之间的相似度定义为：若 $X=[x_1,x_2]$ 和 $Y=[y_1,y_2]$ 分别表示两个区间数，则这两个区间数的相似度为：

$$S(X,Y)=\frac{1}{1+D^2(X,Y)} \tag{4-28}$$

最后，标准化计算出的区间数相似度就得到采集数据的基本概率赋值，具体计算过程见图 4-5。

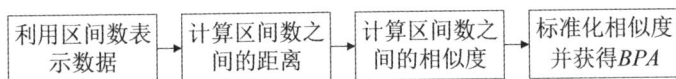

利用区间数表示数据 → 计算区间数之间的距离 → 计算区间数之间的相似度 → 标准化相似度并获得BPA

图 4-5　基于区间数的 BPA 计算过程

通过一个例子来说明整个计算过程：若状态 E 对应的数据范围为 $[0,5]$，状态 F 对应的数据范围为 $(5,10]$，给定一个区间数 $C=[3,6]$，则区间 C 的基本概率赋值见表 4-9。

表 4-9　区间数 C 的基本概率赋值

状态	距离的平方	相似度	BPA
E	28/3	3/31	0.5974
F	43/3	3/46	0.4026

4.4.2.3　转移概率计算

获得每个采集数据的基本概率赋值后，计算各个状态之间的转移概率，如下：

$$P_{ij}=\frac{\sum_{t=1}^{n-1}[m(i)_t \cdot m(j)_{t+1}]}{\sum_{k \in 2^U}\sum_{t=1}^{n-1}[m(i)_t \cdot m(k)_{t+1}]},i,j \in 2^\theta \tag{4-29}$$

其中 $m(i)_t$ 表示状态 i 在第 t 个时间点的基本概率赋值，n 表示马尔可夫链的长度。所以状态转移概率矩阵 $\boldsymbol{P}=[P_{ij}]$。在这里，状态之间的转移是指识别框架中的所有状态。

4.4.2.4 健康预测计算

利用得到的状态转移概率矩阵 $\boldsymbol{P}$ 和采集到的最后一个时间点上数据的基本概率赋值 m，可以计算出下一个时间点上数据的 BPA，即：

$$m_{预测} = m \cdot \boldsymbol{P} \tag{4-30}$$

其中 $m=m(i)$，$i \in 2^\Theta$ 表示采集到的最后一个时间点上数据的基本概率赋值。

虽然得到了下一个时间点上数据的基本概率赋值，但有时想通过基本概率赋值直接进行预测还是不容易的。为了更准确地进行健康预测，本节采用 Pignistic 概率转换将识别框架中所有状态的基本概率赋值转化为基础状态的概率分布。Pignistic 概率转换是为了重新分配系统已获得的各命题的信度值，以得到更可靠的决策依据。通常使用的分配方式是平均分配法，即认为每个元素出现的概率相同，因此多元素命题的 BPA 值被平均分配到所包含的元素中：

$$BetP(B) = \sum_{B \in A, A \subseteq 2^\Theta} \frac{m(A)}{|A|} \tag{4-31}$$

$m(A)$ 为 A 的基本概率赋值，$|A|$ 表示 A 中元素的个数。得到了基础状态的概率分布就知道了下一个时间点设备所处的状态。

4.4.3 算例分析

通过机械设备的健康预测来验证所提出方法的有效性。机械设备在运行使用过程中会经历不同状态的演化，假设这个演化过程服从马尔可夫过程，并且设备的状态可以用下面三个状态来表示：健康状态 $\{0\}$，退化状态 $\{1\}$，失效状态 $\{2\}$。表 4-10 是在一段时间内通过传感器从设备上采集到的 20 个数据，其中在第 3、6、13、16 个时间时由于传感器的波动导致采集的数据是不准确的，我们用区间数来表示这些不准确的数据。

表 4-10　一段时间内采集到的数据

时间点	1	2	3	4	5	6	7	8	9	10
数据	16	22	[23,28]	12	10	[30,35]	14	13	26	28
时间点	11	12	13	14	15	16	17	18	19	20
数据	32	36	[42,47]	37	48	[47,52]	56	58	51	37

根据相同设备历史信息可以得到三个基础状态对应的数据范围,见表 4-11。

表 4-11　三个状态下对应的数据范围

状态	数据范围
{0}	(0,20]
{1}	(20,40]
{2}	(40,60]

4.4.3.1　DS 证据理论确定状态识别框架

考虑到在某个时间点采集到的数据不能表示设备以概率 1 处于某个状态,即数据 18 可能表示设备以概率 0.4 处于健康状态{0},以概率 0.6 处于退化状态{1}。所以通过历史信息得到的三个状态的数据范围并不是很合理。利用 DS 证据理论解决这个问题。

因为采集到的所有数据都可以表示设备处于三个基础状态:健康状态{0},退化状态{1},失效状态{2}。所以可以构建一个识别框架 $\Theta=\{0,1,2\}$,然后得到 Θ 的子集为{0},{1},{2},{0,1},{0,2},{1,2},{0,1,2},$\varnothing$,在一个证据识别框架中这些子集分别代表一个状态,这些状态及对应的数据范围见表 4-12。

表 4-12　识别框架中的状态及这些状态对应的数据范围

状态	数据范围
{0}	(0,20]
{0,1}	(15,25]

（续表）

状态	数据范围
{1}	(20,40]
{1,2}	(35,45]
{2}	(40,60]
{0,2}	—
{0,1,2}	—
∅	—

考虑到在实际情况中，设备不可能既处于健康状态 0 又处于失效状态 2，所以状态{0,2}没有对应的数据范围，同理，状态{0,1,2}和∅也是。所以最后的有效状态为{0}，{0,1}，{1}，{1,2}，{2}。在状态和对应的数据范围确定之后，可以得到 20 个采样时间点的状态分布，见图 4-6。

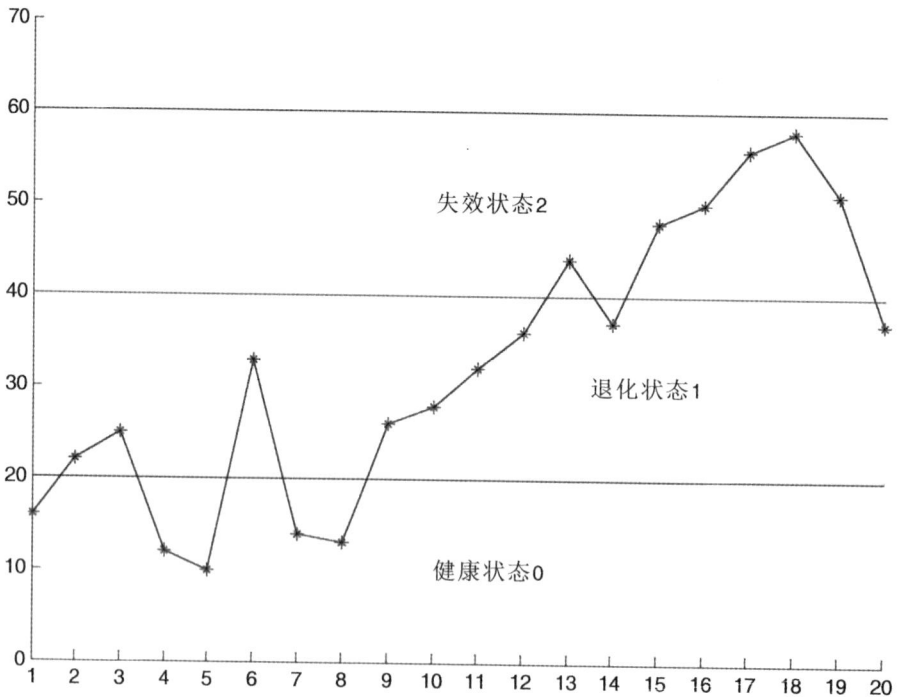

图 4-6　20 个采样数据点的状态分布

4.4.3.2　计算采集数据的 BPA

根据图 4-5 的计算过程,可以获得 20 个数据的基本概率赋值。以第 6 个采样时间点上的数据为例来表示计算过程。因为第 6 个时间点上的数据是不确定的,用区间数来表示。识别框架中有效状态对应的数据范围也用区间数的形式表示,所以第 6 个时间点上的数据和有效状态对应的数据范围之间的距离可以利用式(4-27)计算出来;然后根据式(4-28),可以计算区间数之间的相似度;最后标准化相似度就可以得到第 6 个时间点上的数据的 BPA。结果见表 4-13。

表 4-13　第 6 个时间点上的数据的 BPA

状态	距离的平方	相似度	BPA
{0}	541.6667	0.0018	0.0368
{0,1}	166.6667	0.0060	0.1227
{1}	41.6667	0.0234	0.4785
{1,2}	66.6667	0.0148	0.3027
{2}	341.6667	0.0029	0.0593

对剩下的其余所有时间点上的数据重复上述过程,可获得每个时间点上的数据的基本概率赋值,见表 4-14。

表 4-14　20 个时间点上数据的 BPA

时间点	{0}	{0,1}	{1}	{1,2}	{2}
1	0.2346	0.6525	0.071	0.0281	0.0139
2	0.0589	0.7892	0.1074	0.0316	0.0126
3	0.0702	0.4678	0.3431	0.0877	0.0312
4	0.5868	0.3058	0.063	0.0292	0.0152
5	0.6894	0.2156	0.0545	0.0261	0.0145
6	0.0368	0.1227	0.4785	0.3027	0.0593
7	0.4176	0.4638	0.0714	0.0315	0.0158
8	0.5087	0.3765	0.0683	0.0308	0.0157

（续表）

时间点	{0}	{0,1}	{1}	{1,2}	{2}
9	0.0655	0.4258	0.3834	0.0944	0.0308
10	0.055	0.2672	0.5128	0.1277	0.0373
11	0.0373	0.1277	0.5128	0.2672	0.055
12	0.0222	0.0601	0.2247	0.625	0.068
13	0.0153	0.0301	0.0772	0.5949	0.2824
14	0.0171	0.0447	0.1577	0.7162	0.0644
15	0.0152	0.0292	0.063	0.3058	0.5868
16	0.0152	0.0267	0.0582	0.2377	0.6622
17	0.0225	0.0371	0.0679	0.1842	0.6883
18	0.0276	0.0443	0.0773	0.1934	0.6574
19	0.0147	0.0252	0.0529	0.194	0.7132
20	0.0171	0.0447	0.1577	0.7162	0.0644

4.4.3.3 获得状态转移概率矩阵

由表 4-14 可以看出每个数据的 BPA 都不为 0。所以式（4-29）可以推导为：

$$P_{ij} = \frac{\sum_{t=1}^{n-1} [m(i)_t \cdot m(j)_{t+1}]}{\sum_{t=1}^{n-1} m(i)_t}, i,j \in 2^U \qquad (4-32)$$

利用式（4-32）可以计算出一个状态转移到另一个状态的概率。例如状态{0}转移到状态{0,1}的概率为：

$$P_{\{0\},\{0,1\}} = \frac{\sum_{t=1}^{19} [m(0)_t \cdot m(0,1)_{t+1}]}{\sum_{t=1}^{19} m(0)_t} = 0.2938$$

所以，通过计算可以获得各个状态之间的转移概率矩阵：

$$\boldsymbol{P}=\begin{bmatrix}P_{ij}\end{bmatrix}=\begin{bmatrix}0.2609 & 0.2983 & 0.2476 & 0.1385 \\ 0.2084 & 0.3717 & 0.2402 & 0.1225 \\ 0.1637 & 0.2131 & 0.2323 & 0.2609 \\ 0.0703 & 0.0977 & 0.1264 & 0.3863 \\ 0.035 & 0.0566 & 0.1013 & 0.3366\end{bmatrix}$$

4.4.3.4　结果分析比较

通过上述获得的第 20 个时间点的 BPA 和状态转移概率矩阵，利用式(4-30)可以计算第 21 个时间点的 BPA：

$$m(21)=m(20)\cdot P=(0.0922\quad 0.1288\quad 0.1487\quad 0.3472\quad 0.2831)$$

然后利用式(4-31)将第 21 个时间点的 BPA 转化为基础状态的概率分布，即：

$$Bet\ P(\{0\})=0.0922+0.1288/2=0.1566$$
$$Bet\ P(\{1\})=0.1288/2+0.1487+0.3472/2=0.3867$$
$$Bet\ P(\{2\})=0.3472/2+0.2831=0.4567$$

最后得到 $P(\{0\},\{1\},\{2\})=(0.1566,0.3867,0.4567)$。所以在第 21 个时间点上设备最可能处于失效状态。在实际中，相同设备在第 21 个时间上的确已经失效，这与预测结果相符合。

由于第 3、6、13、16 个时间点上的数据是不确定的，利用 matlab 软件随机生成四个数据，然后基于本节的方法得到状态转移概率矩阵：

$$\overline{\boldsymbol{P}}=\begin{bmatrix}P_{ij}\end{bmatrix}=\begin{bmatrix}0.2637 & 0.3133 & 0.2633 \\ 0.2261 & 0.3993 & 0.2051 \\ 0.1274 & 0.1958 & 0.2378 \\ 0.0599 & 0.0888 & 0.1853 \\ 0.0415 & 0.0685 & 0.1541\end{bmatrix}$$

利用式(4-30)可以计算第 21 个时间点的 BPA：

$$m(21)=m(20)\cdot P=(0.0803\quad 0.1221\quad 0.1938\quad 0.3571\quad 0.2427)$$

然后利用式(4-31)得到 $P(\{0\},\{1\},\{2\})=(0.1414,0.4334,0.4213)$。最后结果表明设备更可能处于健康状态 1，这与实际情况不符合，所以利用区间数来处理不确定数据能更精确地预测设备的健康状态。

另外，为了验证本节所提方法的改进性，我们利用第三章中的方法来进行比较。首先采用拉依达准则法剔除样本数据中不确定的数据。拉依达准则如下：
有在线监测数据序列 $X=\{x(1),x(2),\cdots,x(n)\}$，若采样点 $x(i)$ 满足式（4-
33），则认为 $x(i)$ 为不确定数据应剔除。

$$|x(i)-\overline{x}|>3\sigma \qquad\qquad (4-33)$$

其中 $\overline{x}$ 为算数平均值，σ 为序列的标准差。将剔除后的数据输入到第三章提
出的模型中，并得到第 21 个时间点上设备可能处于三个状态的概率为：

$$P(\{0\},\{1\},\{2\})=(0.1724,0.4122,0.4154)$$

最后结果表明设备处于 1 状态和 2 状态的概率几乎一样，即设备有可能处
于 1 状态也有可能处于 2 状态，但这与实际中设备已经失效不符，所以本节所提
方法更有效。

4.5   本章小结

本章首先详细介绍了 SHSMM 的模型结构，为了易于 SHSMM 的参数估计
和推导，定义了一个新的前向和后向变量，利用期望最大化算法对 SHSMM 中
的参数进行了详细的推导。基于 $WGM(1,1)$ 模型，提出了灰色启发式算法对样
本中的缺失数据进行填补，并给出了设备健康预测的基本框架。通过液压泵的
案例分析验证了提出方法的有效性。

其次，提出了一种针对设备健康预测中异常数据如何处理的新方法。介绍
了判断异常值的统计方法以及异常数据常见处理的三种方法，然后提出了动态
灰色前向后向填充算法对异常数据进行处理，并通过液压泵的案例分析验证了
该处理方法比不处理和异常数据直接剔除的处理方法更有效。根据 SHSMM
模型的训练信息和当前液压泵的状态识别结果计算出机械设备的剩余有效寿命

再次，针对机械设备健康预测过程中样本数据存在数据不准确的情况，介绍
了一种基于 DS-MM 的设备寿命预测方法。基于马尔可夫模型，利用 DS 证据理
论建立状态识别框架。用区间数表示不确定的数据，利用区间数之间的距离和
相似度作为产生基本概率赋值（BPA）的证据，为了使预测结果更加可靠，采用
Pignistic 概率转换将 BPA 转化为基础状态的概率分布。最后在案例分析中比
较验证所提方法的有效性。

第 5 章　基于时间延迟理论的设备维护计划研究

5.1　引　言

对于实际企业中的设备和生产系统而言,有的是独立完成生产或其他任务的单部件设备,比如用于能量转换的燃气锅炉,还有医院的医疗设备,它们完成固定的、单一的任务,一般不存在上游、下游的配合关系。还有的是多部件生产系统,不同部件上生产不同的产品或零部件。比如整车生产厂商的设备,包括冲压零部件、焊接零部件、涂装零部件和总装零部件。维护计划的制定需要与设备实际情况相结合,不存在适用于所有企业、所有类型设备的维护计划。

本章首先在暂不考虑生产对维护的约束下,研究单部件设备的维护费用最低的问题。考虑到单部件设备状态的复杂性,采用三阶段时间延迟理论模拟其劣化过程。

首先,明确了研究对象为单机系统后,在三阶段时间延迟模型中,提出两个时间方面的决策变量:预防维护检测周期时间 T(以下简称为"检测周期")和延迟维护阈值时间 DT(以下简称为"阈值时间")。

对于延迟维护的阈值时间的定义是,控制维护行为发生的时间,针对设备不同程度的缺陷状态,采取不同的预防维护策略。其一,在阈值时间 DT 之前发生的所有初始缺陷会统一延迟到 DT 时刻进行预防维护。其二,对于在 DT 时刻之前发生的所有严重缺陷,都应当立即采取预防维护措施,避免故障的发生。其三,发生在阈值时间 DT 之后的缺陷无论初始缺陷还是严重缺陷,都应立即采取预防维护。因此,与两阶段时间延迟理论相比,三阶段模型下,当预防检测查出缺陷时,并非一定采取预防维护措施,而是要再考虑缺陷的严重程度。而当故障发生时,立即进行故障维护,这一点与两阶段时间延迟模型相同。

综合考虑设备劣化过程中可能出现的三种状态及其可能出现的维护行为,该研究以更新周期内单位时间的维护费用最低为决策目标,求解出最佳预防维护周期时间和最佳阈值时间。

5.2 基于三阶段时间延迟理论的预防维护模型

5.2.1 模型假设

在建立模型前,首先给出假定的前提条件:

(1)设备劣化过程分为初始缺陷、严重缺陷和故障三个阶段,这三个阶段均为符合连续随机分布的随机过程。

(2)预防维护检测是一种完美检测[184],能够检查出设备的初始缺陷状态、严重缺陷状态和故障状态,且用时平均。

(3)预防维护检测时间包含在预防维护周期间隔内,且相比于设备运行时间较小,检测活动不会改变设备劣化过程的概率密度函数。

(4)不考虑设备的总使用时间。

(5)假设预防维护和故障维护均为完美维护,即维护活动能够使设备恢复初始的正常状态。

(6)设备在初始缺陷状态和严重缺陷状态下所需的预防维护费用不同,后者会高于前者。

(7)设备故障产生的维护费用包含了使设备恢复正常状态的费用以及设备停机带来的损失,该费用远远高于预防维护费用。

5.2.2 模型参数的符号定义

提出模型假设后,给出模型相关参数的符号定义如下:

1)模型参数

X:设备正常运行阶段;

$f_x(x)$:设备从初始状态到出现初始缺陷状态过程的概率密度函数;

$F_x(x)$:设备从初始状态到出现初始缺陷状态过程的累积分布函数;

Y:设备初始缺陷运行阶段;

$f_y(y)$:设备从初始缺陷状态到严重缺陷状态过程的概率密度函数;

$F_y(y)$:设备从初始缺陷状态到严重缺陷状态过程的累积分布函数;

Z:设备严重缺陷运行阶段;

$f_z(z)$:设备从严重缺陷状态到出现故障状态过程的概率密度函数;

$F_z(z)$:设备从严重缺陷状态到出现故障缺陷状态过程的累积分布函数;

T_x:设备发生初始缺陷的时刻;

T_y:设备发生严重缺陷的时刻;

T_z:设备发生故障的时刻;

C_r:每次预防维护的平均检测费用;

C_x:每次对初始缺陷状态下的设备进行预防维护的平均费用;

C_y:每次对严重缺陷状态下的设备进行预防维护的平均费用;

C_z:每次对故障设备进行故障维护的平均费用;

$EC_m(T,D)$:设备在整个更新周期下的总期望维护费用,其中,T,D 为函数变量;

$EC_n(T,D)$:设备使用中分别在第 n 种情况下的期望维护费用,其中,$n=1,2,\cdots$;

$ET_m(T,D)$:设备发生故障维护或预防维护的总期望更新周期时间,其中,T,D 为函数变量;

$ET_n(T,D)$:设备分别在第 n 种情况下发生故障维护或预防维护的期望更新周期时间,其中,$n=1,2,\cdots$;

$P(con)$:发生某种情况的概率函数,con 表示可能出现的各种情况;

N:表示一个无穷大的正整数;

N^*:表示正整数集。

2) 变量

T:预防维护的周期时间间隔;

DT:阈值时间,其中 D 表示第 D 次预防维护检测。

5.2.3 模型建立

在此维护决策模型中,将设备使用的总时间定义为一个无限大的值,研究单位时间维护费用最低的问题。通常把从设备开始运行到检测出缺陷或故障停机的这段时间称为更新时间,即一个更新周期。设备单位时间的维护费用就是在一个更新周期内,总维护费用与更新时间的商。

在此,假设在第 k 个预防维护周期内设备会出现初始缺陷状态,即 $(k-1)T < T_x < kT$,其中,$k=1,2,3,\cdots,\infty$。那么,根据初始缺陷状态、严重缺陷状态和故障状态可能出现的时间 T_x,T_y,T_z 和预防维护周期 T、阈值时间 DT 的关系,将模型进行分类讨论。

1) T_y,T_z 在区间 $[(k-1)T,kT]$ 内

若在初始缺陷发生的区间内设备又接连发生了严重缺陷和故障,那么设备就会在第 k 次预防维护检测前发生故障停机。这种情况下,设备未能被及时检测出故障可能发生,故会采取事后性的故障维护。如图 5-1 所示。

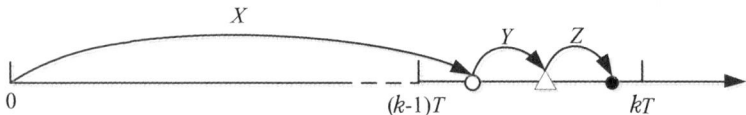

图 5-1 T_x,T_y,T_z 在同一区间

由图 5-1 可以直观看出,T_y,T_z 都在 $[(k-1)T,kT]$ 内的概率为:

$$P\big[(k-1)T < T_y < T_z < kT\big] = \int_{(k-1)T}^{kT} \int_0^{kT-x} \int_0^{kT-x-y} f_x(x) f_y(y) f_z(z) \mathrm{d}z\mathrm{d}y\mathrm{d}x$$

$$= \int_{(k-1)T}^{kT} f_x(x) \int_0^{kT-x} f_y(y) F_z(kT-x-y)\mathrm{d}y\mathrm{d}x \qquad (5-1)$$

其中,$k=1,2,\cdots,N$。

设备维护费用为 $(k-1)$ 次预防维护检测费用与一次故障维护费用之和,即 $(k-1)C_p + C_z$,因此情况 1) 下,设备在整个更新周期中的期望维护费用为:

$$EC_1(T,D) = \sum_{k=1}^{\infty} \left\{ \big[(k-1)C_r + C_z\big] \int_{(k-1)T}^{kT} f_x(x) \int_0^{kT-x} f_y(y) F_z(kT-x-y)\mathrm{d}y\mathrm{d}x \right\}$$

$$(5-2)$$

设备的运行时间为从起始时刻到设备故障时刻的长度,即$(k-1)$个预防维护周期时间加上第k个周期中设备发生故障的延迟时间。因此,更新周期时间为,$T_z=(k-1)T+u$,其中$0<u<T$。期望更新周期时间为:

$$ET_1(T,D)=\int_0^T[(k-1)T+u]P\{[(k-1)T+u]<T_y$$
$$<T_z<[(k-1)T+u+\mathrm{d}u]\}\mathrm{d}u$$
$$=\sum_{k=1}^\infty\Big\{\int_0^T[(k-1)T+u]\int_{(k-1)T}^{kT}f_x(x)\int_0^{kT-x+u}f_y(y)F_z[(k-1)T-$$
$$x-y+u]\mathrm{d}y\mathrm{d}x\mathrm{d}u\Big\}\qquad(5-3)$$

情况1)下的维护费用模型为:

$$\min\Big\{\frac{EC_1(T,D)}{ET_1(T,D)}\Big\}$$
$$S.T.\begin{cases}k\in N*\\T>0\\0<k<N\end{cases}\qquad(5-4)$$

2)T_y,T_z在区间$[(k+i-1)T,(k+i)T]$内,其中$k+i<D$

在这种情况下,第k次预防维护检测出设备处于初始缺陷状态。由于未到阈值时间,并不立即采取预防维护。因此,若在阈值时间点DT前的某一个预防维护周期内,该初始缺陷变为严重缺陷,进而产生故障。那么设备未来得及等到DT时刻进行初始缺陷的预防维护,也没有及时检测到严重缺陷,设备就已经产生了故障,如图5-2所示。

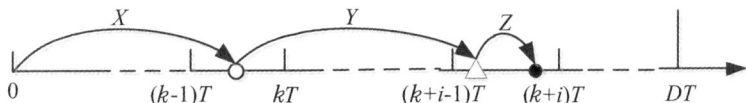

图5-2　初始缺陷状态的设备在阈值时间点前发生故障

由图5-2可以直观看出,T_y,T_z都在$[(k+i-1)T,(k+i)T]$内的概率为:

$$P[(k+i-1)T<T_y<T_z<(k+i)T]$$
$$=\int_{(k-1)T}^{kT}\int_{(k+i-1)T-x}^{(k+i)T-x}\int_0^{(k+i)T-x-y}f_x(x)f_y(y)f_z(z)\mathrm{d}z\mathrm{d}y\mathrm{d}x$$

$$= \int_{(k-1)T}^{kT} f_x(x) \int_{(k+i-1)T-x}^{(k+i)T-x} f_y(y) F_z[(k+i)T-x-y] \mathrm{d}y\mathrm{d}x \quad (5-5)$$

其中, $i,k=1,2,\cdots,N$。且 $k+i<D$。

该情况下,设备维护费用为 $(k+i-1)$ 次预防维护检测费用与一次故障维护费用之和,即 $(k+i-1)C_p+C_z$,因此情况 2)下,设备在整个更新周期中的期望维护费用为:

$$EC_2(T,D) = \sum_{k=1}^{D-1} \sum_{i=1}^{D-k} \left\{ [(k+i-1)C_r+C_z]P[(k+i-1)T<T_y<T_z<(k+i)T] \right\}$$

$$= \sum_{k=1}^{D-1} \sum_{i=1}^{D-k} \left\{ [(k+i-1)C_r+C_z] \int_{(k-1)T}^{kT} f_x(x) \int_{(k+i-1)T-x}^{(k+i)T-x} f_y(y) F_z[(k+i)T-x-y] \mathrm{d}y\mathrm{d}x \right\}$$

$$(5-6)$$

该种情况下,设备的更新时间为从起始时刻到设备故障时刻的长度,即 $(k+i-1)$ 个预防维护周期时间加上第 $(k+i)$ 个周期中设备发生故障的延迟时间。因此,更新周期时间为, $T_z=(k+i-1)T+u$,其中 $0<u<T$。期望更新周期时间为:

$$ET_2(T,D) = \int_0^T [(k+i-1)T+u]P\{[(k+i-1)T+u]$$
$$<T_y<T_z<[(k+i-1)T+u+\mathrm{d}u]\}\mathrm{d}u$$

$$= \sum_{k=1}^{D-1} \sum_{i=1}^{D-k} \left\{ \int_0^T [(k+i-1)T+u] \int_{(k-1)T}^{kT} f_x(x) \int_{(k+i-1)T-x}^{(k+i)T-x+u} f_y(y) F_z[(k+i-1)T-x-y+u] \mathrm{d}y\mathrm{d}x\mathrm{d}u \right\}$$

$$(5-7)$$

综上,情况 2)下的维护费用模型为:

$$\min \left\{ \frac{EC_2(T,D)}{ET_2(T,D)} \right\}$$

$$S.T. \begin{cases} i,k,D \in N* \\ T>0 \\ i+k<D \end{cases} \quad (5-8)$$

3) $T_z>T_y>DT$,且 $k<D$

前两种情况下,设备均发生了故障,在此情况下,第 k 次预防维护检测出设备处于初始缺陷状态,但并未立即进行预防维护。而初始缺陷状态下的设备直达阈值时刻 DT 时,都没有出现严重缺陷。由于阈值时间已到,立即采取预防维护。那么该预防维护针对的对象,是初始缺陷状态下的设备。如图 5-3 所示。

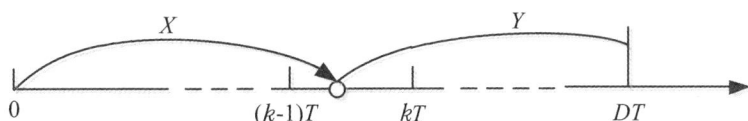

图 5-3　设备在阈值时刻未发生严重缺陷

由图 5-3 可以直观看出，$T_z > T_y > DT$，即只需 $T_y > DT$ 的概率为：

$$P(Ty > DT) = \int_{(k-1)T}^{kT} \int_{DT-x}^{\infty} f_x(x) f_y(y) \mathrm{d}y \mathrm{d}x$$

$$= \int_{(k-1)T}^{kT} f_x(x)[1 - F_y(DT - x)] \mathrm{d}x \qquad (5-9)$$

其中，$k = 1, 2, \cdots, D$。

设备在 DT 时刻正处于初始缺陷状态。阈值时刻会对设备出现的所有缺陷状态均采取预防维护，而在情况 3）下，就意味着会触发一次针对初始缺陷的预防维护活动。故设备维护费用为 $DC_p + C_x$。可见，情况 3）与 1）、2）相比，阈值时间的预防维护使设备避免故障的产生，会减少更新周期内的维护费用。期望维护费用为：

$$EC_3(T, D) = \sum_{k=1}^{D} (DC_r + C_x) P(Ty > DT)$$

$$= \sum_{k=1}^{D} (DC_r + C_x) \int_{(k-1)T}^{kT} f_x(x)[1 - F_y(DT - x)] \mathrm{d}x \qquad (5-10)$$

该种情况下，设备处于初始缺陷状态，直到阈值时间 DT 进行预防维护，即一次更新。故设备的更新时间为 DT。由于已知 $T_y > DT$ 的概率，故情况 3）下的期望更新周期时间为：

$$ET_3(T, D) = \sum_{k=1}^{D} DT \int_{(k-1)T}^{kT} f_x(x)[1 - F_y(DT - x)] \mathrm{d}x \qquad (5-11)$$

综上，情况 3）下的维护费用模型为：

$$\min \left\{ \frac{EC_3(T, D)}{ET_3(T, D)} \right\}$$

$$S.T. \begin{cases} k, D \in N* \\ T > 0 \\ k \leqslant D \end{cases} \qquad (5-12)$$

4) T_y 在区间 $[(k+i-1)T,(k+i)T]$ 内,且 $T_z > (k+i)T,k+i<D$

这种情况下,第 k 周期后处于初始缺陷状态下的设备,在之后的第 i 个预防维护周期中发生了严重缺陷。同时在这一周期中又并未发生故障,于是设备在第 $(k+i)T$ 时刻被检测出了严重缺陷,应立即采取预防维护措施。该预防维护针对的对象与情况 3) 不同,是处于严重缺陷状态下的设备。如图 5-4 所示。

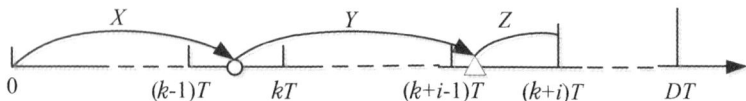

图 5-4 阈值时间前的严重缺陷

由图 5-4 可以直观看出,T_y 在区间 $[(k+i-1)T,(k+i)T]$ 内,且 $T_z > (k+i)T$ 的概率为,

$$P[(k+i-1)T < T_y < (k+i)T < T_z]$$

$$= \int_{(k-1)T}^{kT} \int_{(k+i-1)T-x}^{(k+i)T-x} \int_{(k+i)T-x-y}^{\infty} f_x(x)f_y(y)f_z(z)\mathrm{d}z\mathrm{d}y\mathrm{d}x$$

$$= \int_{(k-1)T}^{kT} f_x(x) \int_{(k+i-1)T-x}^{(k+i)T-x} f_y(y)\{1-F_y[(k+i)T-x-y]\}\mathrm{d}y\mathrm{d}x$$

$$(5-13)$$

其中,$i,k=1,2,\cdots,N$;且 $k+i<D$。

该种情况下,设备在 $(k+i)T$ 时刻,即第 $(k+i)$ 次预防维护检查时,检测出设备处于严重缺陷状态。根据三阶段时间延迟理论,当预防维护点检测出设备处于严重缺陷状态,就会立即触发一次预防维护,使设备恢复正常状态。故设备维护费用为 $(k+i)C_p+C_y$。整个更新周期中的期望维护费用为:

$$EC_4(T,D) = \sum_{k=1}^{D-1} \sum_{i=1}^{D-k} \{[(k+i)C_r+C_y]P[(k+i-1)T$$

$$< T_y < (k+i)T < T_z]\}$$

$$= \sum_{k=1}^{D-1} \sum_{i=1}^{D-k} \Big\{[(k+i)C_r+C_y]\int_{(k-1)T}^{kT} f_x(x) \int_{(k+i-1)T-x}^{(k+i)T-x} f_y(y)\{1-$$

$$F_y[(k+i)T-x-y]\Big\}\mathrm{d}y\mathrm{d}x$$

$$(5-14)$$

该种情况下,设备处于严重缺陷状态,并在第 $(k+i)$ 次预防维护检查中被检测出，立即进行一次更新。故，设备的更新时间为 $(k+i)T$。由于已知情况 4）发生的概率，因此期望更新周期时间为：

$$ET_4(T,D) = \sum_{k=1}^{D} (k+i)T \int_{(k-1)T}^{kT} f_x(x) \int_{(k+i-1)T-x}^{(k+i)T-x} f_y(y) \{1 -$$

$$F_y[(k+i)T - x - y]\} dy dx \tag{5-15}$$

综上，情况 4）下的维护费用模型为：

$$\min \left\{ \frac{EC_4(T,D)}{ET_4(T,D)} \right\}$$

$$S.T. \begin{cases} i,k,D \in N* \\ T>0 \\ i+k<D \end{cases} \tag{5-16}$$

5）$T_y > kT$，且 $k > D$

这种情况下，设备在阈值时间点前没有发生缺陷，一直处于正常运行状态。阈值时间后的初始缺陷也应立即采取预防维护措施。如图 5 - 5 所示。

由图 5 - 5 可以直观看出，情况 5）发生的概率与情况 3）类似，只是初始缺陷发生的区间在阈值时间之后。故，$(k-1)T < T_x < kT < T_y$，且 $k > D$ 的概率为：

$$P[(k-1)T < Tx < kT < Ty] = \int_{(k-1)T}^{kT} \int_{kT-x}^{\infty} f_x(x) f_y(y) dy dx$$

$$= \int_{(k-1)T}^{kT} f_x(x)[1 - F_y(kT - x)] dx \tag{5-17}$$

其中，$k = D+1, D+2, \cdots, N$。

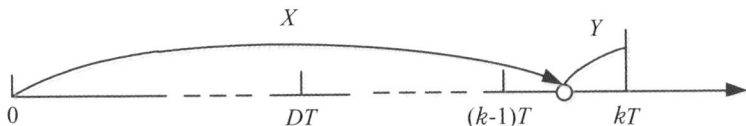

图 5 - 5　初始缺陷发生在阈值时间之后

该情况下，设备在 kT 时刻，被检测出处于初始缺陷状态并采取维护。故设备所需的维护费用为 $kC_p + C_x$。更新周期中的期望维护费用为：

$$EC_5(T,D) = \sum_{k=D+1}^{\infty} (kC_p + C_x) P[(k-1)T < Tx < kT < Ty]$$

$$= \sum_{k=D+1}^{\infty} (k\,C_r + C_x) \int_{(k-1)T}^{kT} f_x(x)[1 - F_y(kT - x)]\mathrm{d}x \qquad (5-18)$$

该种情况下,发生缺陷的时间在阈值时间之后,并在第 k 次预防维护检查中被检测出,立即进行一次更新。故设备的更新时间为 kT。由于已知情况 5)发生的概率,因此期望更新周期时间为:

$$ET_5(T,D) = \sum_{k=D+1}^{\infty} kT \int_{(k-1)T}^{kT} f_x(x)[1 - F_y(kT - x)]\mathrm{d}x \qquad (5-19)$$

综上,情况 5)下的维护费用模型为:

$$\min\left\{\frac{EC_5(T,D)}{ET_5(T,D)}\right\}$$

$$S.T. \begin{cases} k,D \in N* \\ T>0 \\ k>D \end{cases} \qquad (5-20)$$

6) T_y 在区间 $[(k-1)T, kT]$ 内,且 $k>D$

这种情况下,设备在阈值时间点前没有发生缺陷,一直处于正常运行状态。阈值时间后的严重缺陷应立即采取预防维护措施。如图 5-6 所示。

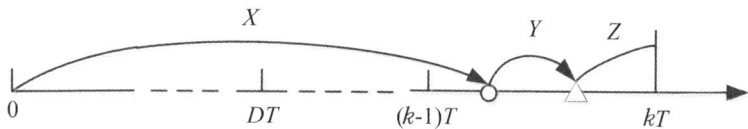

图 5-6 严重缺陷发生在阈值时间之后

由图 5-6 可以直观看出,情况 6)发生的概率与情况 4)类似,不过初始缺陷和严重缺陷发生在同一个区间内,且该区间在阈值时间之后。故 $(k-1)T < T_x < T_y < kT$ 的概率为:

$$P[(k-1)T < Tx < Ty < kT]$$

$$= \int_{(k-1)T}^{kT} \int_{0}^{kT-x} \int_{kT-x-y}^{\infty} f_x(x) f_y(y) f_z(z)\mathrm{d}z\,\mathrm{d}y\,\mathrm{d}x$$

$$= \int_{(k-1)T}^{kT} \int_{0}^{kT-x} f_x(x) f_y(y)[1 - F_z(kT - x - y)]\mathrm{d}y\,\mathrm{d}x \qquad (5-21)$$

其中,$k = D+1, D+2, \cdots, N$。

该情况下,设备在 kT 时刻,被检测出处于严重缺陷状态,设备所需的维护

费用为预防维护检测费用与严重缺陷预防维护费用之和,即 $kC_p + C_y$。总期望
维护费用为:

$$EC_6(T,D) = \sum_{k=D+1}^{\infty} (k\,C_r + C_y) P\big[(k-1)T < Tx < Ty < kT\big]$$

$$= \sum_{k=D+1}^{\infty} (k\,C_r + C_y) \int_{(k-1)T}^{kT} \int_{0}^{kT-x} f_x(x)\,f_y(y)\big[1 - F_z(kT - x - y)\big]\mathrm{d}y\mathrm{d}x$$

$$(5-22)$$

情况 6)下的更新时间与情况 5)相同,在第 k 次预防维护检查中检测出严重
缺陷,并立即进行一次更新。故,设备的更新时间为 kT。由于已知情况 6)发生
的概率,因此期望更新周期时间为:

$$ET_6(T,D) = \sum_{k=D+1}^{\infty} kT \int_{(k-1)T}^{kT} \int_{0}^{kT-x} f_x(x)\,f_y(y)\big[1 - F_z(kT - x - y)\big]\mathrm{d}y\mathrm{d}x$$

$$(5-23)$$

综上,情况 6)下的维护费用模型为:

$$\min\left\{\frac{EC_6(T,D)}{ET_6(T,D)}\right\}$$

$$S.T. \begin{cases} k,D \in N* \\ T > 0 \\ k > D \end{cases}$$

$$(5-24)$$

以上 6 种情况即是基于三阶段时间延迟理论的预防维护模型中可能出现的
所有情况。将式(5-4)、式(5-8)、式(5-12)、式(5-16)、式(5-20)、式(5-24)
中 6 种情况下的维护费用模型叠加即可得到总期望维护费用模型。

$$\min\left\{\frac{EC_m(T,D)}{ET_m(T,D)}\right\}$$

$$(5-25)$$

因此,单位维护费用模型为:

$$\min\left\{\frac{\sum_{n=1}^{6} EC_n(T,D)}{\sum_{n=1}^{6} ET_n(T,D)}\right\}$$

$$S.T. \begin{cases} i,k,D \in N* \\ T > 0 \\ S.T.n \end{cases}$$

$$(5-26)$$

其中，$n=1,2,\cdots,6$。

5.3 设备维护与生产联合优化概述

在上一节中给出了基于时间延迟理论下的设备维护计划的模型，从这一模型和给出的案例可以看出，单一制定总维护计划针对的对象是单机系统或设备。然而这在实际生活中还有一类研究对象是由多种零部件串并联的一整套生产系统。

与单一部件不同的是，生产设备系统的组成元素有着不同的特性，因此不能用一个简单的连续分布的随机过程来模拟整个生产系统，而是各个零部件有其自身的劣化趋势，以及与之对应的维护费用成本。然而，根据分治法的思想，可以参考之前对单机设备的维护模型的建立，应用于大型生产系统的单一零部件的维护计划中。

此外，生产系统有着明确的生产周期，将维护计划与生产计划结合起来能够在明确了特定周期下，研究企业总生产成本和总维护费用。而这一特定的周期下，既要做生产活动，也要做维护活动，因此时间上也是生产时间与维护时间之和，这更体现了生产与维护的密不可分。

因此，本节明确研究对象对多生产部件串联的生产系统，研究该生产系统的生产计划与维护计划联合优化问题，建立模型并通过案例加以分析。

在对该模型进行描述前，首先要明确模型的适用对象，即多生产部件串联的生产系统。串联系统中某部件进行维护活动时，需要对整个生产系统进行停机，生产无法进行。不同部件生产不同的产品，投入到生产中的时间也各不相同，彼此串联组成整个设备系统。同时，整个设备运行周期的时间被生产和维护分离，维护必定导致停机而无法生产。与 5.2 节中维护模型相比，联合优化模型中生产时间与维护时间互为约束条件。

5.3.1 维护计划问题描述

与 5.2 节中的维护模型不同的是，维护的对象从单机设备变成生产系统的所有零部件。考虑到零部件的劣化过程并没有单机设备那么复杂，因此，这里采用的是两阶段时间延迟理论。

多产品多部件生产系统的维护问题,就是求解出最佳的预防维护周期,使得在特定的生产周期内产生的总维护费用最低。总维护费用为各零件维护费用之和,其中每个零部件的维护费用包括定期的预防维护费用、预防维护检测费用和发生故障后的故障维护费用。

5.3.2　生产计划问题描述

考虑到设备生产职能就需要考虑到生产周期和需求。生产计划的问题就是,在一个明确的运行周期和产品需求量下,确定最佳生产批量使得总生产成本最低。总生产成本包括产品的成本费用、产量与需求量的差值引起的库存或延期未交货成本,以及维护造成的设备启动成本。

5.3.3　联合优化问题描述

将生产活动与维护活动结合的方式是通过对生产周期进行分段,各单位时间段的时间被生产和维护共用,且若干时间段会发生一次预防维护。把特定的整个生命周期划分为若干个单位时间段 T,每 D 个时间段进行一次定期的预防维护,即预防维护周期时间为 DT。生产系统从开始到结束的总时间用 LT 表示,那么在整个运行过程中,共进行了 $\lfloor L/D \rfloor$ 次预防维护。因此,设备运行的整个过程又可以分为两个部分。第一部分为区间 $[0, \lfloor L/D \rfloor DT]$,这个区间是预防维护部分。另一部分为不够进行一次预防维护检测的剩余时间,即区间 $[\lfloor L/D \rfloor DT, LT]$。如图 5-7 所示。

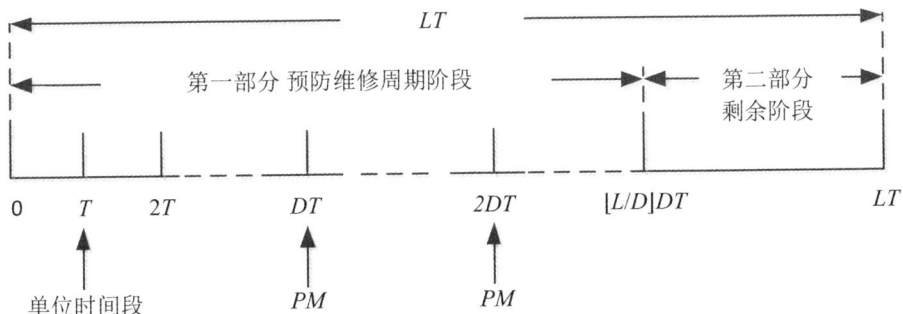

图 5-7　生产与维护综合计划下的设备运行过程

生产与维护联合优化的问题,就是计算出每个单位时间段 T 内各生产部件上需要生产多少产量的产品和预防维护的周期时间 kT,使得模型的总成本最低。

5.4　基于时间延迟理论的生产计划与维护计划联合优化模型

5.4.1　模型假设

在建立模型前,首先给出假定的前提条件:

(1)生产系统劣化过程分为缺陷过程和故障过程两个阶段,各零部件均可能会呈现出正常状态、缺陷状态和故障状态三种情况;

(2)预防维护检测是一种完美检测,能够检查出生产系统中所有部件的缺陷状态;

(3)预防维护是一种完美维护,能够使得缺陷的部件更新到初始的正常状态;

(4)故障维护是一种不完美维护,能够使得故障的部件恢复到缺陷的状态,并且不改变其故障过程的随机分布;

(5)各部件正常时间阶段相互独立,符合同一的泊松分布;

(6)各部件延迟时间阶段相互独立,符合同一的连续型随机分布;

(7)某一单位时间段内不合格产品的数量与该时间段内发生的缺陷和故障次数呈不同比例的正相关关系;

(8)生产系统的预防维护和故障维护需要不同的停机时间,而整机系统的启动成本与总维护停机时间成正比例关系;

(9)不同部件上生产不同产品且相互独立,不考虑产品间的生产顺序对系统的影响。

5.4.2　符号定义

提出模型假设后,给出模型相关参数的符号定义如下:

1) 模型参数

T:整个生产运行周期等分出的单位时间段;

LT:整个生产运行周期;

λ:生产系统中正常状态下的部件发生缺陷的缺陷率;

$f(t)$:故障延迟时间阶段的概率密度函数;

$F(t)$:故障延迟时间阶段的累积分布函数;

n:生产系统上生产的产品种类的数量;

t_i:生产第 i 种产品所需要的单位时间,其中,$i=1,2,\cdots,n$;

TP_j:生产设备在第 j 个时间段内的生产时间,生产时间即设备实际运行的时间,其中,$j=1,2,\cdots,L$;

AT_j:生产设备在第 j 个时间段内可用于生产的时间,其中,$j=1,2,\cdots,L$;

t_b:对生产系统中各部件进行故障维护的平均单位时间;

t_p:对生产系统中各部件进行预防维护的平均单位时间;

t_r:对生产系统进行预防维护检测的平均单位时间;

d_{ij}:在第 j 个单位时间段内第 i 种产品的需求量,其中,$i=1,2,\cdots,n$,$j=1,2,\cdots,L$;

x_{ij}:在第 j 个单位时间段内第 i 种产品的库存量,其中,$i=1,2,\cdots,n$,$j=1,2,\cdots,L$;

y_{ij}:在第 j 个单位时间段内第 i 种产品的缺货量,其中,$i=1,2,\cdots,n$,$j=1,2,\cdots,L$;

C_i:第 i 种产品的平均单位生产成本;

C_b:对生产系统中各部件进行故障维护的平均单位费用;

C_p:对生产系统中各部件进行预防维护的平均单位费用;

C_r:对生产系统进行预防检测的平均单位费用;

C_f:不合格产品带来的平均单位损失费用;

CX_i:第 i 种产品的平均单位库存成本,其中,$i=1,2,\cdots,n$;

CY_i:第 i 种产品的平均单位缺货成本,其中,$i=1,2,\cdots,n$;

EC_p:整个生产周期内的总期望生产成本;

EC_{m1}:在生产周期第一部分上的总期望维护费用;

EC_{m2}:在生产周期第二部分上的总期望维护费用;

EC_m:整个生产周期内的总期望维护费用;

EC_f:整个生产周期内的总期望不合格产品损失费用;

EN_f：整个生产周期内的总期望不合格产品数；

EC_x：整个生产周期内的总期望库存成本；

EC_y：整个生产周期内的总期望延期未交货成本；

EC_z：整个生产周期内生产系统的总期望启动成本；

ET_m：整个生产周期内的总期望维护时间；

p_f：不合格产品数量与故障次数的正比例因子；

p_d：不合格产品数量与缺陷次数的正比例因子；

p_z：启动成本与维护停机时间的正比例因子。

2）变量

q_{ij}：在第 j 个单位时间段内第 i 种产品的产量，其中，$i=1,2,\cdots,n$，$j=1,2,\cdots,L$；

DT：预防维护周期时间。

5.4.3　维护费用模型

通过图 5-7 可以看出，在生产周期分段模型下，设备系统的维护分为两个部分来研究。第一部分为周期性预防维护阶段，另一部分是不足一次预防维护周期的剩余时间阶段，此阶段将不会有预防维护检测发生。

1）在区间 $[0,\lfloor L/D \rfloor DT]$ 内的期望维护费用

在这一区间由 $\lfloor L/D \rfloor$ 个预防维护周期组成。与第三章的单一维护模型不同，联合优化中的维护模型下，设备劣化的过程与设备投入生产中的时间呈随机分布函数关系，而非总时间。因此，首先需要明确设备缺陷和故障的概率密度函数的自变量为生产时间。

特殊地，若当前时间段 j 在第一个预防维护周期，即 j 在区间 $[0,DT]$ 内，那么，该区间内生产设备系统的生产时间为每种产品的单位生产时间与对应的该时间段内的产量的乘积，即为：

$$TP_j = \sum_{i=1}^{N} t_i q_{ij} \tag{5-27}$$

期望故障次数为：

$$\int_0^{\sum\limits_{j=1}^{D} TP_j} \lambda \int_0^t f(t-u)\mathrm{d}u\,\mathrm{d}t = \int_0^{\sum\limits_{j=1}^{D} TP_j} \lambda F(t)\mathrm{d}t \tag{5-28}$$

期望缺陷次数为：

$$\int_0^{\sum\limits_{j=1}^{D} TP_j} \lambda\big[1-F(t)\big]\mathrm{d}t \tag{5-29}$$

在 DT 时刻进行第一次预防维护检测，由于该检测为完美检测，因此能发现所有处于缺陷状态下的部件。对于缺陷的部件，采取预防维护，使得整个生产系统恢复正常状态。因此，下一个预防维护周期开始时设备系统又恢复初始状态。

类似地，若当前时间段 j 发生在第 k 个预防维护周期，即区间 $[(k-1)DT,kDT]$ 内，那么，该区间内生产系统发生的期望故障次数为：

$$\int_0^{\sum\limits_{j=(k-1)D+1}^{kD} TP_j} \lambda F(t)\mathrm{d}t \tag{5-30}$$

其中，$k=1,2,\cdots,\lfloor L/D\rfloor$。

发生的期望缺陷次数为：

$$\int_0^{\sum\limits_{j=(k-1)D+1}^{kD} TP_j} \lambda\big[1-F(t)\big]\mathrm{d}t \tag{5-31}$$

其中，$k=1,2,\cdots,\lfloor L/D\rfloor$。

期望故障维护费用为：

$$Cb\int_0^{\sum\limits_{j=(k-1)D+1}^{kD} TP_j} \lambda F(t)\mathrm{d}t \tag{5-32}$$

其中，$k=1,2,\cdots,\lfloor L/D\rfloor$。

同样地，在第 kDT 时刻发生一次预防维护检测，并对发现的每个缺陷进行预防维护。由于已知第 kDT 时刻的缺陷部件的个数，因此该周期内的期望预防维护费用与预防维护检测费用之和为：

$$Cp\int_0^{\sum\limits_{j=(k-1)D+1}^{kD} TP_j} \lambda\big[1-F(t)\big]\mathrm{d}t + Cr \tag{5-33}$$

其中，$k=1,2,\cdots,\lfloor L/D\rfloor$。

推广到整个区间 $[0,\lfloor L/D\rfloor DT]$ 内，其总期望维护费用为：

$$EC_{m1}=\sum_{k=1}^{\lfloor L/D\rfloor}\left\{Cb\int_0^{\sum\limits_{j=(k-1)D+1}^{kD} TP_j} \lambda F(t)\mathrm{d}t + Cp\int_0^{\sum\limits_{j=(k-1)D+1}^{kD} TP_j} \lambda\big[1-F(t)\big]\mathrm{d}t + Cr\right\}$$

$$\tag{5-34}$$

2）在区间 $[\lfloor L/D\rfloor DT,LT]$ 内的期望维护费用

在第 $\lfloor L/D\rfloor$ 次预防维护之后，$\lfloor L/D\rfloor DT$ 时刻，生产系统已在整个生产周期

内,被进行了最后一次预防维护。此时生产系统中各部件又恢复到初始的正常状态。由于剩余阶段已不足完成一次预防维护,因此,区间$[\lfloor L/D \rfloor DT, LT]$内只会产生故障维护费用。

该区间内生产设备系统的生产时间为:

$$\sum_{j=\lfloor L/D \rfloor D+1}^{L} \sum_{i=1}^{n} t_i x_{ij_j} = \sum_{j=\lfloor L/D \rfloor D+1}^{L} TP_j \tag{5-35}$$

该区间内的期望故障次数为:

$$\int_0^{\sum_{j=\lfloor L/D \rfloor D+1}^{L} TP_j} \lambda F(t) \mathrm{d}t \tag{5-36}$$

该区间的期望总维护费用为:

$$EC_{m2} = C_b \int_0^{\sum_{j=\lfloor L/D \rfloor D+1}^{L} TP_j} \lambda F(t) \mathrm{d}t \tag{5-37}$$

综上,整个生产周期下的总期望维护费用为:

$$EC_m = EC_{m1} + EC_{m2} = \sum_{k=1}^{\lfloor L/D \rfloor} \Big\{ C_b \int_0^{\sum_{j=(k-1)D+1}^{kD} TP_j} \lambda F(t) \mathrm{d}t +$$

$$C_p \int_0^{\sum_{j=(k-1)D+1}^{kD} TP_j} \lambda [1-F(t)] \mathrm{d}t + Cr \Big\} + C_b \int_0^{\sum_{j=\lfloor L/D \rfloor D+1}^{L} TP_j} \lambda F(t) \mathrm{d}t \tag{5-38}$$

3) 不合格产品损失费用

根据假设(7)的内容,生产系统在缺陷状态和故障状态下都会产生一定数量的不合格产品。不合格产品的数量与缺陷率、故障率都有一定比例的正相关关系。由于已知整个生产周期内的期望故障次数,故由于故障导致的不合格产品的数量为:

$$p_f \Big[\sum_{k=1}^{\lfloor L/D \rfloor} \int_0^{\sum_{j=(k-1)D+1}^{kD} TP_j} \lambda F(t) \mathrm{d}t + \int_0^{\sum_{j=\lfloor L/D \rfloor D+1}^{L} TP_j} \lambda F(t) \mathrm{d}t \Big] \tag{5-39}$$

由于缺陷导致的不合格产品的数量为:

$$p_d \sum_{k=1}^{\lfloor L/D \rfloor} \int_0^{\sum_{j=(k-1)D+1}^{kD} TP_j} \lambda [1-F(t)] \mathrm{d}t \tag{5-40}$$

总期望不合格产品数为:

$$EN_f = p_f \Big[\sum_{k=1}^{\lfloor L/D \rfloor} \int_0^{\sum_{j=(k-1)D+1}^{kD} TP_j} \lambda F(t) \mathrm{d}t + \int_0^{\sum_{j=\lfloor L/D \rfloor D+1}^{L} TP_j} \lambda F(t) \mathrm{d}t \Big]$$

$$+ p_d \sum_{k=1}^{\lfloor L/D \rfloor} \int_0^{\sum\limits_{j=(k-1)D+1}^{kD} TP_j} \lambda [1 - F(t)] \mathrm{d}t \tag{5-41}$$

综上，整个生产周期内的总期望不合格产品损失费用为单位损失费用与总期望不合格产品数的乘积，即为：

$$EC_f = C_f \left[p_f \left[\sum_{k=1}^{\lfloor \frac{L}{D} \rfloor} \int_0^{\sum\limits_{j=(k-1)D+1}^{kD} TP_j} \lambda F(t) \mathrm{d}t + \int_0^{\sum\limits_{j=\lfloor L/D \rfloor D+1}^{L} TP_j} \lambda F(t) \mathrm{d}t \right] \right.$$

$$\left. + p_d \sum_{k=1}^{\lfloor L/D \rfloor} \int_0^{\sum\limits_{j=(k-1)D+1}^{kD} TP_j} \lambda [1 - F(t)] \mathrm{d}t \right] \tag{5-42}$$

5.4.4 生产成本模型

1）整个生产周期的总期望生产成本

在第 j 个单位时间段内，生产系统所生产的所有产品的生产成本为每种产品的单位生产成本与其产量乘积之和，即为：

$$\sum_{i=1}^{n} C_i q_{ij} \tag{5-43}$$

因此，推广到整个生产周期上，总期望生产成本为：

$$EC_p = \sum_{j=1}^{L} \sum_{i=1}^{n} C_i q_{ij} \tag{5-44}$$

2）库存和延期未交货成本模型

在生产系统投入生产中时，其各时间段、各产品的实际产量可能会与该时间段对应产品的需求量存在差值。当产品实际产量高于需求量时，会增加库存成本；若产量低于需求量，且库存不足弥补时，会产生延期未交货成本。库存产品量与延期未交货量存在如下关系：

$$x_{ij} - y_{ij} = x_{ij-1} - y_{ij-1} + q_{ij} - d_{ij} \tag{5-45}$$

其中，$i = 1, 2, \cdots, n, j = 1, 2, \cdots, L$。且 x_{i0} 为生产周期初始状态下的各产品的库存量。

因此，整个生产周期内的库存和延期未交货成本模型为：

$$EC_x + EC_y = \sum_{j=1}^{L} \sum_{i=1}^{n} CX_i x_{ij} + \sum_{j=1}^{L} \sum_{i=1}^{n} CY_i y_{ij}$$

$$S.T. x_{ij} - y_{ij} = x_{ij-1} - y_{ij-1} + q_{ij} - d_{ij} \tag{5-46}$$

3）启动成本模型

根据假设（8）可知，计算整个生产周期内的启动成本，需要计算整个周期内设备由于维护而导致的停机时间。总期望维护时间为期望故障维护时间、期望预防维护时间与期望预防维护检测时间之和。

$$ET_m = \sum_{k=1}^{\lfloor L/D \rfloor} \left\{ t_b \int_0^{\sum_{j=(k-1)D+1}^{kD} TP_j} \lambda F(t) dt + t_p \int_0^{\sum_{j=(k-1)D+1}^{kD} TP_j} \lambda [1-F(t)] dt + tr \right\}$$

$$+ t_b \int_0^{\sum_{j=\lfloor L/D \rfloor D+1}^{L} TP_j} \lambda F(t) dt \tag{5-47}$$

由于生产系统的启动成本与维护停机时间存在正比例关系，因此可以计算出整个生产周期的总期望启动成本。

$$EC_z = p_z ET_m \tag{5-48}$$

5.4.5　联合优化模型

在分别建立了维护费用模型和生产成本模型等之后，需建立新的模型表示两者之间的关系。维护和生产相互制约的关键在于它们共用整个生产周期的时间。因此维护模型与生产模型的关系体现在各个阶段维护时间与生产时间之和应该小于等于该阶段的总时间。单位时间段的时长 T 减去该时间段内维护需要的时间，即为可用于生产的可用时间，用 AT_j 表示。因此，每个单位时间段内有，$TP_j < AT_j$。据此，联合优化模型需要建立时间约束关系，在此依然在周期上分第一阶段和第二阶段讨论。

1）在区间 $[0, \lfloor L/D \rfloor DT]$ 内的模型约束

假设当前时间段 j 发生在第 k 次预防维护周期内，即 j 在区间 $[(k-1)DT, kDT]$ 内。生产时间的约束需要精确到每个单位时间段，在一个预防维护周期中，可以细分为三种情况。

（1）若 j 在该预防维护周期中的第一个单位时间段内，该时间段内仅仅会发生故障维护，故可用时间为：

$$AT_{(k-1)D+1} = T - t_b \int_0^{TP_{(k-1)D+1}} \lambda F(t) dt \tag{5-49}$$

其中，$k = 1, 2, \cdots, \lfloor L/D \rfloor$。

（2）若 j 在该预防维护周期中的第 u 个单位时间段内，且 $u < D$，与（1）类

似,可用时间为:

$$AT_{(k-1)D+u} = T - t_b \int_{\sum\limits_{j=(k-1)D+1}^{(k-1)D+u-1} TP_j}^{\sum\limits_{j=(k-1)D+1}^{(k-1)D+u} TP_j} \lambda F(t)\,\mathrm{d}t \qquad (5-50)$$

其中,$k=1,2,\cdots,\lfloor L/D \rfloor$,$u=2,3,\cdots,D-1$。

(3)若 j 在该预防维护周期中的最后一个单位时间段内,该时间段内既会发生故障维护,也会对生产系统进行预防维护检测,并对所有缺陷进行预防维护。故可用时间为:

$$AT_{kD} = T - t_b \int_{\sum\limits_{j=(k-1)D+1}^{kD-1} TP_j}^{\sum\limits_{j=(k-1)D+1}^{kD} TP_j} \lambda F(t)\,\mathrm{d}t - t_p \int_0^{\sum\limits_{j=(k-1)D+1}^{kD} TP_j} \lambda [1-F(t)]\,\mathrm{d}t - t_r$$

$$(5-51)$$

其中,$k=1,2,\cdots,\lfloor L/D \rfloor$。

综合式(5-47)、式(5-48)和式(5-49),可得出区间$[0,\lfloor L/D \rfloor DT]$内的可用生产时间。

2)在区间$[\lfloor L/D \rfloor DT, LT]$内的模型约束

在此区间内只会产生预防维护的停机时间,因此分两种情况讨论。

(1)若 j 在该区间的第一个单位时间段内

该时间段可用时间为:

$$AT_{\lfloor L/D \rfloor D+1} = T - t_b \int_0^{TP_{\lfloor L/D \rfloor D+1}} \lambda F(t)\,\mathrm{d}t \qquad (5-52)$$

其中,$k=1,2,\cdots,\lfloor L/D \rfloor$。

(2)若 j 在该预防维护周期中的第 u 个单位时间段内,且 $u<D$

可用时间为:

$$AT_{\lfloor L/D \rfloor D+u} = T - t_b \int_{\sum\limits_{j=\lfloor L/D \rfloor D+1}^{\lfloor L/D \rfloor D+u-1} TP_j}^{\sum\limits_{j=\lfloor L/D \rfloor D+1}^{\lfloor L/D \rfloor D+u} TP_j} \lambda F(t)\,\mathrm{d}t \qquad (5-53)$$

其中,$k=1,2,\cdots,\lfloor L/D \rfloor$,$u=2,3,\cdots,L-\lfloor L/D \rfloor D$。

综合式(5-50)和式(5-51),可得出区间$[\lfloor L/D \rfloor DT, LT]$内的可用生产时间。

综合两个部分的可用时间,可以得出整个生产周期内的可用时间为:

$$AT_j = \begin{cases} T - t_b \displaystyle\int_0^{TP_{(k-1)D+1}} \lambda F(t)\,\mathrm{d}t \\[2em] T - t_b \displaystyle\int_{\sum\limits_{j=(k-1)D+1}^{(k-1)D+u-1} TP_j}^{\sum\limits_{j=(k-1)D+1}^{(k-1)D+u} TP_j} \lambda F(t)\,\mathrm{d}t \\[3em] T - t_b \displaystyle\int_{\sum\limits_{j=(k-1)D+1}^{kD-1} TP_j}^{\sum\limits_{j=(k-1)D+1}^{kD} TP_j} \lambda F(t)\,\mathrm{d}t - t_p \displaystyle\int_0^{\sum\limits_{j=(k-1)D+1}^{kD} TP_j} \lambda\left[1 - F(t)\right]\mathrm{d}t - t_r \\[3em] T - t_b \displaystyle\int_0^{TP_{\lfloor L/D \rfloor D+1}} \lambda F(t)\,\mathrm{d}t \\[2em] T - t_b \displaystyle\int_{\sum\limits_{j=\lfloor L/D \rfloor D+1}^{\lfloor L/D \rfloor D+u-1} TP_j}^{\sum\limits_{j=\lfloor L/D \rfloor D+1}^{\lfloor L/D \rfloor D+u} TP_j} \lambda F(t)\,\mathrm{d}t \end{cases}$$

$$(5-54)$$

其中，$j=1,2,\cdots,L$，$k=1,2,\cdots,\lfloor L/D \rfloor$，$u=2,3,\cdots,L-\lfloor L/D \rfloor D$。

综合维护费用模型、生产成本模型以及模型的时间约束，即可得到生产与维护联合优化模型的目标函数和约束。

$$\min(EC_m + EC_f + EC_p + EC_x + EC_y + EC_z)$$

$$S.T. \begin{cases} TP_j \leqslant AT_j \\[0.5em] TP_j = \displaystyle\sum_{i=1}^n t_i q_{ij} \\[1em] x_{ij} - y_{ij} = x_{ij-1} - y_{ij-1} + q_{ij} - d_{ij} \\[0.5em] i=1,2,\cdots,n \\[0.5em] j=1,2,\cdots,L \\[0.5em] k=1,2,\cdots,\lfloor L/D \rfloor \\[0.5em] q_{ij},x_{ij},y_{ij} \geqslant 0 \end{cases}$$

$$(5-55)$$

5.5 算例分析

5.5.1 设备维护分析

本节中，考虑一个车床设备的维护问题。根据模型假设，暂不考虑车床设备的使用寿命问题,研究其单位时间的维护费用。假设设备初始缺陷阶段、严重缺陷阶段和故障阶段呈独立的威布尔分布。分别用 $f_x(x)$、$f_y(y)$、$f_z(z)$ 表示各阶段设备劣化的概率密度函数。给出威布尔函数定义如下,

$$f(x) = \lambda \alpha (\lambda x^{\alpha-1}) e^{-(\lambda x)^{\alpha}} \tag{5-56}$$

用 (λ_1, α_1)、(λ_2, α_2)、(λ_3, α_3) 分别表示 $f_x(x)$、$f_y(y)$、$f_z(z)$ 的威布尔分布中的参数,故障率分布函数的单位是天。具体如表 5-1 所示。

表 5-1　故障率分布的相关参数

λ_1	α_1	λ_2	α_2	λ_3	α_3
0.009	1.78	0.012	0.65	0.010	2.41

用 C_r、C_x、C_y、C_z 分别表示冲压机床的预防维护检测单位费用、初始缺陷维护单位费用、严重缺陷维护单位费用和故障维护单位费用,给出维护费用(万元)参数如表 5-2 所示。

表 5-2　维护费用参数

C_r	C_x	C_y	C_z
0.08	0.4	0.7	1.5

确定了模型所需的已知条件,将表 5-1、表 5-2 中的参数代入式(5-26),进行模型求解。为了简化求解难度,这里仅考虑 T 为整数的情况。经过初步简化之后,此模型即为双整数参数非线性规划问题,使用遗传算法迭代式(5-26),对模型进行求解。

遗传算法是模拟生物进化过程而进行的迭代算法,在求解模型过程中,首先需要对问题的变量进行编码。而由于本模型为双整数参数,易于用二进制编码表示,故适合使用此算法。简单的遗传算法主要是由选择(selection)、交叉(crossover)和变异(mutation)三种基本运算构成。模型的每一个解表示为一个染色体,在后续的迭代过程中,染色体不断发生进化。其次,算法需要一个能表示不同解的优劣的自适应函数,本章节的目标函数为一个最小函数,故可以简单

地对其取反,以作为自适应函数。之后,通过选择、交叉和变异的运算,生成下一代染色体,也就是后代。最后,在新的群体中,凭借模型适应度的优劣选择部分后代,淘汰部分后代。这样就保持了种群的优越性和数量的限制。在迭代过程中,以较大的概率选中适应度高的染色体和淘汰适应度低的染色体,反复重复这个操作,目标向着模型最优解的方向不断地进行代数进化,从而获得一个最适应优化环境的群体。通过对模型的不断迭代优化,最终可以获得所求解模型的近似解或者模型的最优解。

　　迭代后部分结果如表 5-3 所示。表 5-3 给出了预防维护周期在 1 天到 20 天的情况下的最优阈值时间,以及求解出的期望单位维护费用。可以看出,在 $T=10$ 天时,期望单位维护费用达到最低值。此时的阈值时间为 $DT=3\times10=30$ 天。由期望费用随预防维护周期变化的迭代过程中可以看出,一开始费用随着预防维护周期数的增加而减少。当预防维护周期来到 10 周时,总成本最低。之后期望费用又逐渐升高。图 5-8 给出了期望单位维护费用 EC 随预防维护周期数 T 的变化趋势。

表 5-3　不同预防维护周期和阈值时间下的平均维护费用

(单位:元)

T	D	EC	T	D	EC
1	31	1 157.73	11	3	356.42
2	15	887.90	12	3	407.42
3	9	648.79	13	3	447.50
4	7	589.05	14	2	585.27
5	6	587.80	15	2	667.81
6	5	462.38	16	2	762.52
7	5	419.73	17	2	887.25
8	4	382.59	18	2	872.67
9	3	337.91	19	1	937.42
10	3	317.83	20	1	1 283.65

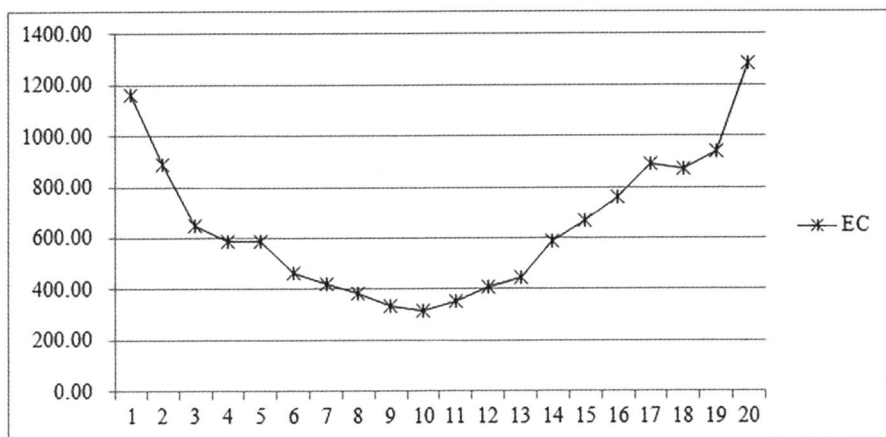

图 5-8 期望维护费用随预防维护周期数的变化趋势

从实际意义上看,模型结果也与实际相吻合。特殊的,若 $T=1$,意味着每天都需要进行一次预防维护检测。这样的话,虽然能及时发现生产系统中出现的初始缺陷和严重缺陷,但维护和检测过于频繁,每天都会产生预防维护检测费用。相反地,当预防维护周期为 20 天时,导致预防维护不及时,没有起到防止设备缺陷变成故障的作用。这样也会使得设备在运行中故障率上升,经常出现停机故障维护,导致成本过高。

得到最佳预防维护周期数后,下面给出 $T=10$ 时阈值时间取不同值的迭代过程,如表 5-4 所示。图 5-9 给出期望费用随阈值时间的变化趋势。

表 5-4 $T=10$ 时期望费用随阈值时间变化过程

D	EC	D	EC
1	517.73	5	445.02
2	375.89	6	539.70
3	317.83	7	629.47
4	391.22	8	702.52

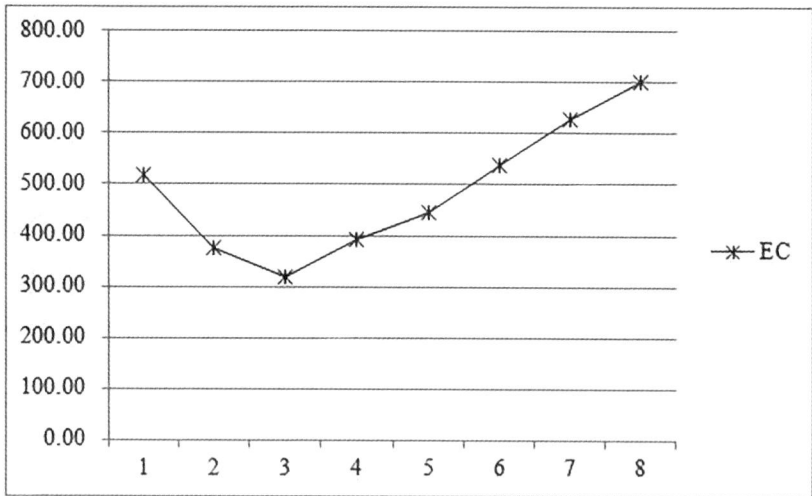

图 5 - 9 $T=10$ 时期望维护费用随阈值时间的变化趋势

可以看出,期望单位维护费用随阈值时间变化过程也严格服从凹曲线。从实际意义上看,当阈值时间过短时,三阶段时间延迟模型会接近趋向于两阶段时间延迟模型。若当 $D=1$ 时,相当于无论初始缺陷还是严重缺陷,都会在预防维护周期处进行维护。这与两阶段预防维护理论相同。相反地,若阈值时间设置的过长,则每次检查出的初始缺陷由于维护不及时,大概率的可能转变为严重缺陷,使得维护费用过高。

综上,本例运用单位维护费用模型,得到不考虑设备总使用时间的情况下,冲压机床设备的最佳预防维护周期为 10 天,最佳阈值时间为 30 天。

5.5.2 设备维护与生产计划联合优化分析

本节中,考虑一个由车床部件和铣床部件组成的车铣复合加工机床系统,车削和铣削部件串联的通过车铣合成运动完成生产工作。在此,把两部件加工得到的半成品看做产品 1 与产品 2。给定一个生产周期为 24 周,以 7 天为单位时间段,即 $t=1$,$T=7$,$L=24$,$n=2$。假设设备从初始状态到缺陷状态呈 $\lambda=0.05$ 的泊松分布,从缺陷状态到故障停机呈 $\alpha=0.08$ 的指数分布。故障状态下的不合格产品率 p_f 为 0.5,缺陷状态下的不合格产品率 p_d 为 0.2。设备启动成本与维护停机时间的比例系数为 1.2。各部件由缺陷到故障状态的概率密度函数如下:

$$f(t) = \alpha e - \alpha t, 0 \leqslant t \leqslant 24 \qquad (5-57)$$

已知设备故障率随机分布需要的部分相关参数如表 5-5 所示。产品 1 和产品 2 在各个单位时间段的需求量 d_{ij} 如表 5-6 所示。两种产品各自的单位生产时间(天)、单位生产成本(万元)、单位库存成本(万元)和单位延期未交货成本(万元)如表 5-7 所示。

表 5-5　故障率、缺陷率等模型参数

λ	α	p_f	p_d	p_z
0.05	0.08	0.5	0.2	1.2

表 5-6　产品 1 和产品 2 在各时间段的需求量

	$j=1$	$j=2$	$j=3$	$j=4$	$j=5$	$j=6$	$j=7$	$j=8$
d_{1j}	17	18	25	28	25	25	20	24
d_{2j}	30	25	19	16	19	21	25	20
	$j=9$	$j=10$	$j=11$	$j=12$	$j=13$	$j=14$	$j=15$	$j=16$
d_{1j}	34	31	16	14	19	24	27	23
d_{2j}	16	13	27	33	24	25	20	28
	$j=17$	$j=18$	$j=19$	$j=20$	$j=21$	$j=22$	$j=23$	$j=24$
d_{1j}	19	20	28	24	27	24	20	16
d_{2j}	29	21	19	25	30	30	21	20

表 5-7　生产计划中的成本参数

	t_i	C_i	CX_i	CY_i
$i=1$	0.16	0.30	0.10	0.28
$i=2$	0.14	0.24	0.12	0.24

每次缺陷维护时间、故障维护时间、预防维护检查时间和相应成本(万元)如表 5-8 所示。

表 5-8   故障维护、预防维护、预防维护检测的时间及成本参数

C_b	C_p	C_r	C_f	t_b	t_p	t_r
1.6	0.4	1	0.06	0.15	0.48	0.70

确定了模型所需的已知条件,将其代入式(5-55),进行模型求解。为了简化求解难度,这里仅考虑 D 为整数的情况。这样 D 的取值范围变为 $1\sim24$ 间的整数。新的约束条件为:

$$S.T. \begin{cases} TP_j \leqslant AT_j \\ x_{ij} - y_{ij} = x_{ij-1} - y_{ij-1} + q_{ij} - d_{ij} \\ i = 1,2 \\ j = 1,2,\cdots,24 \\ k = 1,2,\cdots,\lfloor L/D \rfloor \\ q_{ij}, x_{ij}, y_{ij} \geqslant 0 \\ D = 1,2,\cdots,24 \end{cases} \tag{5-58}$$

经过初步简化之后,需对此整数非线性规划进行求解。使用遗传算法迭代式(5-55)对模型进行求解,迭代工作在此不再赘述。求解的迭代过程的局部最优结果如表 5-9 所示。

表 5-9   不同预防维护周期下的模型总成本

D	1	2	3	4
EC	362.23	353.78	340.09	327.95
D	5	6	7	8
EC	319.87	307.18	297.45	292.11
D	9	10	11	12
EC	296.85	304.91	313.74	319.98
D	13	14	15	16
EC	328.08	336.77	347.78	357.90
D	17	18	19	20
EC	367.43	368.22	371.57	370.00
D	21	22	23	24
EC	372.87	374.63	388.68	407.35

表 5-9 给出了该模型求解的迭代过程。可以看出，在 $DT=8$ 周时，模型达到总成本最低值。由总成本随预防维护周期变化的迭代过程中可以看出，一开始总成本随着预防维护周期数的增加而减少。当预防维护周期来到 8 周时，总成本最低。之后总成本逐渐升高。图 5-10 给出了总成本 EC 随预防维护周期数 D 的变化趋势。

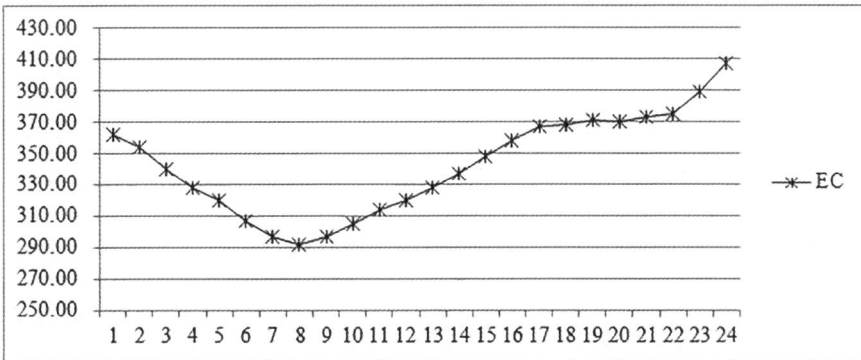

图 5-10　总成本随预防维护周期数的变化趋势

从实际意义上看，模型结果也与实际相吻合。特殊的，当 $D=1$ 时，意味着每个单位时间段都需要进行预防维护。这虽然能及时发现生产系统中出现的缺陷，但维护过于频繁，导致占用大量时间，影响正常的生产活动。相反地，当 $D=24$ 时，则意味着整个生产周期内只进行一次预防维护。这样会使得设备在运行中故障率呈指数型上升，经常出现停机维护，导致成本过高。

得到最佳预防维护周期数后，下面给出 $D=8$ 时各单位时间段内的产品 1、产品 2 的最佳产量。如表 5-10、表 5-11 所示，又给出了单位时间段下的库存和延期未交货情况。

表 5-10　产品 1 在各单位时间段内的最佳产量及与需求量的关系

j	q_{1j}	x_{1j}	y_{1j}	j	q_{1j}	x_{1j}	y_{1j}
1	18.2	1.2	0	13	18.2	6.8	0
2	20.6	3.8	0	14	23.7	6.5	0
3	26.3	5.1	0	15	25.9	5.4	0

（续表）

j	q_{1j}	x_{1j}	y_{1j}	j	q_{1j}	x_{1j}	y_{1j}
4	28.3	5.4	0	16	22.0	4.4	0
5	24.8	5.2	0	17	18.3	3.7	0
6	26.7	6.9	0	18	18.7	2.4	0
7	19.8	6.7	0	19	26.1	0.5	0
8	23.3	6.0	0	20	23.5	0.0	0
9	32.1	4.1	0	21	27.0	0.0	0
10	31.7	4.8	0	22	24.0	0.0	0
11	18.6	7.4	0	23	20.0	0.0	0
12	14.2	7.6	0	24	16.0	0.0	0

表 5 - 11　产品 2 在各单位时间段内的最佳产量及与需求量的关系

j	q_{2j}	x_{2j}	y_{2j}	j	q_{2j}	x_{2j}	y_{2j}
1	30.0	0.0	0	13	25.2	3.7	0
2	25.0	0.0	0	14	24.1	2.8	0
3	19.9	0.9	0	15	19.8	2.6	0
4	17.2	2.1	0	16	26.7	1.3	0
5	17.9	1.0	0	17	28.5	0.8	0
6	22.2	2.2	0	18	21.0	0.8	0
7	25.6	2.8	0	19	19.0	0.8	0
8	18.2	1.0	0	20	24.9	0.7	0
9	15.2	0.2	0	21	29.7	0.4	0
10	13.3	0.5	0	22	29.7	0.1	0
11	27.2	0.7	0	23	21.0	0.1	0
12	34.8	2.5	0	24	19.9	0.0	0

　　通过对表 5 - 10 和表 5 - 11 的观察，最直观的体现即是在最佳的生产计划下，将不会出现延期未交货，且库存情况相对健康。这是由于本案例中，缺货成本远高于库存成本。从表 5 - 7 中可以看出，产品 1 和产品 2 的延期未交货单位

成本几乎与自身生产成本相同,而库存成本仅为生产成本的三分之一左右。在这种情况下,企业尽量满足需求量是符合实际的选择。

因此,本案例运用联合优化模型,得到 24 周内该车床系统的最佳预防维护周期为 8 周,各个单位时间段产品 1、产品 2 的最优生产计划如表 5 - 10 和表 5 - 11 所示。

5.6　本章小结

本章使用三阶段时间延迟理论解决单机设备的单位时间维护费用最低的问题。从模型的建立中可以看出,将三阶段时间延迟理论应用于模拟设备劣化过程和更新过程,能够比较精细地、定量地对设备可能出现的不同种类的故障或缺陷进行聚类汇总。在实际应用中,企业根据维护计划可以定期进行预防维护检测,根据不同情况对设备出现的初始缺陷状态和严重缺陷状态进行预防维护。

第6章　基于可靠度约束的设备维护计划研究

6.1　引　言

  如何制定设备预防性维护计划和生产计划是企业的一项重要工作,已有很多学者分别对生产计划和预防维护做了很多研究,并且取得了丰硕的成果,然而两者经常发生冲突。如果单单研究生产计划,而不考虑设备故障,会由于随机动态故障的干扰,而导致规划好的生产计划无法准确实施,造成生产延迟等问题,增加产品的附加成本。同样开展预防性维护的研究时,如果不考虑维护活动对生产能力的影响,实践中也难以应用。如今企业竞争激烈,预防维护计划对生产计划有着非常重要的影响,同时消费者对交货期和产品质量提出了越来越高的要求,在设备的衰退期,设备可靠度呈现降低趋势,然而由于设备可靠度是影响产品质量的重要因素,因此,在劣化设备中开展基于可靠度约束的预防维护与生产计划的集合优化研究有重要意义。

  在生产计划期内,采用批量生产的策略,满足市场需求,生产在库存起始为零,且周期末无库存积压。生产是劣化过程,生产开始时可靠度为1,随着系统工作时间的增长,故障率增大,可靠度降低。为保证生产系统正常运行,采用定期预防维护和故障后小修相结合的方法,预防维护和故障小修都会消耗生产系统的生产能力。生产过程中,生产系统的可靠度水平对产品质量有重要影响,如果可靠度低于必需的可靠度标准时,则会因产品缺陷产生费用。因此,为防止缺陷费用,则要求预防维护周期的可靠度满足标准。预防维护使系统恢复如新,故障小修只会使生产系统的功能得以恢复,但不会改变维护后的故障率和可靠度。

生产费用包括生产准备费用、库存费用、单价产品的变动费用;维护费用包括预防维护费用、故障小修费用。研究目标是建立模型,确定每个阶段 t 的生产批量 x_{it} 和预防维护周期 T,使得整个生产计划周期的总费用期望值 $Z(k)^*$ 最低。

6.2　基于可靠度约束的维护与生产集合优化模型

6.2.1　假定条件

(1) 生产是劣化过程,随系统工作时间增长,故障率增大,可靠度减小。

(2) 预防维护使系统恢复如新,故障小修不改变维护后的故障率和可靠度。

(3) 预防维护和故障小修都会消耗生产系统的生产能力,故障小修比预防维护消耗的生产能力更大。

(4) 生产系统在预防维护周期内满足可靠度标准时,不会发生产品缺陷的费用,否则会发生产品缺陷费用。

(5) 产品需求和生产能力是一定的,产品是批量生产。

6.2.2　符号定义

τ:固定时间长度;

H:给定计划周期长度,$H=N\tau$,其中 N 为整数;

i:产品种类;

d_{it}:每个生产阶段 $t(t\in H)$ 对产品 $i(i\in p)$ 的市场需求;

$C_{\max}$:生产系统的最大生产能力;

L_p:预防维护消耗的生产能力 $L_p=aC_{\max}$;

L_r:故障小修消耗的生产能力 $L_r=bC_{\max}$;

$f(t)$:生产系统的故障概率密度函数;

$r(t)$:系统的故障率函数;

$R(t)$:系统实时可靠度函数;

$R(T)$:系统在预防维护周期内的可靠度函数;

f_{it}:在生产阶段 t 生产产品 i 的生产准备费用;

ρ_{it}:在生产阶段 t 生产单件产品 i 的变动费用;

h_{it}:在生产阶段 t 每件产品 i 的库存费用;

C_p:每次预防维护的费用;

C_r:故障时的小修费用;

ρ_i:单件产品 i 的加工时间;

R_{tres}:生产过程中预防维护周期需要满足的可靠度标准;

R_k:预防维护周期 $T=k\tau$ 时,预防性维护周期可靠度的期望值;

I_{it}:在生产阶段 t 的产品 i 的库存数量。

模型决策变量:

x_{it}:在生产阶段 t 生产的产品 i 的数量;

y_{it}:双值决策变量(产品 i 是在生产阶段 t 生产则 y_{it} 为 1,否则为 0);

T:预防维护周期长度 $T=k\tau$。

6.2.3 数学模型

系统的故障次数与故障分布形式密切相关,故障概率密度函数、故障率和可靠度函数的关系如下:

$$r(t)=\frac{f(t)}{R(t)} \tag{6-1}$$

$$R(t)=1-\int_0^t f(u)\mathrm{d}u \tag{6-2}$$

由以上两式推导出可靠度与故障率的如下关系:

$$R(t)=\exp\left[-\int_0^\tau r(u)\mathrm{d}u\right] \tag{6-3}$$

生产系统在预防维护间隔期内运行的可靠度表达式为:

$$R(T)=\exp\left[-\int_0^t r(u)\mathrm{d}u\right] \tag{6-4}$$

设备故障率一般服从伽马分布或威布尔分布,根据设备的维护记录,进行最大似然估计可以得到伽马分布或威布尔分布概率密度函数。

在每个预防维护周期初进行预防维护,对周期内的随机故障进行小修,则设备维护费用 C 包括预防性维护费用 C_1 和发生故障后的小修费用 C_2,生产费用 PT 包括生产准备费用 SC 和产品费用 PC 以及库存费用 IC。

设备在整个计划周期内的预防性维护费用 C_1 为：

$$C_1 = \frac{N\tau}{T} C_p \qquad (6-5)$$

设备在整个计划周期内故障小修费用 C_2 为：

$$C_2 = \frac{N\tau}{T} C_r \int_0^T r(t)\,\mathrm{d}t \qquad (6-6)$$

其中 $\dfrac{N\tau}{T}$ 表示整个生产计划期是预防性维护周期的倍数，其取值为不大于比值的最大整数。

因此设备在整个生产计划期的维护费用 C 为：

$$C = C_1 + C_2 = \frac{N\tau}{T} \left[C_p + C_r \int_0^T r(t)\,\mathrm{d}t \right] \qquad (6-7)$$

预防维护周期及整个生产周期的维护费用如图 6-1 所示。

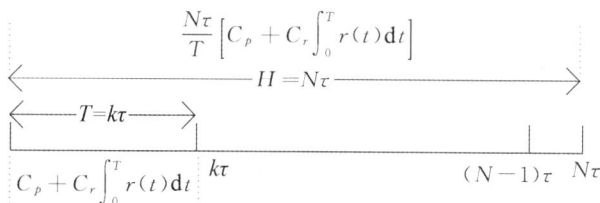

图 6-1　维护费用

生产计划期的生产固定费用 SC 为：

$$SC = \sum_{i \in H} \sum_{i \in p} f_{it} y_{it} \qquad (6-8)$$

生产计划期内生产变动的总费用 PC 为：

$$PC = \sum_{i \in H} \sum_{i \in p} p_{it} x_{it} \qquad (6-9)$$

生产计划期的库存费用 IC 为：

$$PC = \sum_{i \in H} \sum_{i \in p} h_{it} I_{it} \qquad (6-10)$$

因此设备在整个生产计划期的维护费用 PT 为：

$$PT = SC + PC + IC = \sum_{i \in H} \sum_{i \in p} (f_{it} y_{it} + p_{it} x_{it} + h_{it} I_{it}) \qquad (6-11)$$

在满足预防维护周期可靠约束的基础上，以生产费用和维护费用的和最

小为目标,建立数学模型如下:

$$\sum_{t \in H} \sum_{i \in p} (f_{it} y_{it} + p_{it} x_{it} + h_{it} I_{it}) + \frac{N\tau}{T} \left[C_p + C_r \int_0^T r(t) \mathrm{d}t \right] \quad (6-12)$$

$$x_{it}, I_{it}, T \geqslant 0; y_{it} \in \{0, 1\}; t \in H; i \in P$$

6.2.4　物流平衡约束

由问题描述可知,库存在生产周期初为零,生产需满足任一阶段的市场需求,也即是任一阶段的任一产品的产量与上一阶段末的库存之和等于本阶段的市场需求与本阶段末的库存之和,没有缺货或延迟交货费用,且周期末库存为零,满足需求的物流平衡如下:

$$x_{it} + I_{it-1} - I_{it} = d_{it} \quad (6-13)$$

6.2.5　生产固定费用约束

在任一阶段任一产品的产量都不能超过后面所有阶段的需求之和,否则周期末会有库存剩余。同时,生产数量大于零时才会产生固定生产费用,表达式如下:

$$x_{it} \leqslant \Big(\sum_{s \in H, s \geqslant t} d_{is} \Big) y_{it} \quad (6-14)$$

6.2.6　生产能力约束

为保证生产正常进行,设备稳定运转,企业制定有额定生产能力,企业各个周期的实际生产不能超过其额定生产能力,本节以加工时间为计量单位描述生产能力,表达式如下:

$$\sum_{i \in p} \rho_i x_{it} \leqslant C(t) \quad (6-15)$$

在预防维护周期初的阶段 t 进行预防维护,阶段 t 的生产能力 $C(t)$ 为:

$$C(t) = C_{\max} - L_p - L_r \int_0^\tau r[u + (t-1)\tau] \mathrm{d}u \quad (6-16)$$

预防周期内其他阶段的生产能力 $C(t)$ 为:

$$C(t) = C_{\max} - L_r \int_0^\tau r[u + (t-1)\tau] \mathrm{d}u \quad (6-17)$$

由式(6-9)和式(6-10)可知,如果已知预防维护周期长度,则可得出每个生产阶段的生产能力。如果已知每个生产阶段的生产能力,那么就只需要解决在生产能力约束下的批量生产问题。

6.2.7　生产可靠度约束

设备的运行可靠度关系到产品的质量,对产品的售价有一定影响,为保证产品质量,要求设备预防维护周期的运行可靠度在某一阈值之上,表达式如下:

$$R^k = \exp\left[-\int_0^{k\tau} r(t)\mathrm{d}t\right] \geqslant R_{\text{tres}} \qquad (6-18)$$

6.2.8　模型求解

设计划周期 H 和预防维护周期 T 的长度是单位时间 τ 的整数倍($H=N\tau$, $T=k\tau$)。

$$\begin{cases} n_I = \lfloor N/k \rfloor + 1 & N/k \text{ 不是整数} \\ n_I = \lfloor N/k \rfloor & N/k \text{ 是整数} \end{cases}$$

$\lfloor N/k \rfloor$ 为不大于 N/k 的最大整数。

对上面模型进行分析整理,得到生产计划和预防维护的集成计划模型如下:

$$Z(k) = \sum_{n=1}^{nI}\left\{C_P + \sum_{t=(n-1)k+1, t\leqslant N}^{nk}\left\{C_r\int_0^\tau r[u+(t-(n-1)k-1)\tau]\mathrm{d}u + \sum_{i\in p}(f_{it}y_{it}+p_{it}x_{it}+h_{it}I_{it})\right\}\right\}$$

$$x_{it}+I_{it-1}-I_{it}=d_{it} \qquad (6-19)$$

$$x_{it}\leqslant d_{tN}^i y_{it} \qquad (6-20)$$

$$\sum_{i\in p}\rho_i x_{it} \leqslant C(t) = \begin{cases} C_{\max}-L_p-L_r\int_0^\tau r[u+(t-1)\tau]\mathrm{d}u \\ t=(n-1)k+1 \\ C_{\max}-L_r\int_0^\tau r[u+(t-1)\tau]\mathrm{d}u \\ (n-1)k+2\leqslant t\leqslant nk \end{cases} \qquad (6-21)$$

其中,$1\leqslant n\leqslant n_I$;$(n-1)k+1\leqslant t\leqslant nk$,$t\leqslant N$

$$R^k = \exp\left[-\int_0^{k\tau} r(t)\mathrm{d}t\right] \geqslant R_{\text{tres}} \qquad (6-22)$$

$$x_{it}, I_{it}\geqslant 0; k\in N; y_{it}\in\{0,1\}$$

$$1\leqslant n\leqslant n_I; (n-1)k+1\leqslant t\leqslant nk \quad i\in p\ t\in H$$

制定生产和预防维护的集成计划,即求出 $T=k\tau$、x_{it}、I_{it} 和 y_{it}。令 $k=1$,$2,\cdots,N$,然后由式(6-9)和式(6-10)得出生产能力 $C(t)$,最后运用混合整数规划制定生产计划。

计算步骤如下:

Step 1:令 $k=1,2,\cdots,N$,得出 n_1 和在生产阶段 t 的生产能力 $C^k(t)$。

Step 2:根据生产系统要求的可靠度标准,求出满足可靠度标准的最大预防维护周期。

Step 3:运用粒子群算法制定能力约束下的生产计划。

Step 4:比较生产和维护的总费用 $Z(k)$,满足可靠度要求并使 $Z(k)$ 取得最小值的 k,x_{it} 为最优的生产计划和预防维护的集成计划。

6.2.8.1 生产能力计算

由 $T=k\tau$,令 $k=1,2,\cdots,N$,已知计划周期长度、设备故障率函数、预防维护费用和故障小修费用,则可根据下式计算得到在计划周期内的设备维护的总费用:

$$C=C_1+C_2=\frac{N\tau}{T}\left[C_p+C_r\int_0^T r(t)\mathrm{d}t\right] \tag{6-23}$$

由式(6-13)可得到每个生产阶段的生产能力。在已知生产能力后,可进行生产能力约束下的批量计划求解。

6.2.8.2 粒子群算法求解批量生产问题

受到能力约束的生产计划问题的求解历来是一个非常复杂的问题,在一个生产周期内,要生产多种产品,对交货期提出要求,产品的生产受到生产能力的约束,为了完成生产计划,需要在约束范围之内,对产品种类、数量和生产时间进行合理安排,消除能力冲突。很多学者对此问题开展了很多研究,该问题属于 $NP-Hard$ 问题,由于此问题的精确求解非常麻烦,耗时较长,随着问题规模的增大,求解难度呈现指数级增长。相对精确求解,粒子群算法简单易行,且与精确值相差不大,因此本节采用粒子群算法求解此能力约束下的生产计划问题。

由 6.2.3 节可得出每个生产阶段的生产能力,因此接下来只需要计算出生产能力约束的生产计划问题。运用粒子群算法求解生产能力约束下的批量计划问题的第一步进行编码。

1)编码

能力约束的批量计划问题属于整数规划范畴,x_{it} 和 I_{it} 均为连续整数变量,

y_{it} 为 0,1 决策变量,用变量 y_{it} 作为构造 0,1 的编码粒子,若 Y_{it} 已知则计算得到 x_{it} 和 I_{it}。

$$x_{it} = \begin{cases} 0 & y_{it} = 0 \\ \sum_{m=t}^{t} d_{im} & y_{it} = 1 \end{cases} \qquad (6-24)$$

$$I_{it} = \sum_{m=1}^{t} x_{im} - \sum_{m=1}^{t} d_{im} \qquad (6-25)$$

其中 $t_1 = \min\limits_{p=t+1,\cdots,T} \{p \mid Y_{ip} = 1\}$

在 BPSO 中编码,对于多种产品多个周期的粒子,编码表示如下式所示:

$$Q = \begin{bmatrix} q_{11} & q_{12} & \cdots & q_{1T} \\ q_{21} & q_{22} & \cdots & q_{2T} \\ \vdots & \vdots & \vdots & \vdots \\ q_{P1} & q_{P2} & \cdots & q_{PT} \end{bmatrix} \qquad (6-26)$$

Q 表示粒子群中的粒子,设 Q_h^k 表示离子群中的第 h 个粒子在进化到第 k 代的位置值,表示生产计划问题的解,解得表达如:$Q_h^k = [q_{hit}^k]_{P \times T}$,若 $q_{hit}^k = 0$ 则第 h 个粒子在进化到第 k 代时,第 i 个产品品种在生产阶段 t 不生产,否则表示生产。$V_h^k = [v_{hit}^k]_{PT}$,其中 V_h^k 表示粒子群中第 h 个粒子进化到第 k 代的进化速度。

2) 算法流程

(1)确定参数。

确定种群规模 H,学习参数 c_1 和 c_2,赋值 $k = 0$。

(2)初始化。

初始化所有粒子的位置和速度,位置和速度随机生成,$R(0,1)$ 表示在 $[0,1]$ 间的随机数。

$$q_{hit}^0 = \begin{cases} 0 & if \ R(0,1) < 0.5 \\ 1 & if \ R(0,1) \geqslant 0.5 \end{cases}$$

$$v_{hit}^0 = v_{\min} + R(0,1)(v_{\max} - v_{\min}) \qquad (6-27)$$

其中,$h = 1, 2, \cdots, H$,$i = 1, 2, \cdots, P$,$t = 1, 2, \cdots, T$,$v_{\max}$ 和 $v_{\min}$ 表示最大速度和最小速度。

(3)计算粒子适应值以及计算每个粒子和种群经历的最好位置并更新记

忆库。

粒子 Q_h^k 的适应值可由式(6-28)计算得出,当 $k>0$ 时,由式(6-29)得出每个粒子在进化到第 k 过程中的最好位置 PB_h^k,粒子初始化也就是 $k=0$, $PB_h^0 = Q_h^0$。由式(6-30)得出粒子群在进化到第 k 过程中的最好位置 GB^k,并将其存入种群记忆库中。根据设置的计算条件进行检查,满足条件则结束计算,否则继续计算直到满足条件为止。

$$f(Q_h^k) = \Big[\sum_{i=1}^{P}\sum_{t=1}^{N}(f_{it}q_{hit}^k + p_{it}x_{it} + h_{it}I_{it})\Big] + M\sum_{t=1}^{T}\Big\{\max\Big[0, \sum_{i\in N}\rho_i x_{it} - c(t)\Big]\Big\}$$

$$(6-28)$$

其中 M 表示充分大的正数。

$$PB_h^k = \begin{cases} PB_h^{k-1} & if\ f[Q_h^k > f(PB_h^{k-1})] \\ Q_h^k & if\ f[Q_h^k \leqslant f(PB_h^{k-1})] \end{cases} \qquad (6-29)$$

$$GB^k = \min(PB_h^k) \qquad (6-30)$$

(4)对适应值差的粒子进行更换。

根据运算设置,从记忆库中选择一定量的粒子替换种群中适应值较差的粒子。

(5)更新粒子位置和粒子速度。

由上面步骤得到粒子的适应值,根据式(6-31)使得粒子速度在范围之内,式(6-32)使其结果在 0 和 1 之间。

$$g(v_{hit}^k) = \begin{cases} v_{\max} & if\ v_{hit}^k > v_{\max} \\ v_{hit}^k & if\ v_{\min} \leqslant v_{hit}^k \leqslant v_{\max} \\ v_{\min} & if\ v_{hit}^k < v_{\max} \end{cases} \qquad (6-31)$$

$$h(v_{hit}^k) = \cfrac{1}{1 + \Big(\cfrac{v_{\max} - v_{hit}^k}{v_{hit}^k - v_{\min}}\Big)^2} \qquad (6-32)$$

初始化 $k=0$,之后令 $k=k+1$,由式(6-33)至式(6-35)计算粒子的位置和速度,然后到步骤(3)进行迭代,达到最大循环次数终止运算。

$$\Delta v_{hit}^{k-1} = c_1 R(0,1)(PB_{hit}^{k-1} - q_{hit}^{k-1}) + c_2 R(0,1)(GB_{it}^{k-1} - q_{hit}^{k-1}) \qquad (6-33)$$

$$v_{hit}^k = g(v_{hit}^{k-1} + \Delta v_{hit}^{k-1}) \qquad (6-34)$$

$$q_{hit}^k = \begin{cases} 1 & if\ R(0,1) < h(v_{hit}^k) \\ 0 & if\ R(0,1) \geqslant h(v_{hit}^k) \end{cases} \qquad (6-35)$$

6.3 基于可靠度约束的集合优化模型算例分析

假设计划周期长度 $H=8\tau$，共 8 个生产周期，每个生产阶段的生产能力 $C_{max}=15$，加工时间 $\rho_i=1$，需要对产品 $i\in p$ 进行批量生产，要求满足每个生产阶段 t 的市场需求 d_{it}，预防维护周期的可靠度标准 $R_{tres}=0.09$，每次预防维护的费用 $C_p=28$，故障小修费用 $C_r=35$。假设生产系统的故障概率函数服从伽马分布，形状参数 $\eta=2$，尺度参数 $\lambda=1$，即故障概率函数服从 $\Gamma(\eta=2,\lambda=1)$，故障概率函数如下所示：

$$f(t)=\begin{cases}\dfrac{\lambda^{\eta}t^{\eta-1}\exp(-\lambda t)}{\Gamma(\eta)} & t,\lambda\geqslant0,\eta>0\\0 & t<0\end{cases} \quad (6-36)$$

生产费用与每个阶段 t 的需求如表 6-1 和表 6-2 所示。

表 6-1 生产费用表

产品	生产固定费用	单件产品的变动费用	单件产品的库存费用
1	25	5	2
2	25	5	2

表 6-2 每个生产周期的需求量

阶段	产品 1 的需求量	产品 2 的需求量
1	2	3
2	3	2
3	2	3
4	3	2
5	2	3
6	3	2
7	2	3
8	3	2

只考虑生产和库存费用，在最大生产能力下制定最优生产计划如表 6-3

所示。

表 6 - 3   最大生产能力下的最优生产计划

周期	产品种类		产品库存		生产固定成本	
	1	2	1	2	1	2
1	5	10	3	7	1	1
2	0	0	0	5	0	0
3	7	0	5	2	1	0
4	0	0	2	0	0	0
5	0	10	0	7	0	1
6	8	0	5	5	1	0
7	0	0	3	2	0	0
8	0	0	0	0	0	0

由故障概率函数符合伽马分布,τ 取 1 得出每个生产阶段的故障次数的期望如表 6 - 4 所示。

表 6 - 4   生产阶段的故障次数的期望

阶段	故障次数的期望
$[0,1\tau]$	0.307
$[1\tau,2\tau]$	0.595
$[2\tau,3\tau]$	0.712
$[3\tau,4\tau]$	0.777
$[4\tau,5\tau]$	0.818
$[5\tau,6\tau]$	0.846
$[6\tau,7\tau]$	0.866
$[7\tau,8\tau]$	0.882

不同预防维护周期下的可靠度水平如表 6 - 5 所示。

表 6-5　不同预防维护

| 可靠度值 | 预防维护周期 k | | | | | | | |
	1	2	3	4	5	6	7	8
$R(t)$	0.736	0.406	0.199	0.092	0.040	0.017	0.007	0.003

由表 6-5 可知在满足可靠度约束条件下,预防维护周期长度不能超过 4,否则预防维护周期的可靠度水平低于生产系统要求的可靠度标准,产生质量费用。

设预防维护消耗的生产能力 $L_p=1$,$L_r=5(a=0.333,b=0.067)$。表 6-6 为预防维护周期 $T=k\tau(k=1,2,_L 8)$ 时,本节粒子群算法求解时,令 $c_1=c_2=2$,种群规模大小 $H=40$,更新的记忆粒子数 $J=8$,设置计算终止条件进化代数 50。各个阶段的生产能力和不同预防维护周期下最优的生产费用和维护费用,如表 6-6 所示。

表 6-6　生产计划和维护计划的总费用

| 阶段 | 不同预防维护周期时,各个生产阶段的可用生产能力 | | | | | | | |
	$k=1$	$k=2$	$k=3$	$k=4$	$k=5$	$k=6$	$k=7$	$k=8$
1	9.49	9.49	9.49	9.49	9.49	9.49	9.49	9.49
2	9.49	7.55	7.55	7.55	7.55	7.55	7.55	7.55
3	9.49	9.49	6.68	6.68	6.68	6.68	6.68	6.68
4	9.49	7.55	9.49	6.26	6.26	6.26	6.26	6.26
5	9.49	9.49	7.55	9.49	6.00	6.00	6.00	6.00
6	9.49	7.55	6.68	7.55	9.49	5.84	5.84	5.84
7	9.49	9.49	9.49	6.68	7.55	9.49	5.72	5.72
8	9.49	7.55	7.55	6.26	6.68	7.55	9.49	5.63
最小维护费	308.73	236.36	225.47	220.14	220.97	225.53	225.53	234.35
最小生产费	429.04	435.62	444.04	437.31	434.75	447.94	447.94	448.43
最小总费用	737.77	671.98	669.51	657.45	655.72	673.47	673.47	682.78

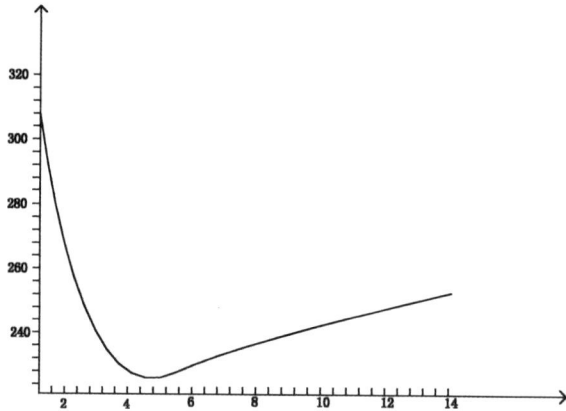

图 6 - 2　预防维护周期和维护费用的关系

由表 6 - 6 和图 6 - 2 可得,要使生产计划和维护的总费用取得最小,预防维护周期为 $T = 5\tau$,但是不能满足生产系统的可靠度标准,不能防止产品发生质量问题。为防止出现产品的质量问题,考虑系统可靠度要求,预防维护周期运行的可靠度须不小于 $R_{tres} = 0.09$,则预防维护周期应取 $T \leqslant 4\tau$,在此条件下为使总费用取得最小,预防维护周期应取 $T = 4\tau$,生产和维护的最小总费用 $Z(4)^* = 657.45$。

6.4　考虑产品堕化的维护与生产集合优化描述

本节的设备维护采用基于设备实际运行时间的预防性维护和故障后小修相结合的策略,预防性维护是设备恢复如新,故障小修不改变设备的故障率,但是考虑到设备运行受到湿度温度等环境因素以及设备部件之间的相互关系,预防性维护虽然使设备恢复如新,但是在设备运行加工产品过程中由于设备役龄增长,存在产品堕化效应,即设备运行时间越长,产品的实际加工时间越长,工件实际加工时间与其开始加工时的设备状态有关。在研究设备故障发生次数时,区分研究设备的运行状态和闲置状态,假设闲置状态的设备不会发生故障,则在研究故障次数时,采用基于运行时间的故障分析。

本节考虑产品堕化效应和设备实际运行时间,阶段 t 的生产能力与阶段 $t-1$ 的产量有关,阶段 t 的生产能力又会约束阶段 $t+1$ 的生产计划,目标是制定出预防维护计划和生产计划的集合计划,使其总费用最低。

生产设备处于衰退期,在生产计划期内,采用批量生产的策略。维护策略采用非固定周期预防维护和故障后小修相结合的方法,同时预防维护以及故障小修都会占用设备运行时间,也即维护时设备处于停机状态。

生产费用包括生产准备费用、库存费用、单价产品的变动费用,在生产周期内满足市场需求,不延迟交货,不发生缺货,生产周期开始和周期末的库存都为零;维护费用包括预防维护费用、故障小修费用。研究目标是建立模型,确定每个阶段 t 的生产批量 x_{it} 和预防维护周期,使得整个生产计划周期的总费用期望值最低。

6.5　考虑产品堕化的维护与生产集合优化模型

6.5.1　假定条件

(1) 生产是劣化过程,随着设备工作时间增长,故障率增大。

(2) 设备故障次数和设备的实际运行时间相关。

(3) 预防维护和故障小修时设备处于停机状态。

(4) 产品需求和生产能力是一定的,产品是批量生产。

6.5.2　符号定义

τ:固定时间长度;

H:给定计划周期长度,$H = N\tau$,其中 N 为整数;

i:产品种类;

d_{it}:每个阶段 $t(t \in H)$ 对产品 $i(i \in p)$ 的市场需求;

$C_{\max}$:设备在每个生产阶段的最大生产能力;

L_p:预防维护占用的生产时间;

L_r:故障小修占用的生产时间;

$f(t)$:生产系统的故障概率密度函数;

$r(t)$:系统的故障率函数;

f_{it}:在时间 t 生产产品 i 的生产准备费用;

ρ_{it}：在时间 t 生产单件产品 i 的变动费用；

h_{it}：在阶段 t 每件产品 i 的库存费用；

C_p：预防维护的费用；

C_r：故障时的小修费用；

ρ_i：单件产品 i 的基本加工时间；

a_i：单件产品 i 的实际加工时间；

j_i：加工产品 i 的设备的役龄；

θ：产品堕化因子；

I_{it}：在阶段 t 的产品 i 的库存数量；

W_t：故障次数；

Z_t：设备实际运行时间。

模型决策变量：

x_{it}：在阶段 t 生产的产品 i 的数量；

y_{it}：双值决策变量(产品 i 是在生产阶段 t 生产,则 y_{it} 为1,否则为0)；

U_t：双值决策变量(若在生产阶段 t 进行预防维护,则为1,否则为0)；

T：预防维护周期长度 $T=k\tau$。

6.5.3　数学模型

由设备故障次数和设备故障率关系,得到设备故障次数如下：

$$W_t = \int_{(1-U_t)Z_{t-1}}^{Z_t} r(t)\,\mathrm{d}t \qquad (6-37)$$

则进一步可得到故障小修总费用为：

$$C_1 = \sum_{t=1}^{N} W_t c_c \qquad (6-38)$$

$U_t=1$ 则表示在生产阶段 t 进行了预防维护,否则不进行预防维护,则得到预防维护费用如下：

$$C_2 = \sum_{t=1}^{N} U_t c_p \qquad (6-39)$$

综上可得到总的维护费用如下：

$$C = C_1 + C_2 = \sum_{t=1}^{N} (U_t c_p + W_t c_c) \qquad (6-40)$$

预防维护使得设备役龄降为0,一个预防维护周期可能包含多个生产阶段,

根据 U_t 判断相邻两个生产阶段的关系,若 $U_t=1$,即表示在生产阶段 t 进行了设备预防维护,设备的实际运行时间与上个生产阶段没有关系,表达关系如下式:

$$Z_t = \sum_{i=1}^{p} a_i(t_r) x_{it} \tag{6-41}$$

若 $U_t=0$,则生产阶段 t 的生产状态与一个生产阶段相关关系如下式:

$$Z_t = Z_{t-1} + \sum_{i=1}^{p} a_i(t_r) x_{it} \tag{6-42}$$

综上两式合并得到计算设备累计运行时间表达式:

$$Z_t = (1-U_t) Z_{t-1} + \sum_{i=1}^{p} a_i(t_r) x_{it} \tag{6-43}$$

产品的实际加工时间与设备役龄 t_r 线性相关,则由上式可得到产品的实际加工时间 $a_i(t_r) = \rho_i + \theta t_r$;每个生产阶段的生产长度同为 L,由于预防维护和故障小修会占用一部分生产时间,所以得到设备实际生产率:

$$A(U_t) = \frac{L - L_{pm} U_t - L_{cm} W_t}{L} \tag{6-44}$$

假设设备故障后维护和预防性维护所占时间比例为 α,得到:

$$\alpha = \frac{L_{pm} U_t + L_{cm} W_t}{L} \tag{6-45}$$

设备的生产时间即是对应设备的生产能力,设备总的实际可用生产能力为最大生产能力减去预防维护与故障小修所消耗的生产能力。设 g 为设备最大生产能力,由下式可以得到设备在生产阶段的实际生产能力为:

$$C_t(z) = g(1-\alpha) \tag{6-46}$$

生产计划与预防维护计划的集成优化研究的目的是使得总费用最低,总费用包括生产费用和维护费用,表达如下:

$$\sum_{t \in H} \sum_{i \in p} (f_{it} y_{it} + p_{it} x_{it} + h_{it} I_{it}) + \sum_{t=1}^{N} (U_t c_p + W_t c_c) \tag{6-47}$$

$$x_{it} + I_{it-1} - I_{it} = d_{it} \tag{6-48}$$

$$x_{it} \leqslant d_{tN}^i y_{it} \tag{6-49}$$

$$\sum_{i \in p} a_i(t) x_{it} \leqslant C_t(Z) \tag{6-50}$$

$$x_{it}, I_{it} \geqslant 0; y_{it} \in \{0,1\}; U_t \in \{0,1\}; T-1 \geqslant t_r \geqslant 0$$

$$t \leqslant N \quad i \in p \quad t \in H$$

第一部分 $\sum\limits_{t\in H}\sum\limits_{i\in p}(f_{it}y_{it}+p_{it}x_{it}+h_{it}I_{it})$ 表示生产费用;第二部分 $\sum\limits_{t=1}^{N}U_{t}c_{p}$ 表示预防维护总费用;第三部分 $\sum\limits_{t=1}^{N}W_{t}c_{c}$ 表示故障后小修的总费用。式(6-48)表示物料平衡约束,式(6-49)表示生产固定费用约束,式(6-50)表示生产能力约束。

6.5.4　模型求解

$$\sum_{t\in H}\sum_{i\in p}(f_{it}y_{it}+p_{it}x_{it}+h_{it}I_{it})+\sum_{t=1}^{N}\left(U_{t}c_{p}+c_{c}\int_{(1-U_{t})Z_{t-1}}^{Z_{t}}r(t)\mathrm{d}t\right)$$

$$(6-51)$$

$$x_{it}+I_{it-1}-I_{it}=d_{it} \tag{6-52}$$

$$x_{it}\leqslant d_{tN}^{i}y_{it} \tag{6-53}$$

$$Z_{t}=Z_{t-1}+\sum_{i=1}^{p}(\rho_{i}+\theta t_{r})x_{it} \tag{6-54}$$

$$\sum_{i\in p}a_{i}(t)x_{it}\leqslant g\left(1-\frac{L_{pm}U_{t}+L_{cm}\int_{(1-U_{t})Z_{t-1}}^{Z_{t}}r(t)\mathrm{d}t}{L}\right) \tag{6-55}$$

$x_{it}\,,I_{it}\geqslant 0\,;y_{it}\in\{0,1\}\,;U_{t}\in\{0,1\}\,;T-1\geqslant t_{r}\geqslant 0$

$t\leqslant N\quad i\in p\quad t\in H$

制定生产和预防维护的集成计划,即求出 U_{t}、x_{it}、I_{it} 和 y_{it}。本章运用粒子群算法与启发式算法相结合的解法,可得到预防维护计划和生产计划。

计算步骤如下:

Step 1:设定预防维护周期,得到相应的 U_{t}。

Step 2:计算得到每个生产阶段,产品的实际加工时间。

Step 3:运用粒子群算法求解能力约束下的生产计划问题(VB6.0编程运算求解)。

Step 4:比较生产和维护的总费用,使得费用取得最小值的 U_{t},x_{it} 为最优的生产计划和预防维护的集成计划。

6.5.4.1　产品加工时间和生产能力计算

由 $T=k\tau$,令 $k=1,2,\cdots,N$,可得到 U_{t},已知计划周期长度、设备故障率函数、预防维护费用和故障小修费用,则可根据下式计算得到在计划周期内的设备维护的总费用。

$$C = C_1 + C_2 = \sum_{t=1}^{N} (U_t c_p + W_t c_c) \qquad (6-56)$$

已知生产周期 T 即可知道 U_t,第一步先设定预防维护周期,也即是得知预防维护费用和预防维护间隔长度,计算求解总费用就是求解模型得到故障小修费用和生产费用。第二步,由上面分析故障次数与生产能力互相影响,生产产品数量与生产能力的关系,产品的实际加工时间如下式:

$$a_i(t) = \rho_i + \theta \left[(1 - U_t) Z_{t-1} + \sum_{i=1}^{p} a_i x_{it} \right] \qquad (6-57)$$

各个生产阶段的生产能力如下:

$$C_t(z) = g \left(1 - \frac{L_{pm} U_t + L_{cm} W_t}{L} \right) \qquad (6-58)$$

在已知生产能力后,可进行生产能力约束下的批量计划求解。

6.5.4.2　粒子群算法求解批量生产问题

本节构建粒子群算法求解模型,对 y_{it} 进行编码,根据 y_{it} 与 x_{it} 和 I_{it} 的相关关系,用 y_{it} 表达出 x_{it} 和 I_{it}。

经过上一节分析可知,在已知 y_{it} 情况下,可推知 x_{it},表达式如下:

$$x_{it} = \begin{cases} 0 & y_{it} = 0 \\ \sum_{m=t}^{t} d_{im} & y_{it} = 1 \end{cases} \qquad (6-59)$$

$$I_{it} = \sum_{m=1}^{t} x_{im} - \sum_{m=1}^{t} d_{im} \qquad (6-60)$$

其中 $t_1 = \min_{p=t+1,\cdots,T} \{p | Y_{ip} = 1\}$

在 BPSO 中编码,对于多种产品多个周期的粒子,编码表示如下所示:

$$Q = \begin{bmatrix} q_{11} & q_{12} & \cdots & q_{1T} \\ q_{21} & q_{22} & \cdots & q_{2T} \\ \vdots & \vdots & \vdots & \vdots \\ q_{P1} & q_{P2} & \cdots & q_{PT} \end{bmatrix}$$

Q_h^k 表示离子群中的第 h 个粒子在进化到第 k 代的位置值,表示生产计划问题的解,解得表达如:$Q_h^k = [q_{hit}^k]_{P \times T}$,若 $q_{hit}^k = 0$ 则第 h 个粒子在进化到第 k 代时,第 i 个产品品种在生产阶段 t 不生产,否则表示生产。$V_h^k = [v_{hit}^k]_{PT}$,其中 V_h^k

表示粒子群中第 h 个粒子进化到第 k 代的进化速度。

1）算法流程

（1）确定参数。

确定种群规模 H，学习参数 c_1 和 c_2，赋值 $k=0$。

（2）初始化。

初始化所有粒子的位置和速度，位置和速度由式（6‐61）和式（6‐22）随机生成，$R(0,1)$ 表示在 $[0,1]$ 间的随机数。

$$q_{hit}^0 = \begin{cases} 0 & if\ R(0,1)<0.5 \\ 1 & if\ R(0,1)\geqslant 0.5 \end{cases} \quad (6-61)$$

$$v_{hit}^0 = v_{\min} + R(0,1)(v_{\max}-v_{\min}) \quad (6-62)$$

其中，$h=1,2,\cdots,H$，$i=1,2,\cdots,P$，$t=1,2,\cdots,T$，$v_{\max}$ 和 $v_{\min}$ 表示最大速度和最小速度。

（3）计算粒子适应值以及计算每个粒子和种群经历的最好位置并更新记忆库。

粒子 Q_h^k 的适应值可由式（6‐63）计算得出，当 $k>0$ 时，由式（6‐48）得出每个粒子在进化到第 k 过程中的最好位置 PB_h^k，粒子初始化也就是 $k=0$，$PB_h^0=Q_h^0$。由式（6‐49）得出粒子群在进化到第 k 过程中的最好位置 GB^k，并将其存入种群记忆库中。根据设置的计算条件进行检查，满足条件则终止计算，否则继续计算直到满足条件为止。

$$f(Q_h^k) = \Big[\sum_{i=1}^P \sum_{t=1}^N (f_{it}q_{hit}^k + p_{it}x_{it} + h_{it}I_{it})\Big] + M\sum_{t=1}^T \Big\{\max\Big\{0, \sum_{i=1}^N [a_i(t)x_{it} - C_t(Z)]\Big\}\Big\}$$
$$(6-63)$$

其中 M 表示无穷大的正数。

$$PB_h^k = \begin{cases} PB_h^{k-1} & if\ f[Q_h^k > f(PB_h^{k-1})] \\ Q_h^k & if\ f[Q_h^k \leqslant f(PB_h^{k-1})] \end{cases} \quad (6-64)$$

$$GB^k = \min(PB_h^k) \quad (6-65)$$

（4）对适应值差的粒子进行更换。

根据运算设置，从记忆库中选择一定量的粒子替换种群中适应值较差的粒子。

（5）更新粒子位置和粒子速度。

由上面步骤得到粒子的适应值,根据式(6‑60)使得粒子速度在范围之内,式(6‑61)使其结果在 0 和 1 之间。

$$g(v_{hit}^k) = \begin{cases} v_{\max} & if \ v_{hit}^k > v_{\max} \\ v_{hit}^k & if \ v_{\min} \leqslant v_{hit}^k \leqslant v_{\max} \\ v_{\min} & if \ v_{hit}^k < v_{\max} \end{cases} \tag{6-66}$$

$$h(v_{hit}^k) = \cfrac{1}{1 + \left(\cfrac{v_{\max} - v_{hit}^k}{v_{hit}^k - v_{\min}}\right)^2} \tag{6-67}$$

初始化 $k=0$,之后令 $k=k+1$,由式(6‑68)和式(6‑68)计算粒子的位置和速度,然后到步骤(3)进行迭代,达到最大循环次数终止。

$$\Delta v_{hit}^{k-1} = c_1 R(0,1)(PB_{hit}^{k-1} - q_{hit}^{k-1}) + c_2 R(0,1)(GB_{it}^{k-1} - q_{hit}^{k-1}) \tag{6-68}$$

$$v_{hit}^k = g(v_{hit}^{k-1} + \Delta v_{hit}^{k-1})$$

$$q_{hit}^k = \begin{cases} 1, & R(0,1) < h(v_{hit}^k) \\ 0, & R(0,1) \geqslant h(v_{hit}^k) \end{cases} \tag{6-69}$$

6.6　考虑产品堕化的集合优化模型算例分析

假设计划周期长度 $H = 8\tau$,共 8 个生产周期,每个生产周期 L 的长度为 1 个月,每个生产阶段的最大生产能力 $C(t) = 50$,采用批量生产的策略,计划周期内共生产两种产品,基本加工时间为 1,两种产品的堕化因子相同 $\theta = R(0, 0.03)$,$R(0,0.03)$ 表示 $[0, 0.03]$ 间随机生成的数,每一次预防维护消耗时间为 $0.02L$,故障后小修时间为 $0.09L$。求满足每个生产阶段 t 的市场需求 d_{it},不会发生延迟交货或者缺货,假设生产系统的故障概率函数服从威布尔分布,威布尔分布故障率函数如下式:

$$r(t) = \frac{\eta t^{\eta-1}}{\lambda^\eta}$$

$t > 0, \eta > 0, \lambda > 0$,对应得到故障概率密度函数如下所示:

$$f(t) = \frac{\eta t^{\eta-1}}{\lambda^\eta} \exp\left[-\left(\frac{t}{\lambda}\right)^\eta\right] \tag{6-70}$$

本节取形状参数 $\eta = 2$,尺度参数 $\lambda = 2$,得到故障率函数如下式:

$$r(t) = \frac{t}{2}$$

生产费用与每个阶段 t 的需求和设备相关参数如表 6 - 7 与表 6 - 8 和表 6 - 9 所示。

表 6 - 7　生产费用表

产品	生产固定费用	单件产品变动费用	单件产品库存费用
1	1 000	90	40
2	1 000	90	40

表 6 - 8　每个生产周期的需求量

阶段	产品 1 的需求量	产品 2 的需求量
1	22	25
2	22	25
3	22	22
4	22	25
5	23	23
6	22	22
7	20	20
8	20	20

表 6 - 9　设备相关参数表

最大生产能力 g	预修费用/次	小修费用/次	预修消耗能力/次	小修消耗能力/次
50	4 000	1 000	1	4.5

得到最优的生产计划和维护计划的总费用如表 6 - 10 所示。

表 6 - 10　生产计划和维护计划的总费用

U_1	U_2	U_3	U_4	U_5	U_6	U_7	U_8	维护费用	生产费用	总费用
1	1	1	1	1	1	1	1	34 000	47 863	81 863
1	0	1	0	1	0	1	0	20 000	48 189	68 189

（续表）

U_1	U_2	U_3	U_4	U_5	U_6	U_7	U_8	维护费用	生产费用	总费用
1	0	0	1	0	0	1	0	17 500	49 032	66 532
1	0	0	0	1	0	0	0	16 000	51 765	67 765
1	0	0	0	0	1	0	0	16 500	56 242	72 742
1	0	0	0	0	0	1	0	18 000	61 483	79 483
1	0	0	0	0	0	0	1	20 500	64 678	85 178
1	0	0	0	0	0	0	0	20 000	66 083	86 083

　　研究目的是使得生产计划与预防维护计划的集成计划的总费用最小,从上表可知最少费用为 665 332,设备维护总费用为 17 500,生产费用为 49 032,最佳的预防维护计划为 1→0→0→1→0→0→1→0,生产计划如表 6 - 11 所示。

表 6 - 11　最优生产计划

周期	产品种类		产品库存		生产固定成本	
	1	2	1	2	1	2
1	22	25	0	0	1	1
2	22	25	0	0	1	1
3	22	22	0	0	1	1
4	22	25	0	0	1	1
5	23	23	0	0	1	1
6	22	22	0	0	1	1
7	20	20	0	0	1	1
8	20	20	0	0	1	1

6.7　本章小结

　　本章的集合计划费用包括生产费用和维护费用,以总费用最少为求解目标建立数学模型,考虑设备调整费用、产品生产费用、库存费用、预防维护费用和故障小修费用,为设备可靠度设定阈值,避免因设备可靠度过低造成产品质量损失。基于该模型,在制定固定周期预防维护计划的同时,考虑多品种产品在单一设备上的批量生产计划,结合市场需求和设备生产能力以及维护情况得到集成计划。

本章以单设备生产系统为对象,研究了固定周期预防维护和生产的集合计划,同时考虑产品堕化效应和设备的实际运行生产时间两个重要因素。随着设备役龄增大,产品所需加工时间增长,指定的生产计划更加贴近实际。其次,只考虑设备生产时间内发生的故障,不考虑闲置时间可能发生的故障,有效避免过度维护。

第7章 基于集成模型的多部件设备维护计划研究

7.1 引 言

对于多部件设备来说,考虑到设备内部的经济和结构相关性,在设备使用中,有时候因为某个部件的维护会导致设备的多个部件同时停止运转,因此,为了缩短设备在生产过程中的停机时间,减少对设备维护人员的调度次数,需要在每一次的维护活动中对性能衰退到一定程度的设备尽量多的进行维护。同时,在设备的维护过程中,由于受企业成本的限制,维护资源不可能无限地满足设备维护的需求,也就是说,受维护资源的限制,有时不可能同时进行多个维护动作,需要考虑多个维护动作的合理调度。因此,本章以设备的维护资源为约束条件,以每次的维护活动的费用和总的维护费用率为优化目标,建立了多部件设备的维护调度模型。

对于设备的维护调度,本章通过故障阈值确定部件所采取的维护动作方式,当部件故障率达到某一个阈值时,就会相应地触发部件的维护活动。如果系统中的某一部件的故障率达到了小修的阈值,则需要对部件进行小修维护;如果某一部件设备的故障率达到了大修的阈值,则需要对部件进行大修维护;如果某一部件的故障率达到了更换阈值,则需要对部件进行更换维护。因此,设备可以同时处理若干个维护动作。例如,部件 i 的故障率在 t 时刻达到了小修阈值,从而触发一次维护活动,而此时部件 j 故障率超过了更换阈值,部件 k 故障率超过了大修阈值,所以在本次维护活动中,也要对部件 j 和部件 k 进行相应的维护。

设备的维护调度不仅考虑了设备的衰退,还考虑了设备部件间的经济相关性、结构相关性和随机相关性。由于在某一时刻可以同时采取多种维护动作,从而降低了对设备维护资源的频繁调度,减少了系统的启动和关闭费用,缩短了系统的停机时间,降低了设备的维护费用和停机费用,提高了设备利用率。因为维护资源约束的限制,需要同时确定设备的维护方式和调度策略,保证设备维护的实施和最小化维护费用。以每次维护活动的维护成本和设备生命周期内总费用率为优化目标,建立设备的维护调度模型。

7.2　设备维护调度优化模型

7.2.1　设备维护调度决策

设备的性能衰退是设备采取维护策略的基础,设备性能衰退的正确性影响到采取的维护动作的方式,进而影响到设备的维护效果。本章中,用设备的故障率(failure rate,FR)来表示设备的性能状态,FR 越大,代表设备的衰退状态越严重,设备部件发生故障的概率增大。FR 可通过对设备进行在线监测和寿命预测获得,对于设备的故障率分析,针对不同类型的设备,由大量的故障历史数据的统计分析可知,一般设备的故障率都呈现"浴盆曲线"的分布形状。针对不同的"浴盆曲线"分布区域的特点,已经有多种分布来表示设备的故障率分布,例如指数分布、威布尔分布、泊松分布、正态分布等,在这些分布中,以威布尔分布最为典型,因此,本章中的故障率分布采用威布尔分布来表示:

$$FR(t) = \frac{\beta}{\eta} \left(\frac{t}{\eta} \right)^{\beta-1} \tag{7-1}$$

其中,β 为形状参数,η 为尺度参数,$\beta > 0$,$\eta > 0$。

威布尔分布的工程适用范围比较广,通过调整形状参数、尺度参数等,它可以拟合多种故障数据。根据可靠性理论,对威布尔的故障分布进行分析,在 η 保持不变的情况下,如果 $\beta < 1$,说明设备的故障率为下降趋势,如果 $\beta = 1$,说明设备的故障率保持不变,为一个常数,如果 $\beta > 1$,则设备的故障率将呈现递增的趋势。这说明威布尔分布针对不同的参数取值,都可以精确实现对设备故障率曲线的描述。因为威布尔分布具有以上这些优点,所以在本章中,采用威布尔分布来描述设备的故障率分布。设备运转过程中的故障率随着运行时间的增加逐渐升高,因此,为了延长设备的使用时间和寿命,要在出现故障之前对设备采取维护措施。

为了减缓设备性能的退化,采取各种不同的维护动作,如更换零件、小修等。并且,对于不同的设备退化状态,采取不同的维护动作,可以将设备状态优化至不同的目标值。根据设备所处的健康状态和退化程度,对设备采取不同的维护动作,进而产生不同的维护效果。有多种不同的维护动作可以选择,具体的维护动作的集合表示为:

小修(用 M 表示):对设备采取有限的维护工作,也就是对设备进行保养维护,仅仅对设备进行润滑、调节、除尘等一系列保养工作,目的就是让设备尽可能地保持在当前的健康状态 h_i,以和设备的衰退程度与维护之前相比有较小的改善。本章中,用 F_M 表示对部件进行小修的故障率阈值。

大修(用 I 表示):对设备采取较为充分的维护工作,对设备进行修复,修复部分部件的损耗。维护的目的就是让设备从当前健康状态 h_i 恢复到一个更好的健康状态 h_j,使设备的衰退状态得到显著改善。本章中,用 F_I 表示对部件进行大修的故障率阈值。

更换(用 R 表示):对设备进行更换,直接用新的零部件更换发生故障或者损耗的设备零部件,在这种情况下,设备将恢复到初始健康状态 h_1。使衰退的设备恢复到全新状态,或者使用新设备代替原设备工作。本章中,用 F_R 表示对部件进行更换的故障率阈值。

设备在经过维护后,会有不同程度的恢复,我们用故障率的变化趋势来分析设备的恢复情况,具体的维护效果如图 7-1 所示。图 7-1 中的 (t_M, t_I) 时间段的故障率曲线表示小修之后设备的维护效果情况,设备小修之后当前设备的故障率不发生变化,设备的衰退速度变缓。(t_I, t_R) 时间段的故障率曲线表示设备大修后的维护效果,在设备大修之后,设备的运转性能得到明显的恢复,设备的衰退速度也相应地得到降低。t_R 之后的故障率曲线表示设备置换后的维护效果,在置换以后,设备的性能得到完成恢复,设备的衰退速度也相应地降低。

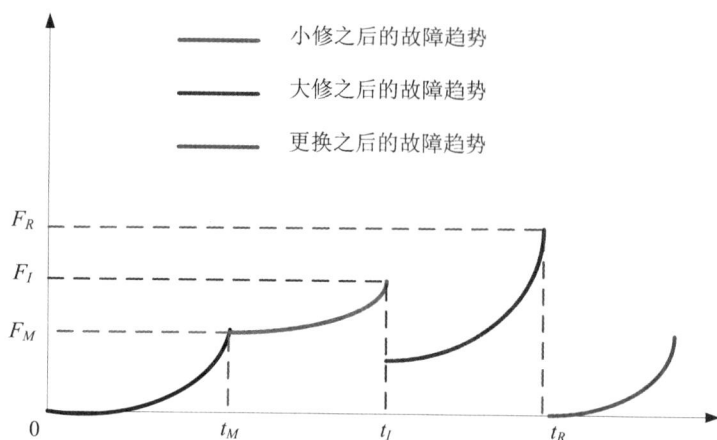

图 7 - 1　不同维护动作的维护效果图

用不同的威布尔参数(β 和 η)来表示每一部件采取的不同的维护动作后的效果,见表 7 - 1,表中的 i 是设备部件数量的标记(例如 $i=1$,表示设备的第 1 个部件)。

表 7 - 1　对于不同部件的不同维护动作的威布尔参数

维护动作	形状参数 β	尺度参数 η
小修	$\beta_{i,M}$	$\eta_{i,M}$
大修	$\beta_{i,I}$	$\eta_{i,I}$
更换	$\beta_{i,R}$	$\eta_{i,R}$

根据三种维护阈值,我们可以确定部件采取的维护动作的方式,设备在运转过程中,当某一设备部件的故障率达到维护阈值时,例如达到大修的维护阈值,为了降低设备的维护时间和提高系统整体利用率,对于其他设备部件,如果也达到了维护阈值,则对这些设备部件也要采取维护方式,也就是连带维护。设备的故障率随着设备性能的逐渐衰退可以根据表 7 - 1 中的威布尔参数进行确定,从而对部件采取相应的维护措施。

在企业的实际生产过程中,随着设备使用时间和部件维护次数的增加,实际维护动作(小修和大修)的效果会随着维护次数的增多而逐渐降低,从而设备的衰退速度增加。基于这种情况,我们将在设备的维护效果模型中引入设备加速衰退因子和设备的性能恢复因子这两个调整因子,其中,设备的加速衰退因子可以加快设备性能的衰退速率,如果在设备的小修中,引入设备的加速衰退因子,则随着设备小修次数的增多,设备的衰退将明显加快。根据设备的性能恢复因子可以计算设备采取维护后的初始故障率,引入设备的性能恢复因子后,随着设备大修次数的增多,设备衰退速度不断增加,故障率也恢复得越来越少。如图7-2所示。

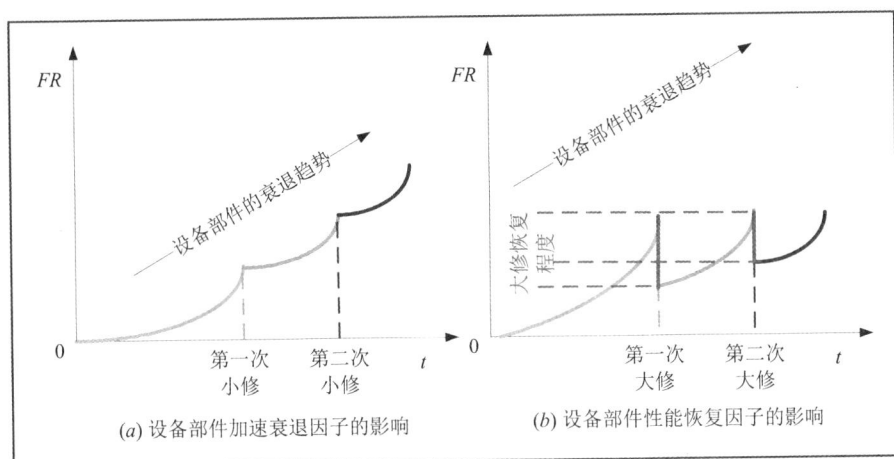

图 7-2　调整因子对设备维护动作效果的影响示意图

在考虑设备的加速衰退因子的情况下,设备的第 i 个部件在时刻 t 的小修故障率模型为:

$$FR_M(t) = FR_M(t_0) + FR_M(t, \beta_{i,M}, \eta_{i,M} \times \theta) \qquad (7-2)$$

其中,$FR_M(t_0)$ 表示设备部件小修之前的故障率,θ 表示设备部件的加速衰退因子($0 < \theta < 1$)。为了描述设备部件的衰退效果,设备部件的加速衰退因子可以表示为:$\theta = a^{MN}$,a 是根据设备部件的历史数据来获得($0 < a < 1$),MN 是设备部件截止到当前时刻,所经历过的小修次数,从表达式可以看出,小修次数越多,θ 越小,从而设备部件的故障率曲线就会变陡,在设备部件第一次小修时,$MN = 0$。

考虑设备的加速衰退因子和设备的性能恢复因子的情况下,设备的第 i 个

部件在时刻 t 的大修故障率模型为：

$$FR_1(t) = (1-\varphi)FR_1(t_0) + FR_1(t, \beta_{i,1}, \eta_{i,1} \times \theta) \tag{7-3}$$

其中，$FR_1(t_0)$ 表示设备部件大修之前的故障率，φ 表示设备部件的性能恢复因子（$0<\varphi<1$）。为了描述设备部件的性能恢复，设备部件的性能恢复因子可以表示为：$\varphi = b^{IN}$，b 是根据设备部件的历史数据来获得的（$0<b<1$），IN 是设备部件截止到当前时刻，所经历过的大修次数。从表达式可以看出，大修次数越多，φ 越小，从而设备部件维护后的初始故障率 $(1-\varphi)FR_1(t_0)$ 越大，设备部件故障率恢复得越少，在设备部件第一次大修时，$IN=0$。

在本章的设备维护调度分析中，为了更好地对设备的维护调度策略进行研究，以上两种情况都进行分析，一种是基于式（7-1）的普通故障率模型，一种是基于式（7-2）和式（7-3），引入设备部件衰退因子和性能恢复因子的故障率模型；并与定期维护调度策略相比较。

对于设备的维护调度，在每一次的维护活动中，都会发生很多次的小修、大修和更换的维护动作，因此，对于设备的总成本目标，包括设备的维护成本 C_m、设备的故障成本 C_f 和设备的资源成本 C_r，同时，在考虑设备利用率的基础上，设备的维护动作所引起的停机产生的停机成本 C_d 也被集成到设备的维护成本模型中，因此，综合考虑设备成本和设备利用率的一次维护活动的成本模型表示为：

$$C_T = C_f + C_m + C_r + C_d \tag{7-4}$$

在式（7-4）中，一次维护活动的设备故障成本模型可以表示为：

$$C_f = FF \times \bigcup_i^n FR(i,t) + \sum_{i=1}^n F_i \times FR(i,t) \tag{7-5}$$

式中，FF 表示设备的故障独立成本，$FR(i,t)$ 表示部件 i 在维护时刻 t 的故障率。F_i 是部件的故障依赖成本，与维护动作无关。n 表示部件的数量。

一次维护活动的设备维护成本模型可以表示为：

$$C_m = C_{M,m} + C_{1,m} + C_{R,m}$$

$$= FM \times \left(\sum_{i=1}^n X_{M,i,t} + \sum_{i=1}^n X_{1,i,t} + \sum_{i=1}^n X_{R,i,t}\right) + \sum_{i=1}^n M_{M,i} \times X_{M,i,t}$$

$$+ \sum_{i=1}^n M_{1,i} \times X_{1,i,t} + \sum_{i=1}^n M_{R,i} \times X_{R,i,t} \tag{7-6}$$

式中，$C_{M,m}$，$C_{1,m}$，$C_{R,m}$ 分别表示部件 i 的小修维护成本、大修维护成本和置换维护成本。FM 表示部件的维护独立成本,与维护动作无关。$X_{M,i,t}$ 表示在时刻 t 对部件 i 是否进行小修,如果对部件 i 在时刻 t 进行小修,则 $X_{M,i,t}=1$,否则,$X_{M,i,t}=0$;$X_{I,i,t}$ 表示在时刻 t 对部件 i 是否进行大修,如果对部件 i 在时刻 t 进行大修,则 $X_{I,i,t}=1$,否则,$X_{I,i,t}=0$;$X_{R,i,t}$ 表示在时刻 t 对部件 i 是否进行置换,如果对部件 i 在时刻 t 进行置换,则 $X_{R,i,t}=1$,否则,$X_{R,i,t}=0$。$M_{M,i}$,$M_{I,i}$,$M_{R,i}$ 分别表示部件 i 的小修维护依赖成本、大修维护依赖成本和置换依赖维护成本。

一次维护活动的资源成本模型可以表示为:

$$C_r = C_{r1} + C_{r2} + C_{r3} =$$

$$c_s \times \mathrm{Max}\left\{\left[\sum_{i=1}^{n}(Q_{M,s,i} \times X_{M,i,t} + Q_{I,s,i} \times X_{I,i,t} + Q_{R,s,i} \times X_{R,i,t}) - H_{s,t}\right], 0\right\} +$$

$$c_r \times \mathrm{Max}\left\{\left[\sum_{i=1}^{n}(Q_{M,r,i} \times X_{M,i,t} + Q_{I,r,i} \times X_{I,i,t} + Q_{R,r,i} \times X_{R,i,t}) - H_{r,t}\right], 0\right\} +$$

$$c_g \times \mathrm{Max}\left\{\left[\sum_{i=1}^{n}(Q_{M,g,i} \times X_{M,i,t} + Q_{I,g,i} \times X_{I,i,t} + Q_{R,g,i} \times X_{R,g,t}) - H_{s,t}\right], 0\right\}$$

$$(7-7)$$

式中,C_{r1},C_{r2},C_{r3} 分别表示备件缺货成本、维护人员缺少成本和维护工具成本。c_s 表示对设备进行维护缺少所需要备件的惩罚系数。$Q_{M,s,i}$,$Q_{I,s,i}$,$Q_{R,s,i}$ 分别表示对部件 i 进行小修、大修和置换所需要的备件 s 的数量。$H_{s,t}$ 表示在时刻 t 具有的备件 s 的数量。c_r 表示对设备进行维护缺少维护人员 r 的惩罚系数。$Q_{M,r,i}$,$Q_{I,r,i}$,$Q_{R,r,i}$ 分别表示对部件 i 进行小修、大修和置换所需要的维护人员 r 的数量。$H_{r,t}$ 表示在时刻 t 具有的维护人员 r 的数量。c_g 表示对设备进行维护缺少维护工具 g 的惩罚系数。$Q_{M,g,i}$,$Q_{I,g,i}$,$Q_{R,g,i}$ 分别表示对部件 i 进行小修、大修和置换所需要的维护工具 g 的数量。$H_{g,t}$ 表示在时刻 t 具有的维护工具 g 的数量。

对于维护人员和维护工具来说,如果在某时刻缺少这部分资源,则需要等待,而在某维护时刻缺少备件的话,则需要进行订货,因此,维护人员和维护工具的惩罚系数要大于备件的惩罚系数。在式(7-7)中,$H_{q,t}$ 等于 $t-1$ 时刻的可用资源数量与 t 时刻到达或者释放的资源数量减去 $t-1$ 时刻所需要的资源数量。因此,$H_{q,t}$ 的表达式可以表示为:

$$H_{q,t} = H_{q,t-1} + A_{r,t} - \sum_{i=1}^{n} (Q_{M,q,i} \times X_{M,i,t-1} + Q_{I,q,i} \times X_{I,i,t-1} + Q_{R,q,i} \times X_{R,i,t-1})$$

$$(7-8)$$

式中，$H_{q,t-1}$ 表示在时刻 $t-1$ 具有的资源 q 的数量。$A_{q,t}$ 表示在时刻 t 到达或者释放的可用资源 q 的数量。q 分别等于 s,r,g。

一次维护活动的设备停机成本模型可以表示为：

$$C_d = CA \times \sum_{i=1}^{n} \left\{ \begin{array}{l} X_{M,i,t} \left[T_{M,i}(1+N_i) - \sum_{j=1}^{N_i} T_{ij}^0 \right] + X_{I,i,t} \left[T_{I,i}(1+N_i) - \sum_{j=1}^{N_i} T_{ij}^0 \right] \\ + X_{R,i,t} \left[T_{R,i}(1+N_i) - \sum_{j=1}^{N_i} T_{ij}^0 \right] \end{array} \right\}$$

$$(7-9)$$

式中，CA 表示设备单位时间的停机成本。$T_{M,i}$，$T_{I,i}$，$T_{R,i}$ 分别表示部件 i 的小修维护时间、大修维护时间和置换维护时间。N_i 表示设备的预计停机数，即部件 i 停机维护时，所导致的其他停机部件的数量，当确定部件 i 的预计停机数时，假设其他部件状态是良好的，且没有故障。T_{ij}^0 表示第 i 个部件和第 j 个部件同时维护所节约的时间。

基于式（7-5）至式（7-9），可以获得设备一次维护活动的总成本模型 C_T。

$$C_T = FF \times \bigcup_{i}^{n} FR(i,t) + \sum_{i=1}^{n} F_i \times FR(i,t)$$

$$+ FM \times (\sum_{i=1}^{n} X_{M,i,t} + \sum_{i=1}^{n} X_{I,i,t} + \sum_{i=1}^{n} X_{R,i,t}) + \sum_{i=1}^{n} M_{M,i} \times X_{M,i,t}$$

$$+ \sum_{i=1}^{n} M_{I,i} \times X_{I,i,t} + \sum_{i=1}^{n} M_{R,i} \times X_{R,i,t}$$

$$+ c_s \times \text{Max} \left\{ \left[\sum_{i=1}^{n} (Q_{M,s,i} \times X_{M,i,t} + Q_{I,s,i} \times X_{I,i,t} + Q_{R,s,i} \times X_{R,i,t}) - H_{s,t} \right], 0 \right\}$$

$$+ c_r \times \text{Max} \left\{ \left[\sum_{i=1}^{n} (Q_{M,r,i} \times X_{M,i,t} + Q_{I,r,i} \times X_{I,i,t} + Q_{R,r,i} \times X_{R,i,t}) - H_{r,t} \right], 0 \right\}$$

$$+ c_g \times \text{Max} \left\{ \left[\sum_{i=1}^{n} (Q_{M,g,i} \times X_{M,i,t} + Q_{I,g,i} \times X_{I,i,t} + Q_{R,g,i} \times X_{R,i,t}) - H_{g,t} \right], 0 \right\}$$

$$+ CA \times \sum_{i=1}^{n} \left\{ X_{M,i,t} \left[T_{M,i}(1+N_i) - \sum_{j=1}^{N_i} T_{ij}^0 \right] + X_{I,i,t} \left[T_{I,i}(1+N_i) - \sum_{j=1}^{N_i} T_{ij}^0 \right] \right.$$

$$\left. + X_{R,i,t} \left[T_{R,i}(1+N_i) - \sum_{j=1}^{N_i} T_{ij}^0 \right] \right\}$$

$$(7-10)$$

式(7-10)表示了对设备进行一次维护活动的总费用模型,实际上,在设备运转的全生命周期里会产生不止一次的维护活动。设备从初始的健康状态开始运转,在运转过程中,如果某一部件的故障率达到或者超过部件的维护阈值,则会给该设备触发一次维护活动,设备维护后,设备的性能会得到恢复,并投入使用,在后续的使用过程中,设备的故障率不断提高,直到故障率又达到设备的维护阈值,则会给该设备触发二次维护,以此类推,直到设备的全寿命周期终止。因此,在设备的每一次维护活动费用的基础上,也要考虑设备在整个生命周期内的多阶段的维护调度的总费用,设备总费用率可以表示为:

$$C_{\text{Total}} = (\sum_{j=1}^{m} C_{j,T} + m \times c_q) / D \qquad (7-11)$$

式中,C_{Total}表示设备维护调度的总费用率。$C_{j,T}$表示设备进行第j次维护活动所产生的总费用。D表示设备的全寿命周期。m表示设备在全寿命周期内所执行的维护活动的总次数。c_q表示设备在执行一次维护活动时,所产生的设备启动费用。

基于式(7-11),可以看出,为了让整个设备的全生命周期的维护调度总费用率最小,不但要考虑设备在执行每一次维护时所产生的故障费用、维护费用、资源费用和停机损失,还要考虑设备在全生命周期内维护活动的次数要尽量少,只有优化这两个目标,设备的总费用率才会降低,因此,设备的全生命周期的维护调度总费用率具有全局性的特点。

7.2.2　遗传算法

GA 是模拟生物进化过程而进行的一种多参数、多群体同时优化的方法,并行性和解空间的全局搜索是其最大的特征,限制性条件的约束不影响其优化过程,GA 的编码技术简单,且容易操作。简单的 GA 主要是由选择、交叉和变异三种基本形式构成。在求解模型过程中,首先把问题的解空间映射为编码空间,产生初始种群开始其搜索,模型的每一解表示为一个染色体,染色体是由基因组成的,在后续的迭代过程中,染色体不断发生进化。其次,用模型的适应度衡量染色体的优劣,并且,通过选择、交叉和变异的运算,生成下一代染色体,也就是后代。最后,在新的群体中,凭借模型适应度的优劣选择部分后代,淘汰部分后代,这样,保持了种群的优越性和数量的限制。在迭代过程中,以较大的概率选中适应度高的染色体和淘汰适应度低的染色体,反复重复这个操作,目标向着模型最优解的方向不断地进行代数进化,从而一个最适应优化环境的群体且满足求解模型最优解收敛条件被获得,通过对模型的不断迭代优化,最终所求解模型的近似解或者模型的最优解被获得。对于 GA 在求解模型中的优化过程如图 7 - 3。

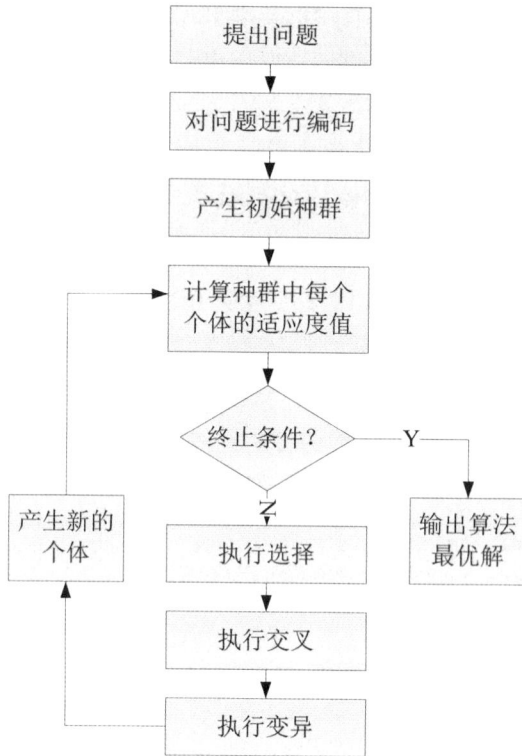

图 7 - 3 遗传算法的基本流程

对于图 7 - 3中遗传算法的基本要素如下:

(1) GA 的编码要素:是 GA 的一种解的转换方式,也就是对优化模型的可行解执行了一个从解空间到搜索空间的转换。也就说,编码是 GA 的首要要素,针对不同的优化模型,编码是不同的。并且,编码要素影响着 GA 的其他要素。

(2)适应度函数:是算法进行过程中的衡量标准,主要表示了 GA 群体中的每个个体在优化模型的运算过程中发现模型最优解的好坏标准,这一标准也是

GA 在迭代过程中进行自然选择的重要依据。不同的问题,适应度函数的定义方式也有所不同。

(3)选择:使群体中的优良个体可以以更大的概率生存,防止有效基因的消失,提高算法的全局收敛性和迭代的计算效率。用适应度值判断个体的优劣,适应度值越大的个体,就具有越多的选择机会,充分体现了"优胜劣汰,适者生存"的原则,越优良的个体越有机会得到保留,从而产生下一代个体。

(4)交叉:在算法迭代过程中,有两个个体从群体中以较大的概率被选择,对选择的这两个个体执行交叉操作,产生了承继算法前代基本特征的子代。GA 的交叉操作表示对选择的两个染色体,通过某种交换方式,执行染色体部分基因的相互交换操作,形成了群体中新的染色体。交叉是 GA 产生新个体的主要方法,也使 GA 有别于其他的智能进化算法。

(5)变异:主要表示了由于发生基因替换操作产生了 GA 群体中的新的染色体。在替换操作过程中,变异要素具有随机性,从而增加了算法的变异操作,不同于选择和交叉的丢失信息,它可以有效地保留信息。GA 的新个体主要由交叉操作所产生,也影响着 GA 的全局最优解的进化能力,在 GA 产生新个体的过程中,变异操作是一种辅助方法,影响着 GA 的局部最优解的进化能力。通过这两种操作的相互配合,使 GA 可以很好地完成全局和局部最优解的搜索。

7.3　算例分析

在本章的案例分析中,我们仍以液压泵(设备)为研究对象。液压泵的运转是 8 个部件相互协作完成的,因此,对液压泵进行维护调度,就是对液压泵的 8 个部件进行维护调度。另外,该液压泵在使用运行过程中,随着使用时间的增加,液压泵的性能会逐渐衰退,液压泵的健康状态会逐渐变差,因而,需要对液压泵进行相应的维护使其维持正常的工作,避免液压泵失效带来的高成本和高风险。并且,随着液压泵使用运行成本和维护成本的不断增加,也可以考虑实施置换维护。因此,维护调度以每阶段的维护调度费用和总的费用率为目标,制定维护策略,液压泵的 8 个部件的相关关系如图 7-4 所示。本算例应用遗传算法进行求解,数据分析所用运行平台为 Matlab、VC,运行环境为 Windows XP。

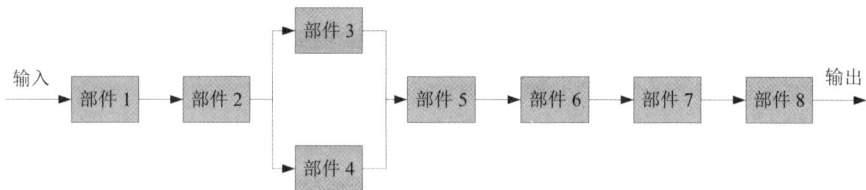

图 7 - 4　设备的部件拓扑结构图

7.3.1　数据准备

首先,对部件进行编号,用 1 表示部件 1,依次类推。设备总共有 8 个部件组成,部件 2 的输出分为两部分,分别输送到部件 3 和部件 4,然后经过汇总,再输送到部件 5,如图 7 - 4 所示。

在本节中,将维护分为三种维护方式:小修、大修和置换,针对不同的部件,不同维护方式的维护时间和维护成本是不同的,详见表 7 - 2 和表 7 - 3。

表 7 - 2　部件维护动作所需要的时间

部件编号	小修	大修	置换
1	3	11	19
2	5	13	24
3	6	15	21
4	5	14	26
5	5	12	20
6	4	16	25
7	7	17	23
8	5	12	23

表 7 - 3　部件维护动作的维护成本

部件编号	小修	大修	置换
1	6	14	26
2	8	16	31
3	9	18	28

（续表）

部件编号	小修	大修	置换
4	8	17	33
5	8	14	27
6	7	19	32
7	10	20	30
8	8	15	30

对于设备的故障成本，是与设备的维护动作种类不相关的，是由不同的部件决定的，对于不同部件的故障成本见表 7 - 4。

表 7 - 4　部件维护动作的故障成本

部件编号	1	2	3	4	5	6	7	8
故障成本	15	18	18	19	16	19	20	17

设备在维护调度过程中，用威布尔分布来描述设备的故障率，不同部件的不同的维护动作方式对应的威布尔尺度参数和形状参数是不一样的，具体的威布尔参数取值如表 7 - 5 所示。

表 7 - 5　部件维护动作的威布尔参数表

部件编号	小修参数		大修参数		置换参数	
	$\beta_{i,M}$	$\eta_{i,M}$	$\beta_{i,I}$	$\eta_{i,I}$	$\beta_{i,R}$	$\eta_{i,R}$
1	5.00	4.00	2.30	2.95	4.24	3.80
2	5.25	4.53	2.88	3.12	4.21	3.98
3	5.50	4.60	2.95	3.20	4.28	4.25
4	4.93	4.12	2.40	2.73	4.05	3.87
5	5.15	3.91	2.55	2.92	4.24	3.81
6	4.00	2.96	1.89	2.01	3.10	2.75
7	4.50	3.51	2.16	2.42	3.50	3.21
8	4.85	3.95	2.34	2.95	4.15	3.74

　　在本章分析的维护调度中，主要考虑设备的三种维护资源，分别是备件、维护人员和维护工具，表7-6列出了这三种资源的总数量，表7-7、表7-8和表7-9分别给出了每个设备部件的小修、大修和置换所需要的每种资源的数量。

表7-6　设备维护动作的资源总量

资源类别	备件	维护人员	维护工具
资源数量	14	13	13

表7-7　部件执行小修维护资源表

部件编号	备件	维护人员	维护工具
1	1	3	3
2	1	0	2
3	1	3	2
4	2	2	4
5	1	4	3
6	2	3	4
7	2	2	3
8	1	3	3

表7-8　部件执行大修维护资源表

部件编号	备件	维护人员	维护工具
1	2	6	5
2	2	4	5
3	2	4	3
4	3	5	6
5	2	5	4
6	3	6	5
7	3	1	4
8	3	5	5

表 7 - 9　部件执行置换维护资源表

部件编号	备件	维护人员	维护工具
1	4	4	6
2	4	5	6
3	5	5	6
4	5	6	7
5	3	7	6
6	4	6	7
7	5	4	7
8	6	5	6

根据图 7 - 3,可以计算出设备每个部件的预计停机数,见表 7 - 10。

表 7 - 10　预计停机数的取值

N_i	1	2	3	4	5	6	7	8
取值	7	6	0	0	3	2	1	0

除了上述的模型输入参数,模型中的其他输入参数见表 7 - 11。

表 7 - 11　其他参数的取值

参数类别	FF	FM	c_s	c_r	c_g	CA	c_q	F_M	F_I	F_R	D
参数取值	200	100	450	550	500	50	1 000	0.3	0.5	0.7	1 400

7.3.2　算法设计

首先,输入模型的参数值,包括设备的故障率、设备的维护资源数、预计停机数、每个设备部件在不同的维护动作下的衰退规律、每个设备部件在不同的维护动作下所需的各类维护资源、维护费用、维护时间、设备总运行时间、三种维护方式的维护阈值等。其次,将部件的维护记录清空,维护的标识设置为零。对于某一部件,其故障率达到了大修阈值 F_1,触发一次大修维护活动,在这次的维护过程中,故障率达到大修阈值的部件需要进行大修维护,对于其他部件,如果故障率达到小修或者更换阈值,都要进行相应维护。同时,设备的维护资源又限制了多个维护动作的同时进行,设备维护费也因为不同的维护顺序产生差异。

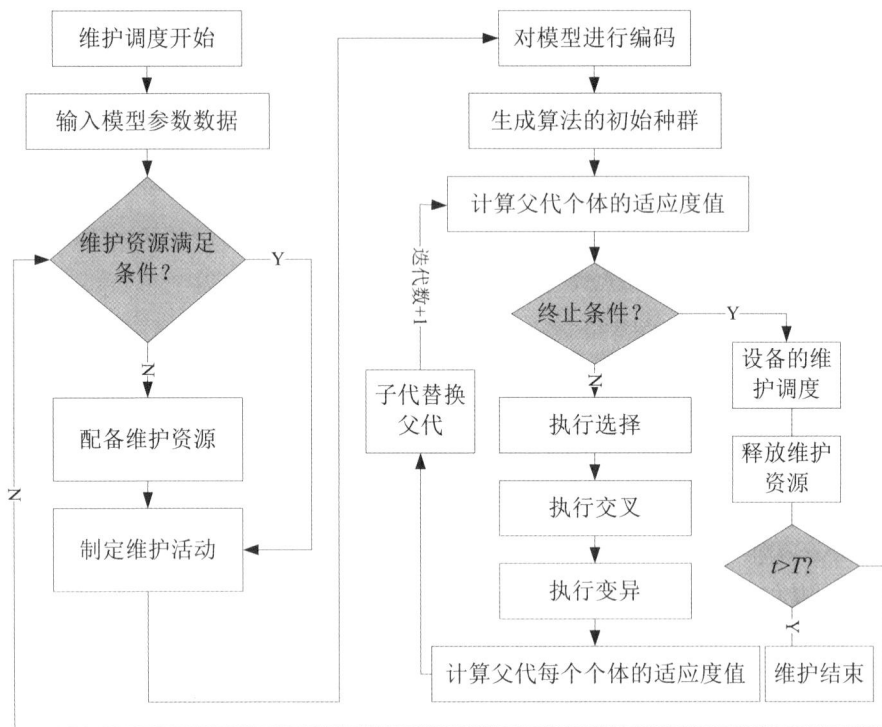

图 7 - 5　多部件设备的维护调度示意图

在模型优化求解过程中,采用遗传算法进行调度,主要步骤为:①编码部件的维护顺序,并产生初始种群;②计算父代的个体适应度值,进行选择、交叉和变异操作,计算子代个体适应度值;③用子代替代父代,继续进行遗传操作,直到达到最大进化代数;④对调度结果进行统计,绘制调度甘特图,标记着设备结束一次维护活动;⑤判断当前时间是否已到达设备总运行时间,如果没有到达,对设备继续进行检测是否有突发问题产生,如果有问题产生,则动态刷新资源库,如果监测部件的故障率达到维护阈值,就产生第二次维护活动,继续采用遗传算法进行模型的调度,重复这个过程,直到设备达到总的运行时间。详细的遗传算法维护调度的计算过程如图 7-5。

另外,对于遗传算法的参数设定为:编码采用部件的编号进行实数编码,以设备维护调度的总费用率为适应度函数,进化种群为 30,最大遗传代数为 300,选择概率为 0.8,交叉概率为 0.8,变异概率为 0.1。

7.3.3　维护调度比较分析

首先,进行分析不考虑调整因子的维护调度模型的性能。参考第五章的比较策略,本章中,仍然选择常见的周期维护调度作为本章的参考策略,针对设备的整个生命周期,将设备划分为 20 个维护周期($T = 70$),时间单位为:天(d)。根据每个部件的故障率,计算得出在周期维护下,每个部件的调度情况,见表 7-12。

表 7-12　周期维护调度模型的维护调度表

部件编号	M1	M2	M3	M4	M5	M6	M7	M8	M9	M10
1	M			M		I		M		I
2					I		M			M
3			M		M		M		I	
4		M				I		M		M
5					M	R			M	
6	M			M		I		R		I
7			M		I			M		M
8		M			I		M		I	

部件编号	M11	M12	M13	M14	M15	M16	M17	M18	M19	M20
1	M		I		M			R		M
2	I		M		M		M	I		R
3		M		I		M	M		I	
4			M		I		I			M
5	M		I		M			I		
6		M		I		R		M		I
7		R		M	I		M		R	
8	M		M	M		I		R		M

　　图 7-6 所示的是 4 个部件的周期维护调度情况以及这四个部件的故障率变化情况。从图可以看出,部件的故障率发展趋势是不一样的,这是因为每个设备部件自身的性能衰退是不同的,以及采取周期维护后,随着维护次数的不同,设备部件的故障率也会随之发生变化。

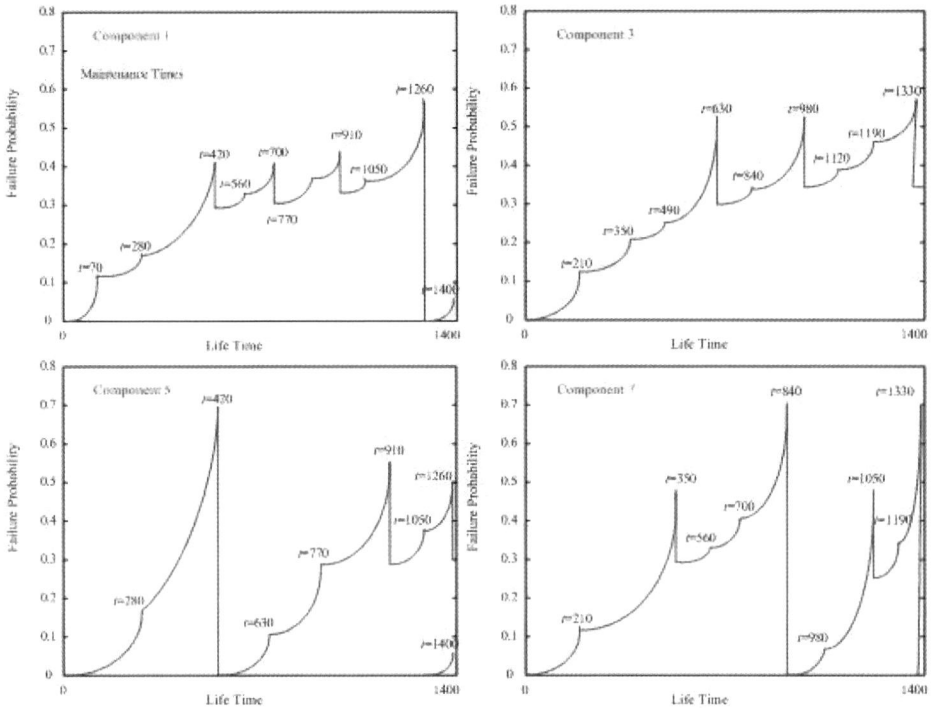

图 7-6　周期维护调度模型故障概率

　　根据式(7-10)和式(7-11),可以计算获得每个设备部件的维护调度情况,在设备的整个生命周期内,设备总共进行了 10 次维护活动,对于每个设备部件在这 10 次维护活动进行的维护调度见表 7-13。

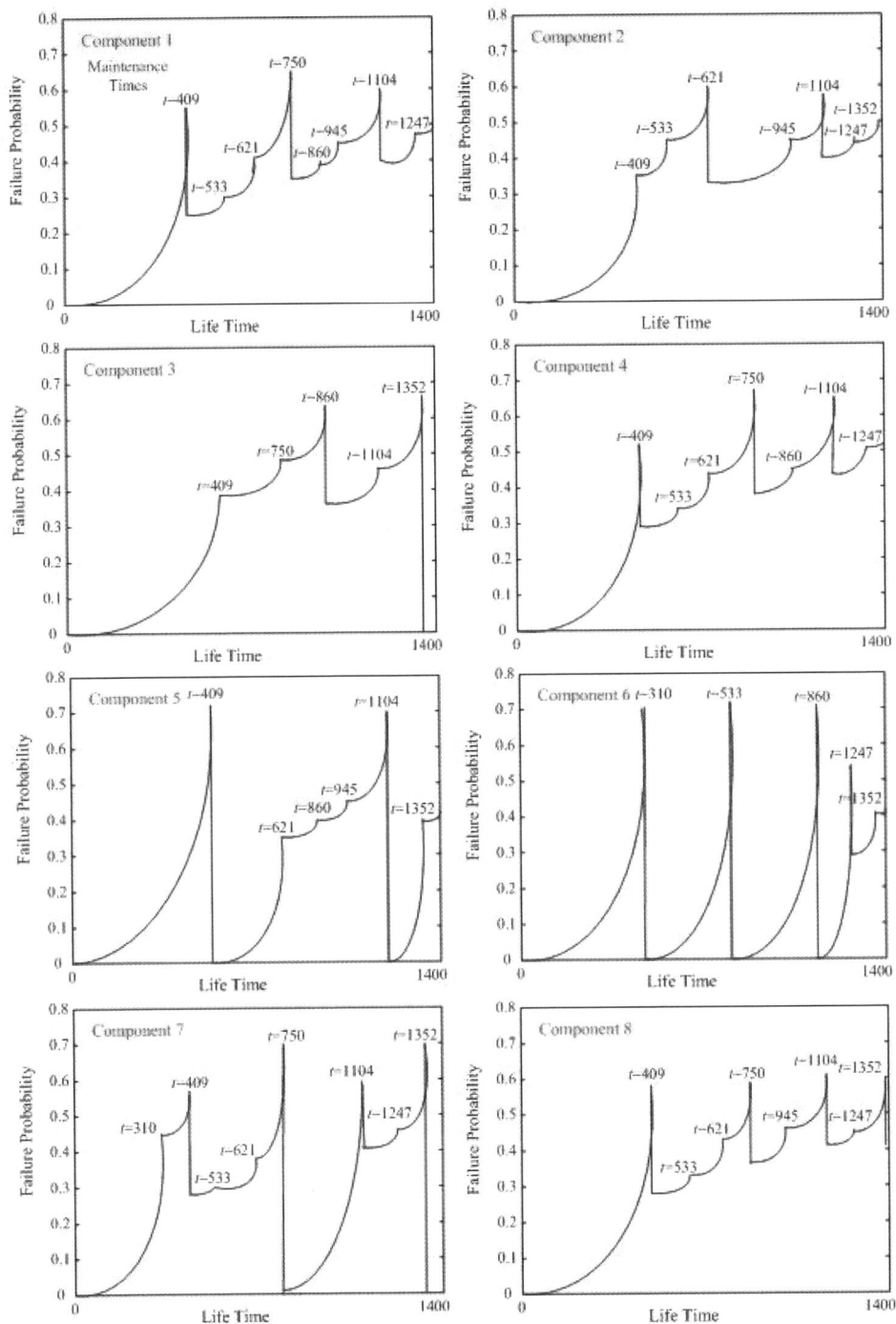

图 7－7　维护调度模型故障概率

表 7 - 13　维护调度模型的维护调度表

部件编号	M1 $t=310$	M2 $t=409$	M3 $t=533$	M4 $t=621$	M5 $t=750$	M6 $t=860$	M7 $t=945$	M8 $t=1104$	M9 $t=1247$	M10 $t=1352$
1		I	M	M	I	M	M	I	M	
2		M	M	I			M	I	M	M
3		M			M	I		M		I
4		I	M	M	I	M		I	M	
5		R		M		M	M	R		M
6	R		R			R			I	M
7	M	I	M	M	R			I	M	R
8		I	M	M	I		M	I	M	I

图 7 - 7 所示的是设备中所有部件在整个生命周期内的维护情况和故障率变化情况。从图 7 - 7 可以看出,在部件的运转过程中,每个部件的故障率的发展趋势是不同的,除了与部件自身的性能衰退有关外,还与部件采取的维护策略有关,从而造成了每个设备部件的故障率趋势的差异,在本章提出的模型基础上,对设备进行有效的维护,可以保持设备的故障率在一个较低的水平,进而可以保证系统在长时间内稳定工作。

为了说明遗传算法的有效性,以及设备维护费用的变化情况,图 7 - 8 显示了设备第二次维护活动时,维护费用的变化情况,随着遗传算法迭代次数的增多,设备的维护费用逐渐降低,最后收敛在一个稳定的水平,得到整个设备维护费用的最优值,充分验证了遗传算法在调度过程中的有效性。

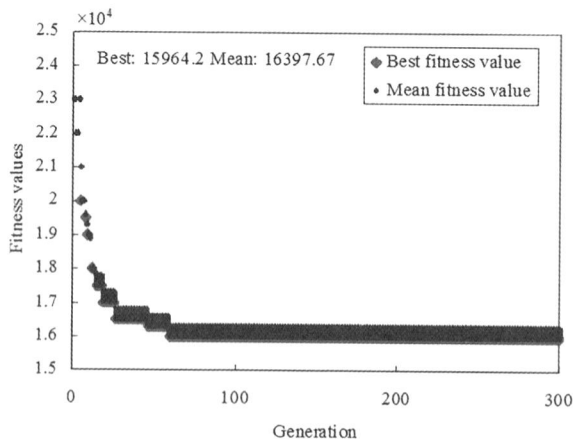

图 7 - 8　设备第二次维护活动的费用变化趋势图

　　针对设备的 10 次维护活动,我们对设备的第二次维护活动进行详细分析,对于第二次设备维护活动,发生在 $t=409$ 时刻,并且,在维护活动中,对部件 2、3 采取了小修维护动作,对部件 1、4、7、8 采取了大修维护动作,对部件 5 采取了置换维护动作,在整个维护过程中,没有对部件 6 采取相应的维护动作。在系统的维护过程中,要考虑系统的维护资源,在维护资源缺少时,无法对设备进行维护,根据模型的调度结果,先对部件 1、部件 2 和部件 5 采取维护动作,根据式(7-8)和式(7-9),计算部件 1 和部件 5 进行维护所需要的资源数量为:[6,13,13],从而,剩余的资源数量为:[9,0,0]。通过对其他部件的资源需求进行分析,部件 3 的资源需求量为:[1,3,2],部件 4 的资源需求量为:[3,5,6],部件 7 的资源需求量为:[3,1,4],部件 8 的资源需求量为:[3,5,5],因此,剩余的资源数量都无法满足剩余部件的维护需求量,部件 3、4、7、8 的维护,只能等待已经进行维护的部件维护完成后,获得维护资源,才能对部件进行维护。关于设备第二次维护调度活动的甘特图如图 7-9 所示。

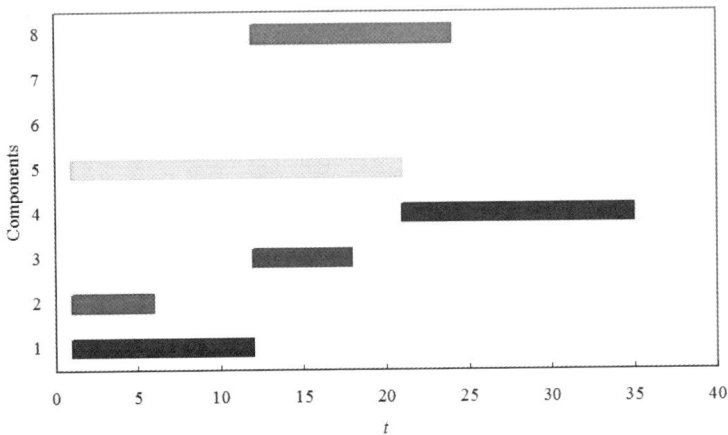

图 7-9　系统进行第二次维护活动的维护调度甘特图

　　最后,根据式(7-1)、式(7-10)和式(7-11),可以获得进行维护调度的总费用率为 89.21,通过周期性维护调度的设备总费用率为 109.08。

7.3.4　考虑调整因子的维护调度分析

　　基于式(7-2)和式(7-3),分析考虑设备部件加速衰退因子和性能恢复因子的维护调度情况,其中,小修的部件加速衰退因子 $\theta=0.97^{MN}$,$MN=$当前小修维护次数-1,大修的部件加速衰退因子 $\theta=0.96^{MN}$,性能恢复因子 $\varphi=0.97^{IN}$,$IN=$当前大修维护次数-1,通过对维护调度模型的分析,整个生命周期内,共进行了 12 次维护活动,对于每个部件在整个生命周期内所进行的维护次数见表 7-14。

从表 7-14 可以看出,除了部件 5、6、7 采取了置换维护动作外,剩余的部件只采取了小修和大修的维护,这些部件虽然没有进行置换维护,但是经过小修和大修维护后,这些部件的性能也相应地得到了保障,并且,对于部件 5、6、7,在进行置换维护后,还相应地降低了部件的小修和大修次数。这样的维护调度策略提高了设备的利用率,并且,根据部件的实际情况,采取相应的维护活动,降低了部件的故障率,延长了设备的使用时间。对于部件 1、3、5、7,在整个维护调度过程中的故障率的变化趋势如图 7-10 所示,从图中可以出,考虑调整因子的维护调度策略,对部件进行的维护次数明显多于通过维护调度模型所获得维护策略,说明了设备部件的调整因子可以影响着设备部件的维护调度。

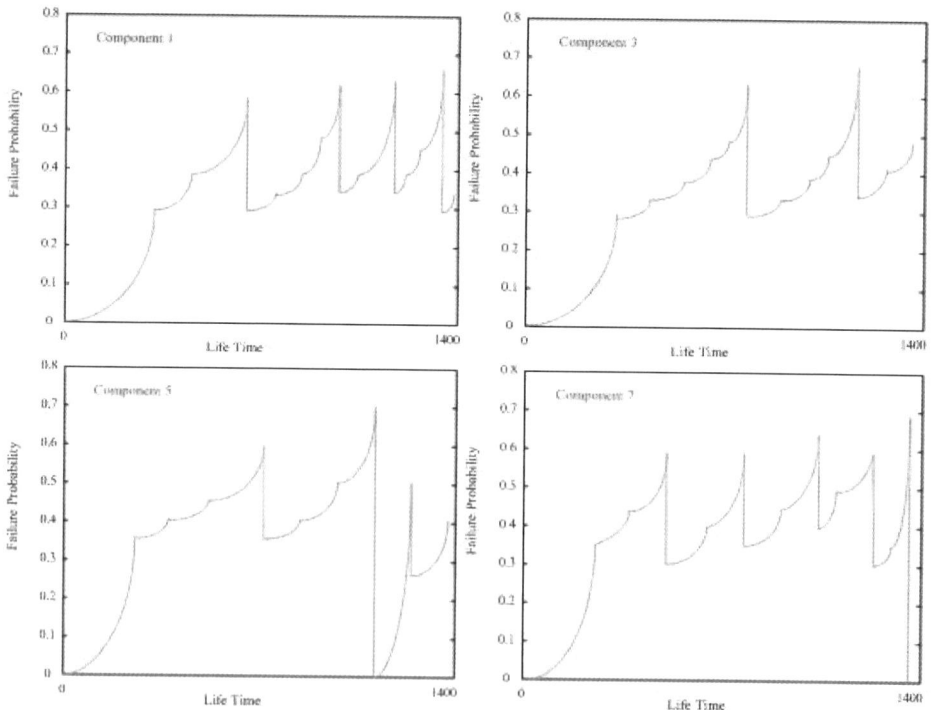

图 7-10 考虑调整因子的维护调度模型故障概率

表 7 - 14　维护调度模型的维护调度表

部件编号	小修数	大修数	置换数
1	7	4	0
2	8	3	0
3	9	2	0
4	7	4	0
5	5	2	1
6	1	0	5
7	5	4	1
8	7	4	0

　　基于式(7 - 2)、式(7 - 3)、式(7 - 10)和式(7 - 11),可以计算考虑部件调整因子的维护调度策略的总费用率为 97.79。

　　对于以上 3 种维护调度模型的分析,见表 7 - 15。通过表 7 - 15 可以看出,虽然定期维护调度策略通过采取不同的维护动作提高了设备的利用率,但是,在设备维护调度过程中,采取的维护活动次数较多,造成了设备停机时间过长,进而损耗了高昂的设备维护成本。设备的维护调度策略不仅仅是降低了设备维护调度的总费用率,还提高了设备的利用率,并且,维护活动次数较少,从而降低了设备的停机时间。因此,在设备的总费用率、维护活动次数和设备利用率方面,维护调度策略都明显优于周期维护调度策略。对于考虑设备调整因子的维护调度模型,与周期维护调度策略相比,考虑设备调整因子的维护调度策略具有低的总费用率,少的维护活动次数和高的利用率,所以说性能方面,优于周期维护调度策略。与维护调度策略相比,虽然考虑设备调整因子的维护调度策略的总费用率和维护活动的次数都高于维护调度策略,但是,提高了设备的利用率,并且,考虑设备调整因子的维护调度策略更加符合设备的实际运转情况,也就说,随着维护次数的增多,维护后的效果也会相应地降低。

表 7 - 15　不同维护调度优化策略的结果比较

评估标准	维护调度模型	结合调整因子的维护调度模型	周期维护调度策略
总费用率	89.21	97.79	109.08
维护活动次数	10	12	20
设备利用率	93.18%	97.92%	87.67%

7.4　本章小结

　　本章介绍了多部件设备的维护调度优化策略,考虑了设备的性能衰退、设备部件的结构相关性、设备部件间的相关关系和设备维护资源的约束,建立了设备维护调度模型和考虑设备调整因子的维护调度模型。并且,将模型应用到液压泵系统中,以周期性维护调度策略为参照策略,通过对模型的比较分析,维护调度模型在维护调度的总费用率、维护活动次数和设备的利用率等方面都优于周期性维护调度模型,并且,随着对设备维护次数的增多,维护效果会逐渐降低,考虑调整因子的维护调度模型,更加符合设备的实际情况。

第 8 章　考虑生产与需求的多设备维护计划研究

8.1　引　言

随着市场竞争的日趋激烈,企业面临着不断降低成本的巨大压力,设备的维护费用作为最大单个可控费用越来越受到企业重视。有效的设备维护策略应考虑生产和需求的关系,超过需求的生产可能给企业带来利润,而生产低于需求则会给企业带来损失。因此,合理的维护决策对于企业降低成本提高生产效率具有十分重要的意义。

目前,设备维护策略主要针对单设备系统,例如 Wang 对单部件系统的维护模型进行了总结综述[128]。现代各类系统变得越来越复杂,部件之间形成了结构、随机和经济等多种依赖关系[185]。单部件的维护决策方法已经不满足复杂的系统特征建模需求。因此,针对多设备系统的维护决策建模与优化研究应需而生。文献[72,186]对多部件系统的维护决策研究进行了综述总结。文献[187]介绍了一种基于经济依赖的多部件系统的 CBM 策略,利用人工神经网络来最小化总的运行和维护成本,维护策略是由两个失效概率阈值定义的。刘繁茂等对一般混联的多设备维护决策的问题进行了研究,利用马尔可夫链的思想建立了系统的视情维护策略[75]。宓乐英等研究了串行系统的整体预防维护策略及优化方法,通过采用动态规划方法,以及对设备维护成本、停机成本、惩罚成本的定义,建立了一种多设备串行系统预防性维护的动态决策优化模型,满足设备只有短期信息可用的实际操作特点[188]。周晓军在引入整合役龄递减因子和故障率递增因子的单设备系统预防性修复非新模型的基础上,建立了一种基于设备可靠性的多设备系统机会维护动态决策优化模型,以维护费用最低为目标,从所有可能维护组合中找到机会节余最大的组合,进而获得最优维护决策[78]。Shafiee 等研究由多部件组成的风力机,根据不同部件的寿命提出了多部件设备的成组维护模型,以最小化设备的长期维护成本为目标函数[189]。Chalabi 等人研究多部件串联系统,采用分组维护策略对设备进行维护,该方法的目标是提高设备的可用性和减少预防性维护成本,最后采用粒子群算法求解最佳分组维护计划[190]。上述文献的多设备系统维护策略研究都是研究一些特定系统,而没有考虑生产和需求状况对系统的影响。

因此,考虑生产与需求情况下多设备系统的维护策略,本章建立状态维护(CBM)模型。首先,考虑一个有 N 个设备组成的系统,每个设备的退化过程相互独立,例如风电场中有 N 台风电机组,其规格和功能相同,各风电组之间相互独立,其退化过程也相互独立。根据文献中对设备状态描述的方法,可将每个设备的退化过程描述为一个有 3 个状态的连续时间的马尔可夫过程,包括两个工作状态和一个损坏状态,两个工作状态包括健康状态和退化状态,损坏状态表示设备已经出现故障停机了,其次设备在不同的状态有不同的生产率且需求是恒量,并且系统总的生产超额量不超过需求量的 20%,在等间隔的时间会对系统的状态进行检测,通过检测可以了解不同状态的设备数目、损坏设备的数目,决定是否进行维护。如果系统总的损坏的设备数目超过关键值 L 时,维护启动,主要采取两种维护策略,其中维护策略 1 是将所有损坏的设备修复如初;维护策略 2 是将所有损坏的设备修复完好如初,并将退化状态的设备修复成完好状态。基于最小的损坏设备数目,决定维护的开始时刻点,建立维护费用模型从而得到最优维护策略。

在近几十年,随着工业的迅速发展以及复杂系统建模技术的不断发展,很多学者对多设备组成的系统的维护问题研究逐渐增多,相对于单设备来说多设备系统更加的复杂,相互之间的关系有经济相关性、结构相关性、随机相关性等,所以研究更加有实际意义。Smidt-Destombes 等针对 k-out-of-N 系统,研究维护能力对备件管理与维护策略制定的影响,建立维护能力与备件库存、维护策略间的集成优化模型[191]。杨建华等研究了针对传统的 k/N(G) 系统提出了维护策略与备件订购、生产的联合优化方法,通过算例分析可得这种策略比传统的策略成本更低[192]。Wang 等通过研究三个决策变量的联合优化，即订货数量、订购间隔和检查周期，使用延迟时间模型将故障过程分为两个阶段，目标函数是要优化三个决策变量单位时间的长期成本，最后通过分析和枚举方法开发一种算法进行求解问题，并用数值案例证明模型的有效性[193]。Chien 等提出一种考虑基于年龄最小维护方式和预防性更换备件并购联合优化的策略，用于更换的备件仅可通过订购获得，由于常规或者紧急订购的备件的交货期遵循一般的分布，采用非齐次泊松过程对设备的退化过程进行建模。将订购成本、维护成本、更换成本、停机损失成本作为目标函数，结果表明存在有效且唯一的最佳订购时间，从而使成本最小化[194]。Wang 等研究多设备系统，基于设备状态的更换和备件订购的优化，假设设备的退化过程服从离散马尔可夫过程，利用蒙特卡洛仿真计算系统的成本率，最后通过数值分析说明模型的有效性，并对成本参数进行了敏感度分析[195]。Elwany 等通过传感器对设备的状态进行实时检测，通过传感器的数据与设备维护和库存决策模型来计算设备的剩余寿命，从而能够动态更新维护策略和备件库存决策[196]。Louit 等考虑基于状态的维护策略与备件订购联合优化，通过识别潜在设备的故障来进行备件的订购，在模型中通过计算设备的剩余寿命来决定备件的采购策略[197]。Zhou 等通过连续监测单设备状态，提出了单设备维护与备件订购的协同优化模型，以设备生命周期的成本率为目标函数，求得最佳维护策略和备件订购点，最后通过数值案例分析验证了模型的合理性和可行性[198]。Yu 等研究了具有随机提前期和更换维护的系统，建立了基于故障次数的更换与备件联合订购的优化模型[199]。Cheng 等提出一个可以为不断劣化的系统找到最优订购策略和更换策略的模型，假设设备的寿命服从正态分布，并且有两种故障类型，第一类是可修复性故障，第二类是不可修复性故障，需要对设备进行更换，目标函数为长期的平均成本，得到最优策略使平均成本最小化，最后通过案例分析说明模型的有效性[200]。

备件作为维护中的重要资源之一，有效的备件管理可以减少维护的停机时间，可以增加生产线的生产率，使企业具有竞争力，因此，有效地将多设备系统维护与备件订购联合优化具有重要的意义。

8.2　多设备系统描述

多设备系统是由 N 个工作相互独立的设备构成，每个设备都会逐渐地退化,退化过程$\{X_t\}_{t\geqslant 0}$是由 3 个状态的连续时间的齐次马尔可夫过程组成,其中状态$O=\{1,2,3\}$,状态 1 表示健康状态,状态 2 表示退化状态,状态 3 表示损坏。系统的状态可以被观测到,在离散的相等的时间$k\triangle(k=0,1,2\cdots)$对系统进行观察,在每次观察中,状态 1、2、3 的设备数目都会被更新。假定需求率是恒定的,平均生产率在不同的状态下是不一样的,例如在状态 1 的生产率p_1大于在状态 2 下的生产率p_2。如图 8 - 1 所示设备的状态转移图。

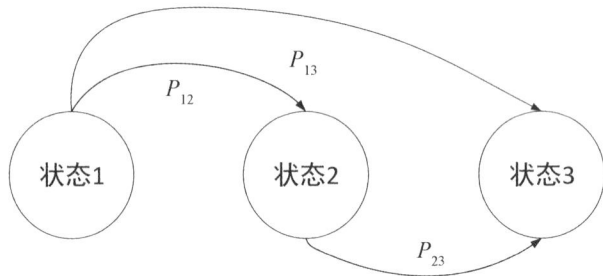

图 8 - 1　设备状态转移图

维护策略取决于观测时系统损坏的设备数目,如果损坏的数目在观测时超过一定的值时将对系统启动维护,目标是寻求在检查时启动维护的最优损坏设备数目,从而可以最小化系统长期运行的平均期望成本。

8.3　考虑生产与需求情况下多设备状态维护

8.3.1　符号说明

X_t:在时间t系统的状态;

$\triangle$:观测间隔;

n_1:在状态 1 的设备数目;

n_2:在状态 2 下的设备数目;

n_3:在状态 3 下的设备数目;

PR:系统的生产率;

p_1:在状态 1 下设备的生产率;

p_2:在状态 2 下设备的生产率;

D:需求量;

τ:期望逗留时间;

T_R:更换时间;

C_I:检测每台设备的费用;

C_K:一次维护的准备费用;

C_F:每个机器从损坏修复到全新状态的费用;

C_P:每个机器从退化状态修复到全新状态的费用;

C_D:生产小于需求的损失;

C_E:生产超过需求的盈利;

C_1:在状态 1 的运行费用;

C_2:在状态 2 的运行费用。

8.3.2　数学模型

8.3.2.1　状态定义

系统由 N 个设备组成,每台设备的状态空间 $O=\{1,2,3\}$,整个系统的状态空间可以用在状态 2 和 3 的数目进行描述,表示为 $S=\{(n_3,n_2)\mid n_2+n_3\leqslant N, n_2,n_3\geqslant0\}$,其中,$n_3$ 表示损坏的设备数目,n_2 表示退化状态下的设备数目,因此在状态 1 的设备数目 $n_1=N-(n_2+n_3)$。系统的状态可以定义如下:

(1)状态 $(1,1)$ 表示所有的设备都是健康状态。

(2)状态 (n_3,n_2) 表示 n_3 台设备损坏,n_2 台设备在退化状态 2,$N-(n_2+n_3)$ 台设备在健康状态 1。

每台设备可以从状态 1 以概率 P_{12} 转移到状态 2 或者以概率 P_{13} 从状态 1 转移到状态 3,$P_{12}+P_{13}=1$,从状态 i 到状态 j 的状态概率等于 $P_{ij}(t)$,$t\geqslant0$。瞬时转移概率 q_{ij},$i,j\in O$,可以定义为:

$$q_{ij}=\lim_{u\to0}\frac{P(X_{t+u}=j\mid X_t=i)}{u}<\infty,j\neq i;q_{ii}=-\sum_{j\neq i}q_{ij}\qquad(8-1)$$

概率转移矩阵可以通过求解后项微分方程可得 $P_{ij}(t)=P(X_{t+u}=j\mid X_t=i)$。

$$P_{ij}(t) = \begin{pmatrix} P_{11}(t) & P_{12}(t) & P_{13}(t) \\ 0 & P_{22}(t) & P_{23}(t) \\ 0 & 0 & 1 \end{pmatrix}$$

$$= \begin{vmatrix} e^{-v_0 t} & \dfrac{q_{12}(e^{-v_1 t} - e^{-v_0 t})}{v_0 - v_1} & 1 - e^{-v_0 t} - \dfrac{q_{12}(e^{-v_1 t} - e^{-v_0 t})}{v_0 - v_1} \\ 0 & e^{-v_1 t} & 1 - e^{-v_1 t} \\ 0 & 0 & 1 \end{vmatrix} \qquad (8-2)$$

假设在状态 1 和状态 2 的逗留时间是服从指数分布,参数 $v_0 = q_{12} + q_{13}$,$v_1 = q_{23}$。

SMDP 模型由以下参数构成:

P_{ij}:表示现在状态是 i,在下一个决策前状态是 j;

τ_i:表示现在状态是 i,在下一个决策前的期望逗留时间;

C_i:表示现在状态是 i,下一个决策前的期望成本。

每个设备都依赖于在状态 i 采取的行动,一旦每个状态的转移概率、成本和逗留时间被定义好,可以通过求解下列线性方程组得到长期期望平均成本:

$$V_r = C_r - g(L) \times \tau_i + \sum_{k \in s} P_{r,k} \times V_k \qquad (8-3)$$

对任意选择的状态 j,$V_j = 0$。

启动维护的最优损坏设备数目 $L*$ 和相应的最小长期预期时间的平均成本可以通过迭代求解线性式(8-3)获得。

8.3.2.2　计算转移概率

在每次检查中,系统损坏的设备数目小于关键值 L 时,系统将继续运行而且在下次观测时系统的状态会继续更新,如果在检查时损坏的机器数目大于或等于关键值 L 时,将对系统开始进行维护。

假设在观测时,系统的状态是 (n_3, n_2),当 $n_3 < L$ 时不会进行维护,在下次检测时系统将会从状态 (n_3, n_2) 转移到 (n'_3, n'_2),$n'_3 \geqslant n_3$,这次状态转移意味着 $n'_3 - n_3$ 台设备将会损坏,n'_2 台设备在退化状态。定义 i 是在两个检测之间损坏的机器数目。当系统不进行维护,状态从 (n_3, n_2) 转移到 $(n_3 + i, n'_2)$,转移概率可以定义为:

$$P_{(n_3, n_2)(n_3+i, n'_2)}(\Delta) =$$

$$
\begin{cases}
\displaystyle\sum_{j=0}^{\min\{i,n_2\}} \binom{n_1}{i-j}\binom{n_2}{j}\binom{n_1-i+j}{n'_2-n_2+j} P_{11}(\Delta)^{n'_0} P_{12}(\Delta)^{n'_2-n_2+j} P_{13}(\Delta)^{i-j} P_{22}(\Delta)^{n_2-j} P_{23}(\Delta)^{j} \\
\qquad\qquad\qquad\qquad\qquad\qquad\qquad\qquad n'_2 \geqslant n_2 \\[2mm]
\displaystyle\sum_{j=n_2-n'_2}^{\min\{i,n_2\}} \binom{n_1}{i-j}\binom{n_2}{j}\binom{n_1-i+j}{n'_2-n_2+j} P_{11}(\Delta)^{n'_0} P_{12}(\Delta)^{n'_2-n_2+j} P_{13}(\Delta)^{i-j} P_{22}(\Delta)^{n_2-j} P_{23}(\Delta)^{j} \\
\qquad\qquad\qquad\qquad\qquad\qquad\qquad\qquad n'_2 < n_2
\end{cases}
$$

$$(8-4)$$

假设系统检测时状态是 (n_3,n_2) 且 $n_3 \geqslant L$，系统进行维护，这里考虑两种维护策略，第一种维护策略是将所有损坏设备修复完好如初，系统的状态将从 (n_3,n_2) 转移到 $(0,n'_2)$，$0 \leqslant n'_2 \leqslant N-n_3$，转移概率可以写成：

$$
P_{(n_3,n_2)(0,n'_2)}(\tau) =
$$

$$
\begin{cases}
\displaystyle\sum_{i=0}^{N-n_3-n'_2}\sum_{j=0}^{\min\{i,n_2\}} \binom{n_1}{i-j}\binom{n_2}{j}\binom{n_1-i+j}{n'_2-n_2+j} \int_0^{\infty} P_{11}(u)^{n'_0} P_{12}(u)^{n'_2-n_2+j} P_{13}(u)^{i-j} \\
\qquad\qquad \times P_{22}(u)^{n_2-j} P_{23}(u)^{j} \times f_{\tau}(u)\mathrm{d}u \quad n'_2 \geqslant n_2 \\[2mm]
\displaystyle\sum_{i=n_2-n'_2}^{N-n_3-n'_2}\sum_{j=n_2-n'_2}^{\min\{i,n_2\}} \binom{n_1}{i-j}\binom{n_2}{j}\binom{n_1-i+j}{n'_2-n_2+j} \int_0^{\infty} P_{11}(u)n'_0 P_{12}(u)^{n'_2-n_2+j} P_{13}(u)^{i-j} \\
\qquad\qquad \times P_{22}(u)^{n_2-j} P_{23}(u)^{j} \times f_{\tau}(u)\mathrm{d}u \quad n'_2 < n_2
\end{cases}
$$

$$(8-5)$$

第二种维护策略是将所有损坏的设备修复完好如初，还有将退化状态的设备修复成完好状态。对于这种策略，系统的状态将从 (n_3,n_2) 转移到 $(1,1)$。转移概率可以写成：

$$
P_{(n3,n2)(0,0)}(\tau)=1 \qquad\qquad (8-6)
$$

8.3.2.3　预期成本和逗留时间

考虑设备在状态 1，2 有不同的生产率，系统总的生产率取决于在状态 1 和 2 的设备数目，在状态 (n_3,n_2) 系统总的生产率 $PR = p_1 n_1 + p_2 n_2$，$n_1 = N - n_3 - n_2$。如果在检查时系统的生产率小于需求，则会产生缺货损失，如果总的系统生产率大于需求，则会产生多余的利润。且总的系统的生产超额量不超过需求量的 20%，即 $PR = p_1 n_1 + p_2 n_2 \leqslant 1.2D$。

在检测状态为 (n_3,n_2) 且时间间隔为 Δ 的期望损失成本和超额生产利润可以表示为：

$$C_{w(n_3,n_2)}(\Delta) =$$

$$C_D \times \text{Max}\left\{0, D \times \Delta - n_1\int_0^\Delta \left[p_1 P_{11}(u) + p_2 P_{12}(u)\right]du - n_2\int_0^\Delta p_2 P_{22}(u)du\right\} -$$

$$C_E \times \text{Max}\left\{0, n_1\int_0^\Delta \left[p_1 P_{11}(u) + p_2 P_{12}(u)\right]du + n_2\int_0^\Delta p_1 P_{11}(u)du - D \times \Delta\right\}$$

$$(8-7)$$

式(8-7)表示运行期间的期望损失成本减去超额生产利润。

系统在状态(n_3,n_2)的期望运行费用为：

$$C_{r(n3,n2)}(\Delta) = C_1 \times n_1\int_0^\Delta \left[P_{11}(u) + P_{12}(u)\right]du + C_2 \times n_2\int_0^\Delta P_{22}(u)du$$

$$(8-8)$$

式(8-8)表示设备在状态1的运行费用加设备在状态2的运行费用之和。

在每次检查的时候，系统内各状态的机器数目会被观察到，通过得知系统的状态，现状态总的生产率将会得知，如果系统的损坏设备不超过关键值L则不维护，如果大于或等于关键值L，则进行维护。

在系统状态为(n_3,n_2)，且$n_3 < L$，不进行维护，期望损失可以表示为：

$$C_{(n_3,n_2)}(\tau) = C_I(N - n_3) + C_K + C_{w(n_3,n_2)} + C_{r(n_3,n_2)} = C_I(N - n_3) + C_K +$$

$$C_D \times \text{Max}\left\{0, D \times \Delta - n_1\int_0^\Delta \left[p_1 P_{11}(u) + p_2 P_{12}(u)\right]du - n_2\int_0^\Delta p_2 P_{22}(u)du\right\} -$$

$$C_E \times \text{Max}\left\{0, n_1\int_0^\Delta \left[p_1 P_{11}(u) + p_2 P_{12}(u)\right]du + n_2\int_0^\Delta p_2 P_{22}(u)du - D * \Delta\right\} +$$

$$C_1 \times n_1\int_0^\Delta \left[P_{11}(u) + P_{12}(u)\right]du + C_2 \times n_2\int_0^\Delta P_{22}(u)du \qquad (8-9)$$

式(8-9)表示在运行期间的检测费用、一次维护的准备费用、设备运行费用和期望损失成本减超额生产利润。

如果损坏的设备数目大于或等于关键值L时，将对系统进行维护，有两种维护方式。

第一种维护方式是将所有的损坏设备修复如初，修复完成之后，系统中没有损坏的设备，系统中的所有设备处于状态1和状态2。对于这个策略，在状态(n_3,n_2)下系统的期望成本为：

$$C_{(n_3,n_2)}(\tau) = C_I(N - n_3) + C_K + C_{w(n_3,n_2)} + C_{r(n_3,n_2)} + C_F\big[n_3 +$$

$$\int_0^\infty E(\text{在时间}\tau \text{损坏设备数目} \mid \tau = u)\big]f_\tau(u)du$$

$$
\begin{aligned}
&= C_I(N - n_3) + C_K + C_D \times \mathrm{Max}\Big\{0, D * E(\tau) - n_1 \int_0^\infty \int_0^u \big[p_1 P_{11}(t) \\
&\quad + p_2 P_{12}(t)\big] f_\tau(u)\mathrm{d}t\,\mathrm{d}u - n_2 \int_0^\infty \int_0^u p_2 P_{22}(t) f_\tau(u)\mathrm{d}t\,\mathrm{d}u\Big\} - C_E \\
&\quad \times \mathrm{Max}\Big\{0, n_1 \int_0^\infty \int_0^u \big[p_1 P_{11}(t) + p_2 P_{12}(t)\big] f_\tau(u)\mathrm{d}t\,\mathrm{d}u \\
&\quad + n_2 \int_0^\infty \int_0^u p_2 P_{22}(t) f_\tau(u)\mathrm{d}t\,\mathrm{d}u - D * E(\tau)\Big\} + C_1 \times n_1 \int_0^\infty \int_0^u \big[P_{11}(t) \\
&\quad + P_{12}(t)\big] f_\tau(u)\mathrm{d}t\,\mathrm{d}u + C_2 \times n_2 \int_0^\infty \int_0^u P_{22}(t) f_\tau(u)\mathrm{d}t\,\mathrm{d}u \\
&\quad + C_F\Big[n_3 + n_1 \int_0^\infty P_{12}(u) f_\tau(u)\mathrm{d}u + n_2 \int_0^\infty P_{22}(u) f_\tau(u)\mathrm{d}u\Big] \quad (8\text{-}10)
\end{aligned}
$$

在这里 $E(\tau) = \displaystyle\int_0^\infty u f_\tau(u)\mathrm{d}u$ 。

式(8-10)表示在第一种维护策略下设备检查费用、一次性维护费用、设备运行费用和期望损失成本减超额生产利润、将损坏设备修复到全新状态的费用之和。

第二种维护策略是在当总的损坏设备数目大于或等于关键值 L 时,进行维护,将所有损坏设备都修复如初,将退化状态的设备也修复如初。对于这个策略,在状态(n_3, n_2)的期望成本为:

$$
\begin{aligned}
C_{(n_3, n_2)}(\tau) &= C_I(N - n_3) + C_K + C_{w(n_3, n_2)} + C_{r(n_3, n_2)} \\
&\quad + C_F\Big[n_3 + \int_0^\infty E(\text{在时间 } \tau \text{ 损坏设备数目} \mid \tau = u)\Big] f_\tau(u)\mathrm{d}u \\
&\quad + C_P\Big[\int_0^\infty E(\text{在时间 } \tau \text{ 内状态 2 设备数目} \mid \tau = u) f_\tau(u)\mathrm{d}u\Big]
\end{aligned}
$$

$$
\begin{aligned}
&= C_I(N - n_3) + C_K + C_D \times \mathrm{Max}\Big\{0, D * E(\tau) - n_1 \int_0^\infty \int_0^u \big[p_1 P_{11}(t) \\
&\quad + p_2 P_{12}(t)\big] f_\tau(u)\mathrm{d}t\,\mathrm{d}u - n_2 \int_0^\infty \int_0^u p_2 P_{22}(t) f_\tau(u)\mathrm{d}t\,\mathrm{d}u\Big\} \\
&\quad - C_E \times \mathrm{Max}\Big\{0, n_1 \int_0^\infty \int_0^u \big[p_1 P_{11}(t) + p_2 P_{12}(t)\big] f_\tau(u)\mathrm{d}t\,\mathrm{d}u \\
&\quad + n_2 \int_0^\infty \int_0^u p_2 P_{22}(t) f_\tau(u)\mathrm{d}t\,\mathrm{d}u - D * E(\tau)\Big\} + C_1 \times n_1 \int_0^\infty \int_0^u \big[P_{11}(t) +
\end{aligned}
$$

$$
P_{12}(t)\big] f_\tau(u)\mathrm{d}t\,\mathrm{d}u + C_2 \times n_2 \int_0^\infty \int_0^u P_{22}(t) f_\tau(u)\mathrm{d}t\,\mathrm{d}u + C_F\Big[n_3 + n_1 \int_0^\infty P_{13}(u) f_\tau(u)\mathrm{d}u
$$

$$+ n_2 \int_0^\infty P_{23}(u) f_\tau(u) \mathrm{d}u \Big] + C_P \Big[n_1 \int_0^\infty P_{12}(u) f_\tau(u) \mathrm{d}u + n_2 \int_0^\infty P_{22}(u) f_\tau(u) \mathrm{d}u \Big]$$

$$(8-11)$$

式(8-11)表示在第二种维护策略下设备检查费用、一次性维护费用、设备运行费用和期望损失成本减超额生产利润、将每个损坏设备从损坏修复到全新状态的费用和退化状态的设备也修复如初的费用之和。

当计算好了每个状态的期望成本,下一步需要计算每个状态的平均逗留时间,0 表示不进行维护,1 表示进行维护。

在状态 (n_3, n_2) 不进行维护的期望逗留时间为:

$$T\big[(n_3, n_2), a=0\big] = \Delta \qquad (8-12)$$

式(8-12)表示不进行维护的期望逗留时间是检测时间间隔。

当在状态 (n_3, n_2) 进行维护时,对于两种策略的期望逗留时间为:

$$\tau\big[(n_3, n_2), a=1\big] = E(\tau) \qquad (8-13)$$

式(8-13)表示进行维护的期望逗留时间是维护时间的期望。

8.3.3　算例分析

8.3.3.1　数据准备

考虑一个多设备系统由 6 个设备组成,且设备的状态被监测,每个机器的退化过程是连续时间的齐次马尔可夫过程,有两个工作状态 1、2 和一个损坏状态 3。在状态 1 的逗留时间是指数分布的,参数是 $v_0 = q_{12} + q_{13}$,在状态 2 的逗留时间也是指数分布,参数是 $v_1 = q_{23} q_{12} = 0.026 \times 10^{-2}$,$q_1 = 0.04 \times 10^{-2}$,$v_0 = 0.4 \times 10^{-2}$,$v_1 = q_{23} = 0.3 \times 10^{-2}$

在状态 1 的平均生产率为 $p_1 = 40$,在状态 2 的平均生产率为 $p_2 = 28$,系统总的需求常量 $D = 150$。

各种费用参数为:$C_I = 100$,$C_K = 4\,000$,$C_F = 35\,000$,$C_P = 6\,500$

$$C_D = 0.4, C_E = 0.2, C_1 = 2, C_2 = 4$$

系统在间隔时间 $\Delta = 300$ 对设备进行状态检测,得到每个状态下的设备数量。如果在检测时系统的总损坏设备数目大于等于关键值 L,则对系统进行维护。维护时间服从伽马分布,对于第一种维护策略,参数 $\alpha = 6$,$\beta = 0.3$,对于第二种维护策略,参数 $\alpha = 6$,$\beta = 0.2$。

伽马函数的概率密度函数为：

$$f(t) = \frac{\beta^{\alpha}}{\Gamma(\alpha)} t^{\alpha-1} e^{-\beta t} \qquad (8-14)$$

8.3.3.2 结果分析

表8-1是求的开始进行维护的机器损坏数目的最优关键值 L 和相应的平均成本。

表8-1 最优值 L^* 和期望成本

策略	最优值 L^*	期望平均成本
策略1	3	51.26
策略2	2	44.94

从表8-1中可以看出对于策略1来说,开始进行维护的最优值为3,也就是说在观测时至少有3台设备损坏才进行维护,相应的期望成本是51.26。对于策略2来说,开始进行维护的最优值是2,相应的期望成本是44.94,策略2的期望成本更小,所以选策略2。采用了策略2,更多的设备将会在健康状态即在状态1设备有更高的生产率,这样系统总的生产率会比策略1更高,从而赚取多余的利润。所以,策略2相对策略1而言,拥有更高的生产量和相对少的缺货损失。策略2比策略1较好,成本节约12.27%。

8.3.3.3 结果比较

首先分析 C_E 的变化对最优关键值 L 和期望平均成本的影响。表8-2和表8-3是在不同的 C_E 下两种策略开始进行维护的机器损坏数目的最优关键值 L 和相应的平均成本。

表8-2 在不同 C_E 下策略1所得的最优关键值 L 和相应的成本

C_E	0	0.2	0.4
最优值 L	4	3	2
平均成本	53.74	51.26	50.13

表 8-3　在不同C_E下策略 2 所得的最优关键值 L 和相应的成本

C_E	0	0.2	0.4
最优值 L	4	2	2
平均成本	48.56	44.94	41.78

通过表 8-2 和表 8-3 可得,在相同的C_E的情况下,策略 2 的平均成本是比策略 1 低的。当采用策略 2 时,更多的设备将会在健康状态下运行,设备在健康状态下会有更高的生产率,从而系统总的生产会增加,多余的生产量在$C_E>0$的情况下会产生额外的利润。表中结果显示随着C_E的增加,系统倾向于更多的设备处于健康状态,从而产生更大的利润,所以在C_E增加的同时总成本是减少的。对于策略 1 来说,当C_E增加 0.2 时,平均成本会减少大概 4%,而对于策略 2 来说,当C_E增加 0.2 时,平均成本会减少大概 7%,从而策略 2 优于策略 1。当C_E增加 0.4 时,策略 1 的成本减少 6%,策略 2 的成本减少 14%,所以在C_E增加较大时,策略 2 更加优于策略 1。

再次分析C_D的变化对最优关键值 L 和期望平均成本的影响,表 8-4 和表 8-5 是在不同的C_D下两种策略开始进行维护的机器损坏数目的最优关键值 L 和相应的平均成本。

表 8-4　在不同C_D下策略 1 所得的最优关键值 L 和相应的成本

C_D	0.4	0.6	0.8
最优值 L	3	2	2
平均成本	51.26	53.79	57.86

表 8-5　在不同C_D下策略 2 所得的最优关键值 L 和相应的成本

C_D	0.4	0.6	0.8
最优值 L	2	2	1
平均成本	44.94	48.89	50.63

通过表 8-4 和表 8-5 可得,随着C_D的增加,缺货损失成本也将增大,所以

需要更多的设备处于健康状态从而满足需求,启动维护的最优值 L 也是不断地减小,总的平均成本也是增加的。对于采用策略 1,C_D 增加 0.2 时,平均成本增加大概 6%,采用策略 2 时,平均成本大概增加 4%,从而策略 2 相对优于策略 1。当 C_D 增加 0.4 时,策略 1 的平均成本增加 13%,策略 2 的平均成本增加 11%,从而在 C_D 增加较大时,策略 2 也是相对优于策略 1。从表中可得,在相同的 C_D 下,策略 2 的成本低于策略 1 的成本,可以在每一次的维护中把所有设备的状态恢复到健康状态,从而减少缺货带来的损失,继而使总的维护费用最小。

最后分析对于维护时间服从不同的分布对最优值 L 和平均成本的影响,第一种维护时间分布为 Gamma,第二种维护时间分布为 Weibull。

表 8 - 6　在不同维护时间的分布下最优值和平均成本

维护时间分布	参数	策略	最优值 L	平均成本
Gamma	$\alpha=6,\beta=0.2$	1	3	50.34
		2	2	44.94
Weibull.	$\alpha=4,\eta=50$	1	4	48.54
		2	3	32.67

通过比较在不同维护时间分布的情况下,明显策略 2 优于策略 1,从而判断在多设备数量不超过 50 的情况下,每次维护采取策略 2 是相对节约成本的。在对 C_E、C_D 发生变化的分析,可以得到采用策略 2 能更好地降低维护费用,在维护时间分布不同的情况下,策略 2 的成本也低于策略 1。

8.4　多设备状态维护与备件订购策略的联合优化

8.4.1　符号说明

$X_i(t)$:在时间 t 设备的退化水平;

D_f:故障性更换阈值;

D_p:预防性更换阈值;

s:安全库存数量;

S：最大库存数量；

T：固定检测周期；

C_{ins}：检测成本；

C_p：预防性更换成本；

C_c：故障性更换成本；

u：备件库存数量；

C_{main}：维护相关的总费用；

C_{spare}：备件相关的总费用；

C_s：备件订购的单位成本；

C_h：备件库存成本；

L_s：备件的交付时间；

C_{sd}：单位时间备件短缺带来的损失成本；

$C_m P_n$：系统的维护需求。

8.4.2　系统描述

8.4.2.1　系统退化特点

系统是由 M 个独立的设备组成，每个设备的退化过程都是相互独立的，但是存在一定的经济关系。每个设备退化过程都是连续的而且设备的退化状态可以被检测到。对每个设备的假设如下：

（1）令 $X_i(t)$ 表示设备的退化水平，设备的退化过程是连续的随机过程。

（2）令随机变量 X_i^k 表示设备 i 在 k 时刻的退化量。当 $X_i^k=0$ 的时候，表示设备是全新状态。X_i^k 随时间的增加而逐渐增加，且存在一个阈值 D_f，当 $X_i^k > D_f$ 时，设备出现故障而停机。

（3）设备在连续时间的退化增量 $\Delta X_i^k = X_i^k - X_i^{k-1}$ 是非负，平稳并且独立的。退化增量概率密度函数为 $f(x)$，则设备在 n 个单位时间的退化量服从 $f^{(n)}(x)$ 随机分布，$f^{(n)}(x)$ 是 $f(x)$ 的 n 次卷积。

整个多设备系统的退化过程可以表示为 $X(t) = [X_1(t), X_2(t), \cdots, X_M(t)]$，而系统在时间 t 的退化过程可以表示为 M 维随机变量 $(X_i^1, X_i^2, \cdots, X_i^M)$。

8.4.2.2　状态维护与备件订购的联合策略

多设备系统的状态维护策略与备件订购具有相互影响的关系。所以制定了基于周期性检测的状态维护策略和备件订购策略为 (S,s) 的联合优化策略。根据设备的退化状态定义了预防性维护阈值 D_p，其中 $0 < D_p \leqslant D_f$。备件的订购策略为 (S,s)，其中 s 为安全库存量，S 为最大库存量。当检测时备件的库存量不能满足维护要求或者维护后剩余的备件数目少于安全库存时，即进行订购备件。状态维护及备件订购的相关假设及可能的决策如下：

（1）通过定期检测 $kT(k=1,2,\cdots)$ 来确定设备的退化状态和备件库存的数量，其中 T 为固定的检测周期。多设备系统的退化状态为 $X_k = (X_1^k, X_2^k, \cdots, X_M^k)$，其中 X_i^k 表示设备 i 的退化量，备件库存的数量为 u，每次检测的费用为 C_o。

（2）在每次的检查中根据设备的状态来确定相应的维护决策。

（a）若 $0 < X_i^k < D_p(i=1,2,\cdots,M)$，则设备 i 不需要任何维护活动

（b）若 $D_p \leqslant X_i^k < D_f(i=1,2,\cdots,M)$，则对设备 i 进行预防性更换

（c）若 $X_i^k > D_f(i=1,2,\cdots,M)$，则对设备 i 进行故障性更换

（3）通过定期检测系统中各个设备的退化状态可以得到系统的维护需求，用 $C_m P_n$ 表示系统的维护需求，表明有 m 个设备需要进行故障性更换，有 n 个设备需要进行 预防性更换。由于受到现有备件库存的限制，并不是所有的维护活动都能同时满足，根据设备退化的严重程度不同，先进行故障性更换活动，再次进行预防性更换活动。所有维护活动不考虑维护时间，都是瞬间完成。

（a）若 $0 \leqslant u < m$，备件库存数量不能满足维护需求，只有 u 个设备可以进行故障性更换活动，其他维护活动需要等备件订购到达后才能进行。

（b）若 $m \leqslant u < m+n$，备件库存数量只能满足故障性更换需求，而不能满足预防性更换的需求，所以先进行 m 台设备的故障性更换活动和 $u-m$ 台设备的预防性更换活动，其他预防性更换的设备需要等备件订购到达后才能进行。

（c）若 $u \geqslant m+n$，备件库存数量充足，所有维护活动都能满足。

如果所需要的维护活动被延迟，设备将在运行一段时间再进行维护，所以设备的退化将更加严重。关于维护成本的假设如下：每次检查成本为 C_{ins}，检查时间忽略不计，预防性更换的成本为 C_p，故障性更换的成本为 C_c，一般 $C_c \geqslant C_p$。

（4）当每次的维护活动结束后，根据剩余的备件库存数量进行订购策略的

制定,具体如下:

(a) 若 $0 \leqslant u < m+n$,则备件库存不能满足所有维护需求,需要订购备件的数量为 $S+m+n-u$。

(b) 若 $m+n \leqslant u < m+n+s$,则备件的库存能够满足所有的维护需求,但维护过后剩余的备件库存数量会少于安全库存 s,所以需要订购备件的数量为 $S+m+n-u$。

(c) 若 $m+n+s \leqslant u < M$,则备件的库存能够满足所有的维护需求,且剩余的备件库存数量大于安全库存,所以不需要订购备件。

备件订购的单位成本为 C_s,备件的库存成本为 C_h,备件的交付时间为恒定值 L_s,且满足 $L_s < T$。由上述(3)和(4)可得表 8-7。

表 8-7　维护与备件相关的情况

维护需求	维护活动	备件订购	延误的维护活动	剩余的备件
$0 \leqslant u < m$	$C_u P_0$	$S+m+n-u$	$C_{m-u} P_n$	S
$m \leqslant u < m+n$	$C_m P_{u-m}$	$S+m+n-u$	$C_0 P_{n-(u-m)}$	S
$m+n \leqslant u < m+n+s$	$C_m P_n$	$S+m+n-u$	$C_0 P_0$	S
$m+n+s \leqslant u$	$C_m P_n$	0	$C_0 P_0$	$u-m-n$

8.4.3　维护优化模型

根据系统退化的特点以及维护与备件订购策略的联合策略可得,需要选择一个合理的观测周期 T 和预防性更换阈值 D_p,较小的检测周期会增加多次检测费用,较长的检测周期则会使设备发生故障的概率很大的增加,所以合理的检测周期对设备维护至关重要。类似的预防性更换阈值的确定也是十分重要的。同时备件订购策略 (S,s) 的制定也很影响维护的费用,过多的订购备件会增加大量的库存费用,也会使企业的流动资金减少,过少的备件会造成维护活动被延迟。

8.4.3.1　费用率模型的建立

根据更新理论,将一个周期内的平均费用率作为目标函数,得到如下费用率模型:

$$\min C(T,D_p,S,s)=\min \frac{E(C)}{T} \qquad (8-15)$$

$$s.t\ \ 0<D_p\leqslant D_f$$

$$0<s<S\leqslant M$$

式中:$E(C)$表示维护周期内的维护和备件的总费用期望,它是由三部分组成的,包括检查费用C_{ins}、维护相关总费用C_{main}和备件相关的费用C_{spare},即

$$E(C)=C_{\text{ins}}+C_{\text{main}}+C_{\text{spare}} \qquad (8-16)$$

式中:维护相关总费用C_{main}包括预防性更换、故障性更换和备件不足相关的惩罚费用,备件相关的费用C_{spare}包括备件订购费用C_{order}和备件库存费用C_{hold}。

8.4.3.2　维护相关的费用

在联合优化模型中,根据检测得到的多设备系统的状态以及备件库存的数量从而决定维护决策以及备件的订购策略。设在系统检测完成后的维护需求为C_mP_n,由于备件库存数量u的限制,实际完成的维护活动为C_jP_k,表示j个设备完成了故障性更换,k个设备完成了预防性更换,结合备件库存的数量u可以有下面三种情况:

$$C_jP_k=\begin{cases}C_uP_0, & 0\leqslant u<m \\ C_mP_{u-m}, & m\leqslant u<m+n \\ C_mP_n, & m+n\leqslant u<S\end{cases} \qquad (8-17)$$

设$P^*_{C_jP_k}$表示完成维护活动C_jP_k的概率,维护需求和备件库存是相互独立的,则这3种可能发生的维护活动的概率可以表示为:

$$P^*_{C_uP_0}=P^M_{C_mP_n}\sum_{u=0}^{m-1}P_S(u) \qquad (8-18)$$

$$P^*_{C_mP_{u-m}}=P^M_{C_mP_n}\sum_{u=m}^{m+n-1}P_S(u) \qquad (8-19)$$

$$P^*_{C_mP_n}=P^M_{C_mP_n}\sum_{u=m+n}^{S}P_S(u) \qquad (8-20)$$

式中:$P^M_{C_mP_n}$表示维护需求为C_mP_n时的概率,$P_S(u)$表示库存为u的概率。

考虑在一个周期T内3种可能发生的维护费用,每种维护相关的总费用由四部分组成:每次启动维护的固定成本和预防更换成本以及故障性更换成本、备件短缺给故障性设备带来的停机损失成本,本节不考虑备件不足给预防性更换的惩罚成本。于是一个周期内总维护相关费用函数为:

$$C_{\text{main}}=\sum_{m+n=0}^{M}P^M_{C_mP_n}\times\Big\{\big[C_{\text{set}}+uC_c+C_{sd}L_s(m-u)+C_{\text{set}}+(m-u)C_c+$$

$$nC_p] \sum_{u=0}^{m-1} P_S(u) + [C_{set} + mC_c + (u-m)C_p + C_{set} + (n-u+m)C_p]$$

$$\sum_{u=m}^{m+n-1} P_S(u) + (C_{set} + mC_c + nC_p) \sum_{u=m+n}^{S} P_S(u) \bigg\} \qquad (8-21)$$

8.4.3.3　备件相关的费用

随着一个周期开始的检测和维护活动结束后,相应的库存状态会发生变化,相应的备件订购费用和备件库存费用将会产生。备件的相关费用包括 C_{order} 和 C_{hold}。

1)备件订购费用

根据 8.4.2 节中的(4)所得,当备件库存数量为 $0 \leqslant u < m+n$ 时,备件库存满足不了维护需求,则需要订购 $S+m+n-u$ 个备件;当备件库存数量为 $m+n \leqslant u < m+n+s$,备件数量能够满足维护需求,但是剩余的备件数量小于安全库存,所以需要订购 $S+m+n-u$ 个备件;其他情况不需要订购备件,所以备件订购费用为:

$$C_{order} = C_s \sum_{m+n=1}^{M} P_{C_m P_n}^M \bigg[(S+m+n-u) \sum_{u=0}^{m+n+S-1} P_S(u) \bigg] \qquad (8-22)$$

2)备件库存费用

在一个周期里,所有的备件都会产生库存费用,备件的库存费用主要有两部分组成,如下所示:

(1)在多设备系统被检测后,会进行相应的维护活动,当备件数量所能支持的维护活动结束后,剩余的备件会在整个周期 T 内产生库存费用,这部分库存费用可以表示为:

$$C_{hold}^1 = TC_h \sum_{m+n=1}^{M} P_{C_m P_n}^M \bigg[(u-m-n) \sum_{u=m+n}^{M} P_s(u) \bigg] \qquad (8-23)$$

(2)当订购的备件到达时,延误的维护活动就能进行,而等维护活动结束后,剩余的备件会在时间为 $T-L_s$ 内产生库存费用。当开始的备件数量不能满足所有的维护需求时,需要订购备件,则在完成厌恶的维护活动后,剩余库存数量为 S;当备件数量能够满足维护需求,但是剩余的备件数量小于安全库存,需要订购备件,则应订购备件数量为 $S+m+n-u$,这部分备件会在 $T-L_s$ 时间内产生库存费用。所以这部分的库存费用可以表示为:

$$C_{\text{hold}}^2 = (T - L_s) C_h \sum_{m+n=1}^{M} PM_{C_m P_n} \left[S \sum_{u=0}^{m+n-1} P_s(u) + (S + m + n - u) \sum_{u=m+n}^{m+n+s-1} P_s(u) \right]$$

$$(8 - 24)$$

综上所述可得备件相关的费用 $C_{\text{spare}} = C_{\text{order}} + C_{\text{hold}}^1 + C_{\text{hold}}^2$。所以 $E(C) = C_{\text{ins}} + C_{\text{main}} + C_{\text{order}} + C_{\text{hold}}^1 + C_{\text{hold}}^2$。

由上述等式可知,为求解 $E(C)$ 需要计算维护需求概率 $P_{C_m P_n}^M$ 和备件库存概率 $P_s(u)$。

8.4.5　模型求解

8.4.5.1　维护需求概率

令 $C_m P_n$ 表示每个时期的维护需求,它是由检测的系统退化状态 $X = (X_1, X_2, \cdots, X_M)$ 所决定的。根据文献[201]提出的联合劣化状态空间划分法可得维护需求的概率 $P_{C_m P_n}^M$ 如下:

(1)若 $m + n = 0$,则

$$P_{C_0 P_0}^M(X) = P_{C_0 P_0}^{M-1}(x_1, x_2, \cdots, x_{M-1}) P_{C_0 P_0}^1(x_M) \qquad (8 - 25)$$

(2)若 $1 \leqslant m + n \leqslant M$,则

$$P_{C_m P_n}^M(X) = I_{(m+n<M)} P_{C_0 P_0}^{M-1}(x_1, x_2, \cdots, x_{M-1}) P_{C_0 P_0}^1(x_M)$$

$$+ P_{C_{m-1} P_n}^{M-1}(x_1, x_2, \cdots, x_{M-1}) P_{C_1 P_0}^1(x_M) + P_{C_m P_{n-1}}^{M-1}(x_1, x_2, \cdots, x_{M-1}) P_{C_0 P_1}^1(x_M)$$

$$+ I_{(i=1)} P_{C_0 P_0}^{M-1}(x_1, x_2, \cdots, x_{M-1}) P_{C_1 P_0}^1(x_M) \qquad (8 - 26)$$

其中,$I_A(x)$ 为指示函数,$I_A(x) = \begin{cases} 1 & x \in A \\ 0 & x \notin A \end{cases}$。

8.4.5.2　稳态概率密度函数

通过上述分析可得,联合概率密度函数是求解维护需求概率的关键,由于系统中各设备相互独立,通过求解单个设备 i 的稳态概率密度从而可以得到联合概率密度函数,即:

$$\mu(x_1, x_2, \cdots, x_M) = \prod_{i=1}^{M} \mu(x_i) \qquad (8 - 27)$$

由于设备在维护后的退化状态与维护前的状态无关,所以系统的退化过程具有半更新特点,可以将任意的维护决策点作为半更新点。本节将一个维护间隔期 T 作为半更新周期,分别用 $Y = (y_1, y_2, \cdots, y_M)$ 和 $\tilde{Y} = (\tilde{y}_1, \tilde{y}_2, \cdots, \tilde{y}_M)$ 表示在半更新开始时维护前后系统的状态,如果设备进行维护,则 $\tilde{y}_i = 0$,否则 $\tilde{y}_i =$

y_i。令 $X=(X_1,X_2,\cdots,X_M)$ 表示一个周期结束后系统的状态,在每个周期开始有两种不同的维护方案,通过计算不同的状态转移的情况,可以得到 $\mu(x_i)$。

(1) 若对设备 i 进行预防性维护,则根据设备状态 y_i 决定的,发生的概率为 $1-\int_0^{Dp}\mu(y_i)\mathrm{d}y_i$,且 $\tilde{y}_i=0$,经过一个周期 T 状态退化到 X_i 的概率为 $f^T(x_i)$。

(2) 若未对设备 i 进行维护,不维护的概率为 $\int_0^{\min(x_i,Dp)}\mu(y_i)\mathrm{d}y_i$,所以设备状态从 $\tilde{y}_i=y_i$ 退化到状态 x_i 的概率为 $f^T(x_i-y_i)$。

综上可得 $\mu(x_i)$ 可以表示为:

$$\mu(x_i)=f^T(x_i)\left[1-\int_0^{Dp}\mu(y_i)\mathrm{d}y_i\right]+\int_0^{\min(x_i,Dp)}\mu(y_i)\,f^T(x_i-y_i)\mathrm{d}y_i$$

$$(8-28)$$

可用离散方式求解上式的数值近似解。

8.4.5.3　备件库存状态的概率

在一个周期开始检测时候库存备件状态 u 和过去的状态无关,只与上个周期的维护需求和库存状态有关,符合马尔可夫链的条件。因此,通过对一个周期内可能的维护需求和库存状态进行分析,从而可以得到 $P_s(u)$。

假设给定一个周期的维护需求为 C_mP_n,库存状态为 v。根据表 8-7 的策略,有以下两种情况:

(1) 如果 $0\leqslant v<m+n+s$,则需要订购备件满足维护需求或下一个周期的库存要求,所以下一个周期开始时的新库存数量将为 S。

(2) 如果 $v\geqslant m+n+s$,则无需订购备件,所以下个周期开始时的备件库存数量为 $u-m-n$。

因此,u 可以表示为如下的函数,即:

$$u=g(v,m,n)=\begin{cases}S,v-(m+n)<s\\v-(m+n),v-(m+n)\geqslant s\end{cases}$$

$$(8-29)$$

同时,库存状态的概率可以表示为 $P_s(u)=pr[g(v,m,n)]$,令 $pr(S=v,C=m,P=n)$ 表示库存状态为 v,且维护需求为 C_mP_n 时的概率,于是有:

$$P_s(u=S)=pr(v-m-n<s)=\sum_{m+n=0}^{M}\sum_{s+m+n=v}^{\infty}pr(S=v,C=m,P=n)$$

$$P_s(u=v-m-n)=pr(v-m-n\geqslant s)=\sum_{m+n=0}^{M}\sum_{s+m+n=0}^{v}pr(S=v,C=m,P=n)\tag{8-30}$$

其余情况的概率都是 0。

由于库存状态和维护需求是相互独立的,于是有:

$$pr(S=v,C=m,P=n)=pr(S=v)pr(C=m,P=n)=P_s(v)P_{C_mP_n}^{M}$$

代入式(8-31),可以得到:

$$P_s(u=S)=\sum_{m+n=0}^{M}\sum_{v=0}^{m+n+s-1}P_s(v)\,P_{C_mP_n}^{M}\tag{8-31}$$

$$P_s(u=v-m-n)=\sum_{m+n=0}^{M}\sum_{v=m+n+s}^{\infty}P_s(v)\,P_{C_mP_n}^{M}\tag{8-32}$$

将式(8-31)和式(8-32)相加可得下式:

$$P_s(u=S)+P_s(u=v-m-n)=\sum_{m+n=0}^{M}P_{C_mP_n}^{M}\left[\sum_{v=0}^{m+n+s-1}P_s(v)+\sum_{v=m+n+s}^{\infty}P_s(v)\right]$$

$$=\sum_{m+n=0}^{M}\sum_{v=0}^{\infty}P_s(v)=1\tag{8-33}$$

通过上式可得对库存状态$P_s(u)$的定义满足概率密度函数的特征。

8.4.6　算例分析

8.4.6.1　数据准备

考虑系统由 10 台设备组成,设备之间退化过程相互独立,假设设备在单位时间内的退化增量 ΔX_i^k 服从 Gamma 分布,概率密度函数为 $\Gamma(\alpha,\beta)$,其中 α 为形状参数,β 为尺度参数吗,则经过 t 时间的累积增量服从 $\Gamma(t\alpha,\beta)$ 分布。

$$f(x\mid\alpha,\beta)=\frac{\beta^{\alpha}}{\Gamma(\alpha)}x^{\alpha-1}e^{-\beta x},x\geqslant0$$

$$\Gamma(\alpha)=\int_0^{\infty}x^{\alpha-1}e^{-x}\mathrm{d}x,\alpha>0$$

相关的参数如下:$\alpha=0.7,\beta=5,D_f=0.3,C_{ins}=0.7,C_{set}=8,C_c=9,C_p=3,$
$C_{sd}=0.4,C_s=1.3,C_h=0.5,L_s=3$,费用参数单位为万元。

8.4.6.2　结果分析

利用遗传算法对模型进行求解,参数设置如下:种群大小为 20,最大遗传代数为 50,交叉概率为 0.7,变异概率为 0.3,代沟 0.8。图 8-2 为遗传算法迭代图,

优化可得 $T^*=5, D_p^*=0.16, s^*=3, S^*=7$,最优费用率为 16.67。

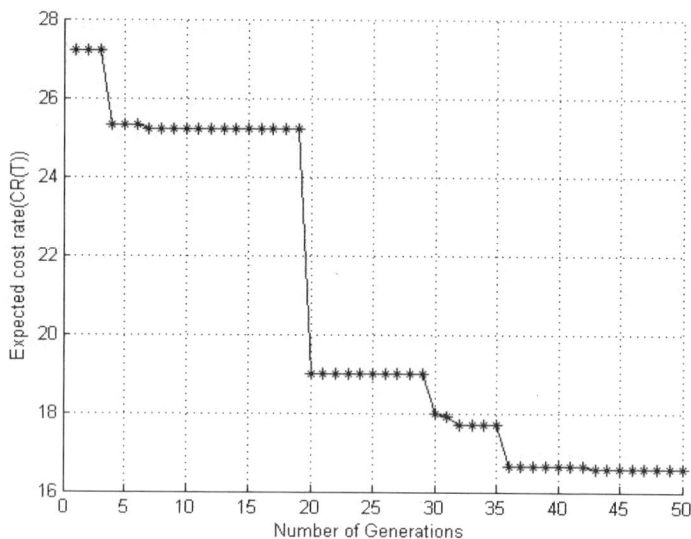

图 8-2　遗传算法优化过程

8.4.6.3　结果比较

为了检验不同的参数对联合优化策略的影响,分别对维护相关的参数(C_{ins}, $C_{set}, C_p, C_c, C_{sd}$)和备件相关的参数($C_s, C_h, L_s$)进行灵敏度分析。

表 8-8　维护相关参数对应的维护策略

参数	取值	最优费用率	T^*	D_p^*	s^*	S^*
	0.3	15.47	4	0.15	2	6
C_{ins}	0.7	16.67	5	0.16	3	7
	1.1	17.69	8	0.17	3	7
	5	12.47	3	0.14	3	5
C_{set}	8	16.67	5	0.16	3	7
	11	20.46	7	0.19	4	8
	0.8	14.68	4	0.15	2	5
C_p	3	16.67	5	0.16	3	7
	9	19.35	5	0.18	3	7

（续表）

参数	取值	最优费用率	T^*	D_p^*	s^*	S^*
C_c	5	13.28	7	0.18	2	6
	9	16.67	5	0.16	3	7
	13	20.46	4	0.13	2	7
C_{sd}	0.1	15.31	6	0.17	2	6
	0.4	16.67	5	0.16	3	7
	1.2	17.56	3	0.13	4	7

1）检查费用 C_{ins}

随着检查费用的增加，最优费用率增加了，最佳检查间隔也相应地增加，从而通过降低检查的频率来减少费用率。同时，随着 C_{ins} 的增加，安全库存 s 和最大库存 S 也存在相应的增加趋势，这是由于随着检查周期的增加，应该有更多的备件来满足可能的维护需求。但是，随着 C_{ins} 的增加，D_p^* 变化较小，可能是由于该决策变量与检测成本并无直接的关系。

2）维护启动成本 C_{set}

随着维护启动成本的增加，为了避免较高的维护成本，所以会减少维护的次数来降低费用率，随之检查周期和预防性更换阈值增加。但是，这些变量的增加，会增加系统出故障的概率，所以为了避免由于维护活动所需备件的短缺而造成停机损失，相应的安全库存 s 和最大库存 S 也随之增加。

3）预防性更换成本 C_p

由于假设 $C_c \geqslant C_p$，所以 C_p 的最大值设置为 $C_c = C_p = 9$。从表中可以看出 C_p 的增加导致了检测周期和预防性更换阈值的增加，在这种情况下，通过降低预防性更换的概率和频率来降低费用率。尽管降低维护概率可以减少对备件的需求，但是随着故障率的增加，为了避免由于备件缺失而导致的停机损失，所以相应的安全库存 s 和最大库存 S 都有增加的趋势，尽管趋势并不明显。

4）故障性更换成本 C_c

由于假设 $C_p \leqslant C_c$，所以 C_c 的最小值设置为 5。从表中可以看出随着故障性更换成本的增加，维护阈值出现降低的趋势，最佳检查周期也相应地缩短。通过检查周期的缩短和维护阈值的降低可以减少故障性更换性活动的频率和概率，并且增加较高的预防性维护概率,进一步降低了设备的故障率从而降低了费用率。

5) 停机损失成本C_{sd}

随着停机损失成本C_{sd}的增加,最佳检查周期缩短,并且维护阈值也逐渐地降低。由于维护需求的增加,对备件的需求量也逐渐地增加,所以安全库存 s 和最大库存 S 也相应地增加,以避免由于维护备件短缺而导致巨大的停机损失。

表 8 - 9　备件相关的参数的最优策略

参数	取值	最优费用率	T^*	D_p^*	s^*	S^*
C_s	0.5	14.35	4	0.14	3	6
	1.3	16.67	5	0.16	3	7
	3.6	18.43	7	0.17	2	5
C_h	0.1	13.88	8	0.15	4	8
	0.5	16.67	5	0.16	3	7
	2.3	19.43	3	0.14	3	6
L_s	1	14.43	7	0.13	2	5
	3	16.67	5	0.16	3	7
	7	18.56	2	0.15	5	7

6) 备件订购成本C_s

随着备件订购成本C_s的增加,检测周期变长,维护阈值也逐渐地增加,从而降低维护的频率和对备件的需求量,相应的备件的订购次数也逐渐地减少;从而可以降低费用率。由于需求的降低,安全库存 s 和最大库存 S 也相应地减少。

7) 备件库存成本C_h

由于备件库存成本的逐渐增加,所以备件的订购数量不宜太多,保持一定的数量即可。因此随着C_h的增加,安全库存 s 和最大库存 S 逐渐降低。但是,较低的库存可能会导致备件的短缺,从而导致停机成本的增加,因此,检测周期随着C_h的增加而逐渐减少,以确保设备的高效运行。

8) 备件订购交付时间L_s

随着备件订购交付时间的增加,备件缺货的可能性也随之增加,为了保证需要维护时备件的可用性,所以安全库存 s 和最大库存 S 也随 L_s 的增加而增加。

　　根据上述实验分析可得,任何维护相关的参数和备件相关的参数的调整都会对最优的联合决策策略产生影响。分析还表明,需要对多设备系统的维护和备件订购进行联合优化时才能为系统提供最优的维护策略和备件订购策略。

8.5　本章小结

　　本章考虑了对于多设备系统的两种状态维护策略,系统中的设备退化过程都是相互独立的,每个设备的退化过程描述成一个 3 状态的连续时间的齐次马尔可夫过程,包括两个工作状态和一个损坏状态。每次观察会在间隔时间为 Δ 对系统各设备的状态进行检测,在不同的状态设备的生产率是不同的,需求量为恒量。是否进行维护取决于在观察时系统中损坏的机器数目。目标是确定进行维护的最优损坏设备的数目,从而确定最小维护费用。数值案例提供了两种维护策略的对比。将设备的退化过程分成三个状态是十分理性化的模型,通过阅读国外文献可知,可将设备的健康状态和退化状态进行细分继续扩展成若干个状态,将健康状态分为 k_1 个状态和退化状态分为 k_2 个状态,从而更为具体地描述设备的退化过程,后续研究将会考虑联合备件的订购策略分析,将状态从 3 个扩展到 n 个等方面。

　　针对由多个同类型设备组成的多设备系统,讨论了在周期检测下状态维护与备件订购的联合优化研究。在每个观测点根据系统的退化状态和备件库存的状态从而确定相应的维护需求,然后再确定相应的维护策略和备件订购策略,考虑在一个检测周期内维护相关的费用和备件相关的费用,根据半更新过程建立费用率函数。根据劣化空间划分法求出在每个决策点的维护需求概率和备件库存状态的概率。最后通过案例分析来验证模型的有效性,并对相关的维护参数和备件参数进行了灵敏度分析。案例分析表明在多设备系统中有效地将状态维护策略与备件订购策略进行联合优化可以降低维护成本。

第9章 考虑产品保修服务的设备维护计划研究

9.1 引 言

科学技术的快速发展、经济全球化的影响以及市场竞争日益激烈,给生产者带来了巨大的压力。在日常生活中消费者在购买产品前,总是会对多家同类产品进行选择比较,而由于厂家生产同类商品时所用的设备和技术几乎相同,因此根据与产品相关的特征,例如价格、产品的功能等因素,消费者很难做出选择。尤其是产品越来越复杂,消费者很难判定产品质量的优劣。而保修服务不仅能够提示产品的质量信息,还能保障消费者的利益,已成为产品选择的重要依据。因此,保修服务目前已成为市场竞争的重要工具。现代制造业的生产制造系统朝着柔性化、高速化、大型化、自动化、精密化、智能化和集成化发展,生产设备发生故障带来的损失越来越大。因此通过采取有效的设备维护保养策略来确保生产系统稳定、可靠地运行,越来越受到现代制造企业的重视。

随着现代化生产的迅速发展,其对设备的可靠性和利用率提出了更高的要求,设备维护策略和产品保修一直是业内关注的热点。因此,本章在设备维护策略和产品保修现有研究成果的基础上,针对现有研究的不足,对基于产品保修的预防性维护策略展开深入研究,旨在确定最佳缓冲区库存和生产系统的次品率,并根据所得结果制定合理的预防性维护策略,以降低设备故障率和生产成本,提高生产效率。

针对生产系统的维护,国内外的相关学者都进行了大量研究,提出了新的理论依据、决策方法,对今后的研究起到了重要的指导意义。例如 Christer 提出的时间延迟模型克服了许多维护模型存在的假定条件与实际条件不符而无法应用的问题[202]。之后,Wang 考虑了生产中设备因缺陷而延迟形成的故障导致产品质量发生劣化的过程,而提出对设备进行定期重大检查的维护策略,目的是优化检查间隔[203]。在此基础上,Taghipour 等提出了机会维护的最优检查间隔模型[204]。特别地,Wijngaard 首次提出了缓冲区库存[205],后来的一些学术研究者也对带有缓冲区的设备进行了不同程度的研究[206-207]。同时,考虑到现实生活中并非所有预防维护活动都是周期性活动,Nourelfath 和 Fitouhi 研究了单一串联生产系统的整合优化问题[111]。Fitouhi 和 Nourelfath 又将理论应用于串并联混合设备的生产系统中[110]。在后续的研究中,刘学娟、张琪、刘勤明等提出了将生产计划与设备维护策略进行联合优化研究,并且在设备维护过程中,考虑了产品的质量[208-210]。随后,成国庆、逯程、卢震等学者也进行了这一领域的相关研究[211-213]。综上所述,许多学者都清楚地表明,设备的状态在控制缓冲区库存或者批量大小方面起着关键的作用,设备的状态也在控制产品质量方面发挥重要作用。但由于预防性维护的时间间隔往往是确定的,而对缓冲区库存的状态并不关心,这就可能会出现缓冲区库存不足的情况下仍坚持进行预防性维护,而预防性维护过程中,也没有考虑产品的次品率,也就是保修服务,将会出现缺货现象,产生额外的缺货费。目前,对缓冲区设备的预防性维护研究几乎忽略了这一点。

　　基于上述问题,本章对不同缓冲库存情境下考虑保修服务的生产系统预防性维护策略展开了深入研究。首先,分析缓冲区库存变化的轨迹,确定不同的缓冲区库存情景模式,分别构建生产周期内缓冲区库存持有成本模型。其次,根据次品率与进行预防维护时次品率阈值水平的关系,判断是否执行维护行动。为了确保生产系统停止进行维护操作时仍持续满足生产需求,一旦发现次品率达到阈值水平,则建立生产系统的缓冲区库存量。最后,采取预防性维护时的次品率阈值、建立缓冲区库存时次品率的阈值水平和缓冲区库存量大小为决策变量,将生产周期内单位时间总费用最小化作为目标函数建立预防维护模型,总费用包括预防维护费用、库存持有费用、返工费用、短缺费用、保修维护费用。利用具体数值进行算例分析验证所建模型的可行性与有效性。本章通过将预防性维护计划与产品保修相结合,确定最佳的缓冲区库存和次品率阈值,综合考虑随机故障对企业设备预防维护费用、库存持有费用、返工费用、保修维护费用等方面的不利影响,有利于研究科学、合理、有效的生产系统预防性维护策略并制订预防性维护计划。

9.2　考虑产品保修服务的设备维护描述

本章研究 2M1B 生产系统受到劣化过程的影响,产生合格品和次品的问题。该系统产生的所有次品都将在并行系统立即进行重新返工,并以与合格产品相同的价格出售。为确定次品的数量,生产系统的每个生产批次都将进行产品质量控制。根据观察到的次品率 l,来决定生产系统是否执行维护行动,如图 9-1 所示,如果发现次品率 l 高于某个阈值 l_b,并且低于最大值 1($l_b < l < 1$),则停止设备,并进行预防性维修;如果发现 l 在最小级别 l_0 和 l_b 之间($l_0 < l \leqslant l_b$),则不执行任何操作。生产系统的设备执行预防性维护后,系统的状态将恢复如新,l 再次从 0 开始。

本章假设设备执行一次维护操作后能保证在下一次维护操作之前系统故障率大约为零(见图 9-2),为了确保系统停止进行维护工作时仍持续满足生产需求,一旦 l 达到次品率阈值 l_b,就建立 h 单位的缓冲区库存量,并且,缓冲区库存量每次完全更新消耗,图 9-2 中符号说明见 9.3 节。

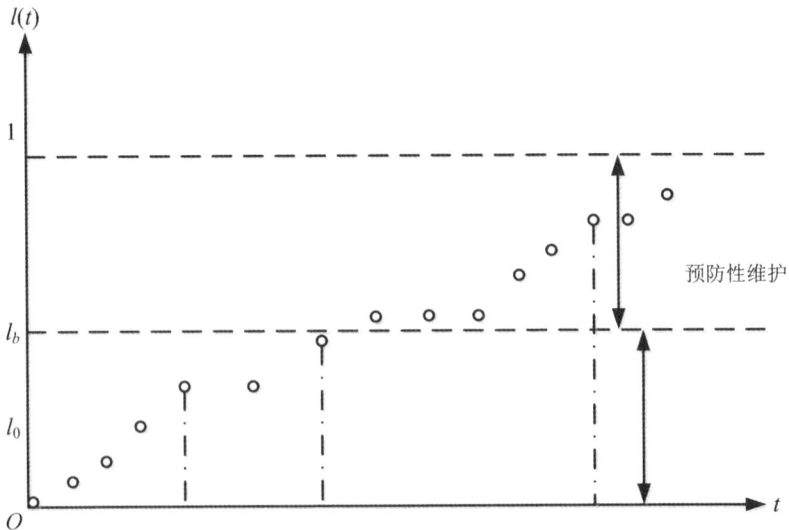

图 9-1　次品率的演变

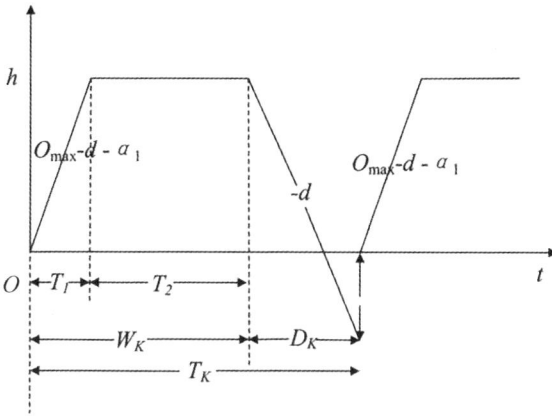

图 9-2 缓冲区库存的演变

9.3 考虑产品保修服务的设备维护模型

9.3.1 符号说明与假设

1) 符号说明

C_h: 单位产品的库存持有费用;

C_s: 单位产品的短缺费用;

C_q: 单位次品的返工费用;

C_r: 单位产品最低维护保修费用;

C_p: 单位时间预防维护费用;

T_k: 库存周期;

W_k: 生产系统在库存周期 T_k 内运行的时间;

D_k: 由于维护而导致生产系统服务中断的时间;

w: 保修期;

h: 缓冲区库存量的大小;

TQ_i: i 情景下的单位时间返工费用;

TC_i: i 情景下的单位时间产品总费用(库存持有费用、短缺费用和保修费用）；

　　TP：总预防性维护费用；

　　d：需求率；

　　l_b：进行预防性维护时次品率的阈值水平；

　　l_a：建立缓冲区库存时次品率的阈值水平；

　　$f_p(t)$：与预防性维护行动持续时间相关的概率密度函数；

　　$f_D(x)$：发生缓冲库存短缺的概率；

　　$P(l)$：与次品率 l 相关的概率分布函数。假设是由 0 作为最小值和 1 为最大值的连续分布函数；

　　$h_1(x)$：合格产品的故障率函数；

　　$h_2(x)$：次品的故障率函数；

　　μ_p：预防性维护的平均持续时间；

　　$O_{\max}$：最大生产率；

　　$\Gamma(h, l_b, l_a)$：单位时间内的总费用；

　　Γ_i：情景 i 下的单位时间总费用，$i=1, 2, 3$；

　　T_1：建立缓冲区库存的时间；

　　T_2：缓冲区库存建立后的系统运行时间；

　　α_1：T_1 期间平均次品率；

　　α_2：T_2 期间平均次品率。

　　2）假设

　　（1）所产生的次品不会重新插入生产过程，而是在并行系统中立即进行重新加工。

　　（2）d 随着时间的变化是确定的和恒定的。

　　（3）生产过程中，与维护、质量和库存等相关的所有成本已知，且不变。

　　（4）执行维护操作所需的资源是充足的。

　　生产系统的总费用包括返工费用、产品总费用和设备预防维护费用，其中，产品总费用包括库存持有费用、保修维护费用和短缺费用。单位时间总费用表示多缓冲库存情景下考虑产品保修服务的生产系统的生产和维护效率，等于总费用除以生产周期的平均持续时间。所以本章以次品率阈值水平 l_b 和 l_a，以及缓冲区库存 h 为决策变量，以最小化单位时间总费用为目标，建立数学模型。

9.3.2　单位时间返工费用和产品费用

对于库存周期 T_k,根据是否达到缓冲库存量 h 以及是否发生短缺,分为达到缓冲库存水平、未达到缓冲区库存水平、未建立缓冲区库存三种情况。图 9-3 至图 9-7 描述了在达到 h 的情况下缓冲区库存的演变,同时考虑到是否发生缺货的两种情况。

M 表示生产系统开始建立缓冲库存之前的时间,M 结束时,系统的次品率达到比 l_a 更高的水平。则

$$\alpha_1 = O_{\max} \int_0^1 [1 - p(l)] \mathrm{d}l \qquad (9-1)$$

$$\alpha_2 = \frac{d \int_0^1 [1 - p(l)] \mathrm{d}l}{1 - \int_0^1 [1 - p(l)] \mathrm{d}l} \qquad (9-2)$$

9.3.2.1　情景 1:达到缓冲区库存水平

情景 1 表示在进行维护操作之前已经达到缓冲区库存量 h。根据是否发生短缺,考虑以下两种可能性,见图 9-3 和图 9-4。图 9-3 和图 9-4 分别描述了未发生短缺以及发生短缺的情况下缓冲区库存的变化。

1) TQ_1

在这种情况下,TQ_1 与 C_q 和 W_k 期间次品的平均数有关,因为

$$T_2 = W_k - T_1 \qquad (9-3)$$

则

$$E[T_2] = E[W_k] - E[T_1] \qquad (9-4)$$

$$E[T_1] = \frac{h}{O_{\max} - d - \alpha_1} \qquad (9-5)$$

T_1 期间次品的平均数为

$$Q_1 = \alpha_1 \times E[T_1] \qquad (9-6)$$

T_2 期间次品的平均数为

$$Q_2 = \alpha_2 \times E[T_2] \qquad (9-7)$$

则情景 1 的单位时间返工费用为

$$TQ_1 = \frac{C_q[Q_1 + Q_2]}{E[T_k]} = \frac{C_q}{E[T_k]}\left[\alpha_1 \times \frac{h}{O_{\max} - d - \alpha_1} + \alpha_2 \times \left(E[W_k] - \frac{h}{O_{\max} - d - \alpha_1}\right)\right]$$

$$(9-8)$$

2）TC_1

（1）第一种情况，未发生短缺（见图 9-3）。D_k 不超过缓冲区库存的消耗时间，在 M 个单位时间（对应于发现次品率高于 l_a 的第一时刻）后再次以 $O_{\max} - d - \alpha_1$ 的速率建立缓冲区库存。

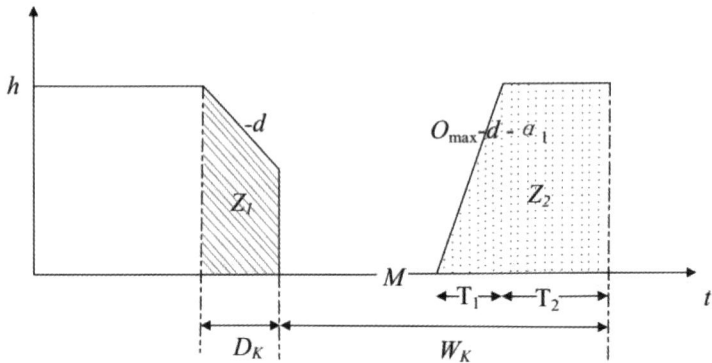

图 9-3　不发生短缺的情况下缓冲区库存的演变

在这种情况下，保修期 $[0, w]$ 内产品出现故障的概率为

$$EF_1 = \left(1 - \frac{Q_1 + Q_2}{Z_1}\right)\int_0^w h_1(x)\mathrm{d}x + \frac{Q_1 + Q_2}{Z_2}\int_0^w h_2(x)\mathrm{d}x \qquad (9-9)$$

所以，产品维护保修费用为：

$$EPF_1 = C_r Z_2 EF_1 \qquad (9-10)$$

库存持有费用为：

$$EPC_1 = C_h[Z_1 + Z_2] \qquad (9-11)$$

$$Z_1 = D_k \times h - \frac{d \times D_k^2}{2} \qquad (9-12)$$

$$Z_2 = (W_k - M) \times h - \frac{h^2}{2(O_{\max} - d - \alpha_1)} \qquad (9-13)$$

则该情况下，产品总费用为：

$$\delta_{NS1} = EPF_1 + EPC_1 \qquad (9-14)$$

（2）第二种情况，发生短缺（见图 9-4）。

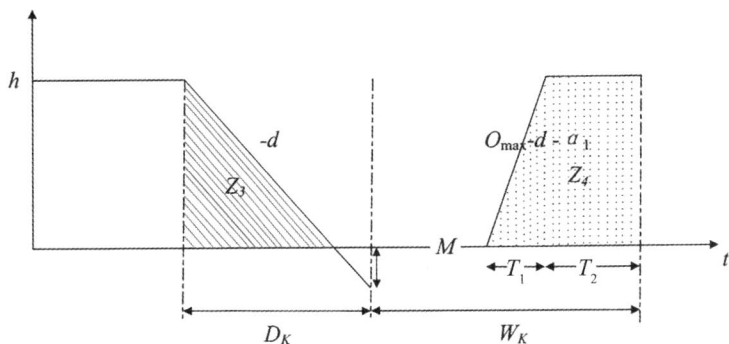

图 9 - 4　发生短缺的情况下缓冲区库存的演变

在这种情况下，保修期 $[0, w]$ 内产品出现故障的概率为：

$$EF_2 = \left(1 - \frac{Q_1 + Q_2}{Z_4}\right) \int_0^w h_1(x)\mathrm{d}x + \frac{Q_1 + Q_2}{Z_4} \int_0^w h_2(x)\mathrm{d}x \qquad (9-15)$$

所以，产品维护保修费用为：

$$EPF_2 = C_r Z_4 EF_2 \qquad (9-16)$$

库存持有费用为：

$$EPC_2 = C_h [Z_3 + Z_4] \qquad (9-17)$$

$$Z_3 = \frac{h^2}{2d} \qquad (9-18)$$

$$Z_4 = (W_k - M) \times h - \frac{h^2}{2(O_{\max} - d - \alpha_1)} \qquad (9-19)$$

短缺费用为：

$$ESC_1 = C_s \times \left(D_k - \frac{h}{2}\right)^2 \times d \qquad (9-20)$$

则该情况下，产品总费用为：

$$\delta_{WS1} = EPF_2 + EPC_2 + ESC_1 \qquad (9-21)$$

考虑到以上两种情景，情景 1 的产品总费用 l_{b1} 表示为：

$$\delta_{S1} = \delta_{NS1} \times \left[1 - f_D\left(\frac{h}{d}\right)\right] + \delta_{WS1} \times f_D\left(\frac{h}{d}\right) \qquad (9-22)$$

$$f_D\left(\frac{h}{d}\right) = \int_{h/d}^{+\infty} f_p(x) \times [1 - P(l_b)]\mathrm{d}x \qquad (9-23)$$

因此

$$\delta_{S1} = \left[1 - f_D\left(\frac{h}{d}\right)\right] \times \left\{C_h\left[D_k \times h - \frac{d \times D_k^2}{2} + (W_k - M) \times h - \right.\right.$$

$$\left.\frac{h^2}{2(O_{\max} - d - \alpha_1)}\right] + C_r Z_2\left[\left(1 - \frac{Q_1 + Q_2}{Z_1}\right)\int_0^w h_1(x)\mathrm{d}x + \right.$$

$$\left.\frac{Q_1 + Q_2}{Z_2}\int_0^w h_2(x)\mathrm{d}x\right]\right\} + f_D\left(\frac{h}{d}\right) \times \left\{C_h\left[\frac{h^2}{2d} + (W_k - M) \times \right.\right.$$

$$\left.h - \frac{h^2}{2(O_{\max} - d - \alpha_1)}\right] + C_s \times \left(D_k - \frac{h}{2}\right)^2 \times d + $$

$$\left.C_r Z_4\left[\left(1 - \frac{Q_1 + Q_2}{Z_4}\right)\int_0^w h_1(x)\mathrm{d}x + \frac{Q_1 + Q_2}{Z_4}\int_0^w h_2(x)\mathrm{d}x\right]\right\} \quad (9-24)$$

则

$$TC_1 = \frac{1}{E[T_k]}\left\{C_h h(E[W_k] - E[M]) + C_h\int_0^{h/d} f_p(x) \times \right.$$

$$[1 - P(l_b)]\mathrm{d}x \times \int_{h/d}^{+\infty}\left(xh - \frac{d \times x^2}{2}\right)f_p(x) \times [1 - P(l_b)]\mathrm{d}x + $$

$$\frac{C_h h^2}{-2(O_{\max} - d - \alpha_1)}\int_0^{\frac{h}{d}} f_p(x) \times [1 - P(l_b)]\mathrm{d}x + $$

$$C_r\left[\frac{2(O_{\max} - d - \alpha_1)(hE[W_k] - hE[M] - \alpha_2 E[W_k]) - h(2\alpha_1 - 2\alpha_2 + h)}{2h(O_{\max} - d - \alpha_1)(E[W_k] - E[M]) - h^2}\right]$$

$$\times \int_0^w h_1(x)\mathrm{d}x + \frac{2h(\alpha_1 - \alpha_2) + 2\alpha_2 E[W_k](O_{\max} - d - \alpha_1)}{2h(O_{\max} - d - \alpha_1)(E[W_k] - E[M]) - h^2} \times $$

$$\int_0^w h_2(x)\mathrm{d}x \times \int_0^{\frac{h}{d}} f_p(x) \times [1 - P(l_b)]\mathrm{d}x + $$

$$C_r\left[\frac{2(O_{\max} - d - \alpha_1)(hE[W_k] - hE[M] - \alpha_2 E[W_k]) - h(2\alpha_1 - 2\alpha_2 + h)}{2h(O_{\max} - d - \alpha_1)(E[W_k] - E[M]) - h^2}\right]$$

$$\times \int_0^w h_1(x)\mathrm{d}x + \frac{2h(\alpha_1 - \alpha_2) + 2\alpha_2 E[W_k](O_{\max} - d - \alpha_1)}{2h(O_{\max} - d - \alpha_1)(E[W_k] - E[M]) - h^2} \times \int_0^w h_2(x)\mathrm{d}x$$

$$\times \int_{\frac{h}{d}}^{+\infty} f_p(x) \times [1 - P(l_b)]\mathrm{d}x + C_s\int_0^{h/d} f_p(x) \times [1 - P(l_b)]\mathrm{d}x$$

$$\times \int_{h/d}^{+\infty} (d \times x - h)f_p(x) \times [1 - P(l_b)]\mathrm{d}x\right\} \quad (9-25)$$

9.3.2.2　情景 2：未达到缓冲区库存水平

情景 2 表示因为设备停止，缓冲区库存没有达到 h，仅仅达到了 h^*。根据是否发生短缺,同样考虑未发生短缺以及发生短缺两种情况下缓冲区库存的变化,见图 9-5 和图 9-6。

1) TQ_2

由于缓冲区库存没能达到 h,T_2 为 0,次品在 T_1^* 期间产生。

$$E[T_1^*]=\frac{h^*}{O_{\max}-d-\alpha_1} \qquad (9-26)$$

T_1^* 期间次品的平均数:

$$Q_3=\alpha_1\times E[T_1^*] \qquad (9-27)$$

单位时间返工费用为:

$$TQ_2=\frac{C_q Q_3}{E[T_k]}=\frac{C_q}{E[T_k]}\left(\alpha_1\times\frac{h^*}{O_{\max}-d-\alpha_1}\right) \qquad (9-28)$$

2) TC_2

(1) 第一种情况:未发生短缺(见图 9-5),D_k 不超过缓冲区库存的消耗时间。

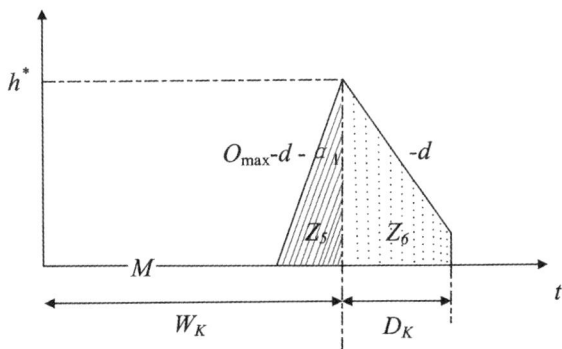

图 9-5　不发生短缺的情况下缓冲区库存的演变

在这种情况下,保修期$[0,w]$内产品出现故障的概率为:

$$EF_3=\left(1-\frac{Q_3}{Z_5}\right)\int_0^w h_1(x)\mathrm{d}x+\frac{Q_3}{Z_5}\int_0^w h_2(x)\mathrm{d}x \qquad (9-29)$$

所以,产品保修维护费用为

$$EPF_3=C_r Z_5\left[\left(1-\frac{Q_3}{Z_5}\right)\int_0^w h_1(x)\mathrm{d}x+\frac{Q_3}{Z_5}\int_0^w h_2(x)\mathrm{d}x\right] \qquad (9-30)$$

库存持有费用为

$$EPC_3 = C_h [Z_5 + Z_6] \qquad (9-31)$$

$$h^* = (O_{\max} - d - \alpha_1) - (E[W_k] - E[M]) \qquad (9-32)$$

$$Z_5 = (W_k - M) \times h^* \times \frac{1}{2} \qquad (9-33)$$

$$Z_6 = h^* \times D_k - \frac{1}{2} \times d \times D_k^2 \qquad (9-34)$$

则该情况下,产品总费用为:

$$\delta_{NS2} = EPF_3 + EHC_3 = C_h \left[h^* \times D_k - \frac{1}{2} \times d \times D_k^2 + (W_k - M) \times h^* \times \frac{1}{2} \right]$$

$$+ C_r Z_5 \left(1 - \frac{Q_3}{Z_5} \right) \int_0^w h_1(x) dx + \frac{Q_3}{Z_5} \int_0^w h_2(x) dx \qquad (9-35)$$

(2) 第二种情况,发生短缺(见图 9-6)。

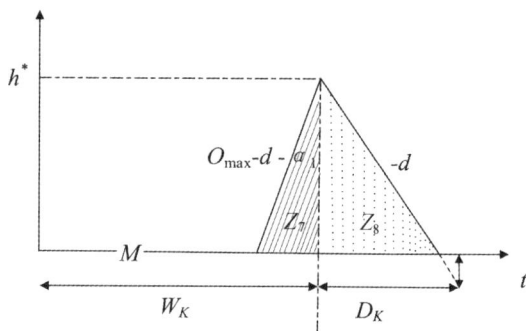

图 9-6 发生短缺的情况下缓冲区库存的演变

在这种情况下,保修期 $[0,w]$ 内产品出现故障的概率为

$$EF_4 = \left(1 - \frac{Q_3}{Z_7} \right) \int_0^w h_1(x) dx + \frac{Q_3}{Z_7} \int_0^w h_2(x) dx \qquad (9-36)$$

所以,产品保修维护费用为

$$EPF_4 = C_r Z_7 \left(1 - \frac{Q_3}{Z_7} \right) \int_0^w h_1(x) dx + \frac{Q_3}{Z_7} \int_0^w h_2(x) dx \qquad (9-37)$$

库存持有费用为

$$EPC_4 = C_h [Z_7 + Z_8] \qquad (9-38)$$

$$Z_7 = (W_k - M) \times h^* \times \frac{1}{2} \qquad (9-39)$$

$$Z_8 = \frac{h^*}{d} \times h^* \times \frac{1}{2} \tag{9-40}$$

短缺费用为

$$ESC_2 = C_s \times \left(D_k - \frac{h^*}{d} \right)^2 \times d \tag{9-41}$$

则该情况下,产品总费用为:

$$\delta_{WS2} = EPF_4 + EPC_4 + ESC_2 = C_h \left[\frac{h^*}{d} \times h^* \times \frac{1}{2} + (W_k - M) \times h^* \times \frac{1}{2} \right]$$

$$+ C_s \times \left(D_k - \frac{h^*}{d} \right)^2 \times d + C_r Z_7 \left(1 - \frac{Q_3}{Z_7} \right) \int_0^w h_1(x) \mathrm{d}x + \frac{Q_3}{Z_7} \int_0^w h_2(x) \mathrm{d}x \tag{9-42}$$

考虑到以上两种情况,情景 2 的产品总费用 δ_{S2} 表示为:

$$\delta_{S2} = \delta_{NS2} \times \left[1 - f_D \left(\frac{h^*}{d} \right) \right] + \delta_{WS2} \times f_D \left(\frac{h^*}{d} \right) \tag{9-43}$$

$$f_D \left(\frac{h^*}{d} \right) = \int_{h^*/d}^{+\infty} f_p(x) \times [1 - P(l_b)] \mathrm{d}x \tag{9-44}$$

因此

$$\delta_{S2} = \left[1 - f_D \left(\frac{h^*}{d} \right) \right]$$

$$\times \left\{ C_h \left[D_k \times h^* - \frac{1}{2} \times d \times D_k^2 (W_k - M) \times h^* \times \frac{1}{2} \right] \right.$$

$$+ C_r Z_5 \left[\left(1 - \frac{Q_3}{Z_5} \right) \int_0^w h_1(x) \mathrm{d}x + \frac{Q_3}{Z_5} \int_0^w h_2(x) \mathrm{d}x \right] \right\} + f_D \left(\frac{h^*}{d} \right)$$

$$\times \left\{ C_h \left[\frac{h^{*2}}{2d} + \frac{(W_k - M) \times h^*}{2} \right] + C_s \times \left(D_k - \frac{h^*}{d} \right)^2 \times d \right.$$

$$+ C_r Z_7 \left[\left(1 - \frac{Q_3}{Z_7} \right) \int_0^w h_1(x) \mathrm{d}x + \frac{Q_3}{Z_7} \int_0^w h_2(x) \mathrm{d}x \right] \right\} \tag{9-45}$$

则

$$TC_2 = \frac{1}{E[T_k]} \left\{ C_h \frac{h^*}{2} (E[W_k] - E[M]) + C_h \int_0^{h^*/d} f_p(x) \times [1 - P(l_b)] \mathrm{d}x \right.$$

$$\times \int_{h^*/d}^{+\infty} \left(x h^* - \frac{d \times x^2}{2} \right) f_p(x) \times [1 - P(l_b)] \mathrm{d}x + \frac{C_h h^{*2}}{2d} \int_0^{\frac{h^*}{d}} f_p(x)$$

$$\times [1-P(l_b)]\mathrm{d}x$$

$$+ C_r h^* \left[\frac{(O_{\max}-d-\alpha_1)(E[W_k]-hE[M]-\alpha_2 E[W_k])-2\alpha_1}{2(O_{\max}-d-\alpha_1)(E[W_k]-E[M])} \right]$$

$$\times \int_0^w h_1(x)\mathrm{d}x + \frac{\alpha_1}{(O_{\max}-d-\alpha_1)(E[W_k]-E[M])} \times \int_0^w h_2(x)\mathrm{d}x \right]$$

$$\times \int_0^{\frac{h^*}{d}} f_p(x) \times [1-P(l_b)]\mathrm{d}x$$

$$+ C_r h^* \left[\left[\frac{(O_{\max}-d-\alpha_1)(E[W_k]-hE[M]-\alpha_2 E[W_k])-2\alpha_1}{2(O_{\max}-d-\alpha_1)(E[W_k]-E[M])} \right] \right.$$

$$\times \int_0^w h_1(x)\mathrm{d}x + \frac{\alpha_1}{(O_{\max}-d-\alpha_1)(E[W_k]-E[M])} \times \int_0^w h_2(x)\mathrm{d}x \right]$$

$$\times \int_{\frac{h^*}{d}}^{+\infty} f_p(x) \times [1-P(l_b)]\mathrm{d}x + C_s \int_0^{h^*/d} f_p(x) \times [1-P(l_b)]\mathrm{d}x$$

$$\times \int_{h^*/d}^{+\infty} (d \times x - h^*) f_p(x) \times [1-P(l_b)]\mathrm{d}x \right\} \tag{9-46}$$

9.3.2.3 情景 3:未建立缓冲区库存

情景 2 表示由于次品率突然变化很大,以致没能建立缓冲区库存,如图 9-7 所示。在这种情况下,只计算短缺费用。

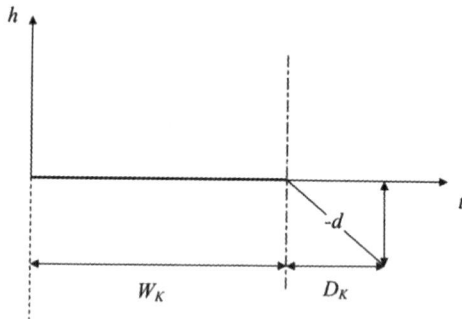

图 9-7 未建立缓冲库存的情况下生产周期的演变

1) TQ_3

对于这种情况,设备只生产满足需求的数量,这时次品的平均数为

$$Q_4 = \alpha_2 \times E[W_k] \tag{9-47}$$

单位时间返工费用为

$$TQ_3 = \frac{R_q Q_4}{E[T_k]} = \frac{R_q}{E[T_k]}(\alpha_2 \times E[W_k]) \tag{9-48}$$

2）TC_3

在情景 3 下，保修期 $[0, w]$ 内产品出现故障的概率为

$$EF_5 = \left(1 - \frac{Q_4}{E[W_k]}\right)\int_0^w h_1(x)\mathrm{d}x + \frac{Q_4}{E[W_k]}\int_0^w h_2(x)\mathrm{d}x \tag{9-49}$$

所以，产品维护保修费用为：

$$EPF_5 = C_r E[W_k]d\left[\left(1 - \frac{Q_4}{E[W_k]}\right)\int_0^w h_1(x)\mathrm{d}x + \frac{Q_4}{E[W_k]}\int_0^w h_2(x)\mathrm{d}x\right] \tag{9-50}$$

短缺费用为

$$ESC_3 = C_s \times d \times D_k^2 \times \frac{1}{2} \tag{9-51}$$

则该情景下，产品总费用为：

$$\delta_{WS3} = EPF_5 + ESC_3 = \int_{h/d}^{+\infty} x^2 f_p(x) \times [1 - P(l_b)]\mathrm{d}x \times C_s \times d \times D_k^2 \times \frac{1}{2}$$

$$+ C_r E[W_k]d\left[\left(1 - \frac{Q_4}{E[W_k]}\right)\int_0^w h_1(x)\mathrm{d}x + \frac{Q_4}{E[W_k]}\int_0^w h_2(x)\mathrm{d}x\right] \tag{9-52}$$

则

$$TC_3 = \frac{1}{E[T_k]}\left\{\int_{h/d}^{+\infty} x^2 f_p(x) \times [1 - P(l_b)]\mathrm{d}x \times C_s \times d \times D_k^2 \times \frac{1}{2}\right.$$

$$\left. + C_r E[W_k]d\left[(1 - \alpha_2)\int_0^w h_1(x)\mathrm{d}x + \alpha_2\int_0^w h_2(x)\mathrm{d}x\right]\right\} \tag{9-53}$$

9.3.3　单位时间预防维护费用

生产系统的单位时间预防维护费用为：

$$TP = \frac{1}{E[T_k]}\{C_p \times [1 - P(l_b)]\} \tag{9-54}$$

其中，$E[T_k]$ 表示生产周期的平均持续时间：

$$E[T_k] = E[W_k] + E[D_k] \tag{9-55}$$

$$E[D_k] = \mu_p \times [1 - P(l_b)] \tag{9-56}$$

9.3.4　单位时间总费用模型

根据是否构建缓冲区库存,定义以下函数:

$$\varepsilon = \text{ind}(M < W_k) = \begin{cases} 1, & if\ M < W_k \\ 0, & if\ M \geqslant W_k \end{cases} \tag{9-57}$$

根据是否达到缓冲区库存量 h,定义以下函数:

$$\vartheta = \text{ind}\left((W_k - M) > \frac{h}{O_{\max} - d - \alpha_1}\right) = \begin{cases} 1, & if\ (W_k - M) > \dfrac{h}{O_{\max} - d - \alpha_1} \\ 0, & if\ (W_k - M) \leqslant \dfrac{h}{O_{\max} - d - \alpha_1} \end{cases}$$

$$\tag{9-58}$$

时间单位总费用为

$$\Gamma(h, l_b, l_a) = \vartheta \times \varepsilon \times (TC_1 + TQ_1) + (1 - \vartheta) \times \varepsilon$$
$$\times (TC_2 + TQ_2) + (1 - \varepsilon) \times (TC_3 + TQ_3) + TP \tag{9-59}$$

式(9-59)中,需建立平均运行周期 $E[W_k]$ 的表达式。根据以上所提出的问题,可以注意到 W_k 的结束与发现次品率超过 l_b 的时刻一致,用 $l(t)$ 来表示这个瞬间,其中 $l(l)$ 是连续递增的函数,表示随着时间的变化次品率的变化,则

$$l(t_b) = l_b \tag{9-60}$$

因此,$E[W_k]$ 和 $E[M]$ 对应于以下 t_b:

$$E(W_k) = l^{-1}(l_b) \tag{9-61}$$

$$E(M) = l^{-1}(l_a) \tag{9-62}$$

由于难以获得 $l[l_b]$ 的精确解析表达式,本章使用模拟法获得 $E[W_k]$。首先,针对 9.4.1 节给定的一组输入参数开发一个模拟模型,找到函数 $l(t)$ 的估计值;其次,基于式(9-61)和式(9-62)确定 $E[W_k]$ 和 $E[M]$。

9.3.5　模型求解

该模型是含有自变量 (h, l_a, l_b) 的非线性规划,而且存在三种缓冲库存情景,要从理论上求得最优解相当困难,所以本章将借助模型离散迭代算法的思想。对于离散迭代算法来说,首先确定离散迭代变量 h、l_b 和 l_a,并赋予迭代变量的初始值;其次确定离散迭代递推关系,利用迭代步长 Δh、Δl_b 和 Δl_a 分别建

立迭代递推关系 $h=h+\Delta h$，$l_b=l_b+\Delta l_b$ 和 $l_a=l_a+\Delta l_a$；最后确定离散迭代过程和离散迭代终止条件，先赋予 h 初始值，固定不变，再赋予 l_b 初始值，转换为 l_b 与 l_a 的函数关系，以 Δl_a 连续迭代 l_a 初始值，确定当函数值最优时，l_a 的值。然后，以 Δl_b 连续迭代 l_b 初始值，每迭代一次，同理确定 l_a 最优解，直至在可行域全部迭代完毕。再次，以 Δh 更新 h 的值，重复这个过程，直到跳出 h 的可行域。

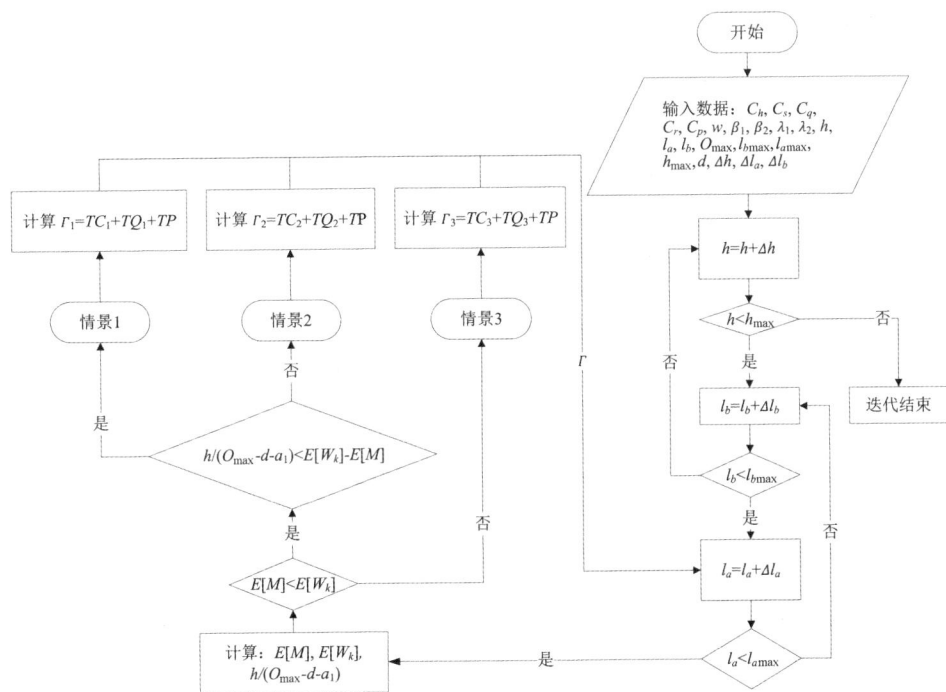

图 9-8　模型迭代流程图

离散迭代算法流程图如图 9-8 所示，具体步骤如下：

Step 1：输入参数值 C_h，C_s，C_q，C_r，C_p，w，β_1，β_2，λ_1，λ_2，h，l_a，l_b，$O_{\max}$，$l_{b\max}$，$l_{a\max}$，$h_{\max}$，d，Δh，Δl_a，Δl_b。

Step 1.1：计算 $h=h+\Delta h$。

Step 1.2：判断 $h<h_{\max}$，成立转 Step 1.2.1，否则转 Step 1.2.2。

Step 1.2.1：计算 $l_b=l_b+\Delta l_b$，转 Step 1.3。

Step 1.2.2：转 Step 4。

Step 1.3：判断 $l_b<l_{b\max}$，成立，计算 $l_a=l_a+\Delta l_a$，转 Step 1.4，否则，转 Step 1.1。

Step 1.4:判断 $l_a < l_{a\max}$,成立,转 Step 2,否则,转 Step 1.2.1。

Step 2:计算 $E[M]$,$E[W_k]$,$h/(O_{\max}-d-a_1)$。

Step 2.1:判断 $E[M] < E[W_k]$,成立转 Step 2.2,否则转 Step 2.3。

Step 2.2:判断 $h/(O_{\max}-d-a_1) < E[W_k]-E[M]$,成立转 Step 2.2.1,否则转 Step 2.2.2。

Step 2.2.1:计算情景 1 的总费用 Γ_1,转 Step 2.4。

Step 2.2.2:计算情景 2 的总费用 Γ_2,转 Step 2.4。

Step 2.3:计算情景 3 的总费用 Γ_3,转 Step 2.4。

Step 2.4:计算 Γ,转 Step 3。

Step 3:计算 $l_a = l_a + \Delta l_a$。

Step 3.1:判断 $l_a < l_{a\max}$,成立,转 Step 2,否则,计算 $l_b = l_b + \Delta l_b$,转 Step 3.2。

Step 3.2:判断 $l_b < l_{b\max}$,成立,计算 $l_a = l_a + \Delta l_a$,转 Step 3.1,否则,计算 $h = h + \Delta h$,转 Step 3.3。

Step 3.3:判断 $h < h_{\max}$,成立,计算 $l_b = l_b + \Delta l_b$,转 Step 3.2,否则,转 Step 4。

Step 4:迭代终止,获得不超过 $h_{\max}$、$l_{a\max}$ 和 $l_{b\max}$ 时,最小单位时间总费用对应的最优组合 $(h',l_{b'},l_{a'})$。

算法迭代前,根据某石化企业实际生产情况以及文献[214,215]确定缓冲区库存 h、l_a 和 l_b 初值,以及他们的上限 $h_{\max}$、$l_{a\max}$、$l_{b\max}$,步长 Δh、Δl_a 和 Δl_b。其中,β_1 和 λ_1 是 $h_1(x)$ 的参数,β_2 和 λ_2 是 $h_2(x)$ 的参数,$h_{\max}$、$l_{a\max}$ 和 $l_{b\max}$ 分别是 h、l_a 和 l_b 的上限,Δh、Δl_a 和 Δl_b 分别是 h、l_a 和 l_b 的变化步长。

9.4 算例分析

9.4.1 数据准备

根据某石化企业的生产设备系统的实际生产历史资料以及文献研究[214,215],设备预防性维护持续时间概率分布为正态分布,根据历史生产资料统计分析得到参数取值,即 $f_b(t) \sim N(0.5, 0.1^2)$。

由于次品率 l 具有上限和下限(在这种情况下为 0 和 1),因此与次品率 l 相关的概率分布选择服从 Beta,且是合理的。Beta 密度函数在其任一边界处可以接近零或无穷大,其中 a 控制下限,b 控制上限。根据历史生产资料统计分析得到 $P(l)$ 服从参数为 a、b 的 Beta 分布的参数取值,即 $P(l) \sim \beta(3,3)$。

另外,其他参数取值:$w=2$,$\beta_1=2$,$\beta_2=2$,$\lambda_1=1/36$,$\lambda_2=112$,$C_h=5$,$C_s=45$,$C_p=500$,$C_r=50$,$C_q=70$,$O_{\max}=100$ 单位/小时,$d=20$ 单位/小时。

$$h_1(x)=\lambda_1{}^{\beta_1}\beta_1 x_1{}^{\beta_1-1}$$
$$h_2(x)=\lambda_2{}^{\beta_2}\beta_2 x_2{}^{\beta_2-1}$$

为了估计函数 $l(t)$,对于任何给定的输入数据,为生产过程开发了一个模拟模型,在大范围内模拟生产过程。对于大小为 x 的每个生产批次,根据以下关系生成次品的数量。

$$L(t+\Delta t)=L(t) \cdot (1+\xi) \tag{9-63}$$

其中,$L(t)$ 代表在时刻 l 时次品的累积量。ξ 是 0 到 1 之间服从 Beta 分布的随机变量。

次品率计算如下:

$$l(t)=L(t)/x \tag{9-64}$$

在 l 期间生产批量为 x,然后根据式(9-63)随机产生一定数量的次品,并且使用式(9-64)计算相应的次品率 $l(t)$。只要次品率不超过 1,该过程就重复 m 个周期 T,总共进行 n_{rep} 次重复。最后,考虑到对于 $i=1,2,3,\cdots,n_{rep}$ 的 $l(iT)$ 平均值,使用基本的最小二乘法求解函数 $l(t)$ 的近似表达式。

9.4.2　结果分析

基于 $l(t)$ 的值,对于任何给定的 l_b,使用式(9-60)得到 $E[W_k]$ 的估计值。设置初始值:0 时刻次品的数量 2、生产批次 $x=50$、重复次数 $n_{rep}=10$,可得到模拟结果,见表 9-1。

表 9-1   模拟结果

	$l(t)$ 1	$l(t)$ 2	$l(t)$ 3	$l(t)$ 4	$l(t)$ 5	$l(t)$ 6	$l(t)$ 7	$l(t)$ 8	$l(t)$ 9	$l(t)$ 10	平均值
T	0.073	0.067	0.058	0.054	0.069	0.065	0.066	0.067	0.067	0.073	0.071
$2*T$	0.119	0.12	0.091	0.082	0.109	0.112	0.121	0.122	0.121	0.103	0.105
$3*T$	0.169	0.21	0.149	0.151	0.219	0.177	0.209	0.218	0.193	0.203	0.179
$4*T$	0.311	0.379	0.249	0.22	0.355	0.319	0.352	0.37	0.335	0.337	0.312
$5*T$	0.523	0.586	0.461	0.337	0.601	0.517	0.633	0.654	0.539	0.602	0.529
$6*T$	0.821	0.87	0.801	0.496	0.958	0.956	0.831	0.904	0.811		
$7*T$	0.841	0.893	0.851	0.876	0.86						

使用最小二乘曲线拟合函数 $l(t)$ 的形状以及其估计的形状,可得估计表达式为:

$$l(t)=0.433\ln(t)-0.109 \tag{9-65}$$

基于式(9-61)和式(9-62),对于给定的 l_b,可得 $E[W_k]$ 和 $E[M]$:

$$E[W_k]=\exp[(l_b+0.109)/0.433] \tag{9-66}$$

$$E[M]=\exp[(l_a+0.109)/0.433] \tag{9-67}$$

由表 9-2 可以看出,平均生产运行时间随着次品率 l_b 的增加而增加,对于最优策略,平均生产运行时间为 8.38 小时,平均停机时间为 0.23 小时,平均循环持续时间为 8.61 小时。并且,从表 9-2 可以看出,库存维持费用与 h、l_a 负相关的,在 h 不变的情况下,随着 l_a 增大而减小。短缺费用与 l_a 和 l_b 呈现正相关,随着 l_a 和 l_b 的增大,服务中断时间 D_k 减小,对应的短缺费用减小。返工费用和保修维护费用都与 l_a 相关,随着 l_a 的增大而增大。

表 9-2   数值结果

l_b	l_a	h	$E[W_k]$	$E[T_k]$	库存持有费用	短缺费用	返工费用	保修维护费用	单位时间内总费用
0.01	0	60	2.97	3.24	843.96	93.02	234.78	94.06	1 565.32
0.07	0.03	60	5.98	6.25	787.02	59.93	242.67	107.64	1 521.24
0.12	0.07	60	6.79	7.04	560.27	54.2	250.03	118.93	1 435.96

（续表）

l_b	l_a	h	$E[W_k]$	$E[T_k]$	库存持有费用	短缺费用	返工费用	保修维护费用	单位时间内总费用
0.18	0.1	60	7.56	7.81	439.08	50.83	261.46	129.88	1 378.56
0.23	0.13	60	7.94	8.19	409.01	44.2	274.98	141.37	1 259.42
0.28	0.2	50	8.15	8.39	399.04	39.28	281.92	152.98	1 143.84
0.33	0.23	40	8.38	8.61	387.89	41.79	293.88	160.85	1 038.75
0.38	0.28	60	8.57	8.81	388.33	44.23	304.07	181.04	1 092.56
0.48	0.3	60	8.76	8.93	374.28	48.66	325.42	208.43	1 217.56
0.58	0.43	60	8.98	9.19	357.35	53.02	341.09	237.91	1 413.83

从图 9-9 和图 9-10 可以看出，最优策略是在次品率 l_b 为 0.33 时才开始进行预防性维护。为了满足 2M1B 系统中上游设备停止时继续满足生产需求，需要在次品率 l_a 达到 0.23 时建立一个 $h'=40$ 单位的缓冲库存，此时，总平均成本为 1 038.75。

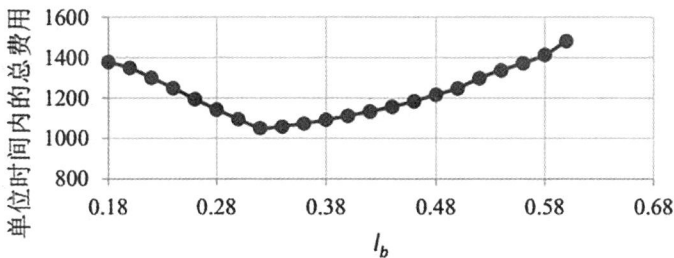

图 9-9　当 $l_{a'}=0.23$，$h'=40$ 时单位时间内总费用随 l_b 的演变

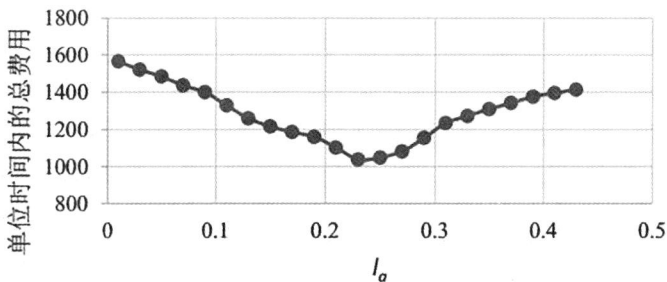

图 9-10　当 $l_{b'}=0.33$，$h'=40$ 时单位时间内总费用随 l_a 的演变

9.4.3　敏感性分析

本章主要对以下参数进行灵敏度分析:保修期 w、单位产品的短缺费用 C_s、单位产品最低维护保修费用 C_r、单位次品的返工费用 C_q、单位产品的库存持有费用 C_h、单位时间内的预防性维护费用 C_p。

(1)保修期 w。当保修期增加时最佳缓冲库存增加,进行预防性维护和建立缓冲区库存的次品率阈值增加,这也意味着生产运行的时间会延长。随着生产运行时间的延长,返工费用、保修维护费用和单位时间内的总费用会增加。此外,较大的缓冲库存减少了维护期间的短缺费用,如表 9-3 所示。

表 9-3　基于单一保修期的最优策略演变

w	h'	l_b'	l_a'	$\Gamma(h,l_b,l_a)$
2	40	0.33	0.23	1 038.75
4	45	0.34	0.25	1 087.9
6	55	0.36	0.27	1 199.25
10	69	0.39	0.29	1 289.58
14	82	0.43	0.32	1 471.06

(2)单位产品的短缺费用 C_s。由表 9-4 可以看出,最优单位时间内总费用随着短缺费用的增加而增加,而在短缺费用增加的同时需要提供更高的缓冲库存。随着更多产品的生产,会使返工费用和保修维护费用更高。根据最优质量阈值 l_b' 随着短缺费用的增加而增加,此时的最优策略会减少设备的停机时间,以避免发生短缺的可能性。

表 9-4　基于单一短缺费用的最优策略演变

C_s	h'	l_b'	l_a'	$\Gamma(h,l_b,l_a)$
10	35	0.11	0.03	471.32
20	35	0.11	0.03	807.96
45	40	0.33	0.23	1 038.75

（续表）

C_s	h'	$l_{b'}$	$l_{a'}$	$\Gamma(h, l_b, l_a)$
100	60	0.36	0.26	1 476.24
200	60	0.46	0.37	2 357.87

（3）单位产品最低维护保修费用 C_r。最优缓冲库存和最优阈值对每单位的保修维护费用的变化并不敏感，只是改变了总的维护保修费用，如表 9-5 所示。

表 9-5　基于单一保修维护费用的最优策略演变

C_r	h'	$l_{b'}$	$l_{a'}$	$\Gamma(h, l_b, l_a)$
10	39	0.31	0.2	998.85
20	39	0.32	0.21	1 023.81
50	40	0.33	0.23	1 038.75
100	40	0.33	0.24	1 057.03
200	41	0.34	0.25	1 070.68

（4）单位次品的返工费用 C_q。每单位产品较高的返工费用使总的返工费用提高，为了更好地完成生产任务，降低短缺费用，因此，缓冲区库存和生产运行时间会增加，在这种情况下，单位时间内的总费用会随着返工费用的增加而增加，如表 9-6 所示。

表 9-6　基于单一返工费用的最优政策演变

C_q	h'	$l_{b'}$	$l_{a'}$	$\Gamma(h, l_b, l_a)$
10	31	0.3	0.2	1 002.82
20	34	0.31	0.22	1 021.33
70	40	0.33	0.23	1 038.75
100	45	0.34	0.24	1 046.37
200	52	0.35	0.26	1 059.36

（5）单位产品的库存持有费用 C_h。每单位时间更高的持有费用会降低缓冲库存、生产运行时间和最优阈值，这时短缺费用会随着库存持有费用和返工费用的减少而增加。由于生产率较低，保修期内的保修维护费用会降低。最优策略倾向于较低的库存持有费用，如表 9-7 所示。

表 9-7　基于单一持有费用的最优政策演变

C_h	h'	l_b'	l_a'	$\Gamma(h, l_b, l_a)$
1	49	0.36	0.25	1 025.86
5	40	0.33	0.23	1 038.75
10	33	0.33	0.22	1 085.09
20	30	0.32	0.22	1 125.46
50	26	0.3	0.21	1 297.32

（6）单位时间内的预防性维护费用 C_p。缓冲区库存随着每时间单位的预防性维护费用的增加而增加，从而降低了短缺费用，以弥补更高的库存持有费用、返工费用和保修维护费用。根据最优质量阈值 l_b' 随着预防性维护费用的增加而增加，可以看出，最优策略会减少设备的停机时间，如表 9-8 所示。

表 9-8　基于单一预防性维护费用的最优策略演变

C_p	h'	l_b'	l_a'	$\Gamma(h, l_b, l_a)$
100	29	0.29	0.2	1 023.71
200	32	0.3	0.21	1 031.96
500	40	0.33	0.23	1 038.75
1 000	58	0.34	0.24	1 044.02
2 000	74	0.35	0.26	1 050.11

9.5　本章小结

本章基于产生合格品和次品的 2M1B 生产系统，提出了多缓冲区库存情境下考虑产品保修服务的预防维护策略模型。对生产系统进行质量控制,观察生产系统次品率的变化,当次品率超过 l_b 时,进行预防维护,当次品率超过 l_a 时,建立缓冲区库存。本章以 h、l_b、l_a 为决策变量,以预防维护费用、返工费用、保修维护费用、库存持有费用、短缺费用构成的单位时间总费用为目标函数,建立数学模型,使其目标函数 $\Gamma = (h、l_b、l_a)$ 最小。用建立的数学模型和数值程序求得使单位时间总费用最小的最优维护策略 $(h', l_{b'}, l_{a'})$,在次品率 $l_{b'} = 0.33$ 时进行预防性维护,并且在次品率 $l_{a'} = 0.23$ 时建立 $h' = 40$ 的缓冲库存,这时单位时间总费用最小,为 1 038.75。

第 10 章　总结与展望

10.1　结　论

　　生产系统是制造型企业是否能完成生产计划的重要保证,如果生产设备发生意外的故障,可能会使企业的生产计划延误,造成巨大的经济损失。设备的故障也会增加企业的维护成本,使企业的盈利能力下降,从而降低企业的市场竞争力。因此,合理地制定科学的设备维护策略与备件订购策略具有重要的意义,有利于企业降低维护成本,增强企业的竞争力。

　　本书以生产系统设备为研究对象,研究设备预测性维护,主要结论如下:

　　(1) 针对 HSMM 在计算过程中存在的下溢问题,对健康状态的驻留时间表达式进行了改进,将每一健康状态的驻留时间分为两部分:已经历过的驻留时间和未经历过的时间。在此基础上,相应改进了 HSMM 的前向和后向状态概率的表达式,修正了 HSMM 的前向—后向算法、Viterbi 算法和 Baum-Welch 算法,降低了 HSMM 计算的复杂度,提升了算法的效率。

　　(2)建立 SHSMM 模型架构,将 SHSMM 的模型表达式用一个参数描述,并利用 EM 算法对模型的参数进行估计。基于 $WGM(1,1)$ 模型,提出灰色启发式算法填补样本中的缺失数据,将用灰色启发式算法填补好的完整数据输入到 SHSMM 中进行设备的健康预测。最后通过案例分析验证所提方法的有效性。

　　(3)在单机系统设备的预防维护计划研究基础上,对生产与维护联合最优问题展开研究。利用先前对时间延迟理论的运用,模拟生产系统中各部件的劣化过程。将生产活动与维护活动结合的方式是通过对生产周期进行分段,各单位时间段的时间被生产和维护共用,且若干时间段会发生一次预防维护。在这一研究中,还考虑到维护导致的停机时间对实际生产时间的影响,以及非正常状态下的设备在生产时可能导致不合格产品进而带来损失。基于实际生产时间与可用时间的约束关系,建立了整个生产周期内的总成本最低模型。最后运用案例求解模型,计算最优预防维护周期和各单位时间段各产品产量,分析计算结果,得出维护与生产的最佳综合计划。

(4) 考虑在生产实际中的产品堕化效应,也即实际加工时间不是定值,而是与产品基本加工时间和设备役龄相关;另外在分析设备故障问题时,区别分析设备闲置状态和生产运行状态,只考虑设备在生产时间内可能发生的故障,避免把生产运行状态和闲置状态作为相同的情形分析,导致设备维护过度,提出算例,说明模型在企业实际生产中的应用,证明模型具有更好的实际指导作用。

(5) 考虑生产与需求情况下多设备状态维护研究。通过考虑生产多于需求或生产少于需求的多设备系统的两种状态维护策略的研究,用连续时间的马尔可夫过程来描述设备的退化过程。在相同的时间间隔对多设备系统的状态进行检测,不同状态的设备的生产率是不相同的,需求量是恒定值,设备在健康状态的生产率是大于不健康状态的生产率的。在对多设备系统进行检测时,设备的损坏数目决定是否进行维护活动。第一种维护策略是将所有损坏设备修复完好如初,第二种维护策略是将所有损坏的设备修复完好如初,并将退化状态的设备修复成完好状态。通过案例分析比较两种状态维护策略,结果表明:将损坏的设备修复完好如初和将退化状态的设备修复成完好的状态的第二种状态维护策略优于第一种维护策略。

10.2　展　望

本书的研究内容是设备状态维护领域的热点问题,对于设备预测理论进行了一定的拓展,但仍存在着不足与值得扩展的地方,可以从以下几个方面对本书进行更加深入的研究。

(1) 本书在进行老化因子设计时,设计的形式比较单一,只考虑了两种形式的老化因子,老化因子的结构也比较简单。下一步可以对老化因子进行改进。

例如设备在老化时可能不会是这两种老化形式,或不会遵循单一的老化形式,这时候就需要设计新的老化因子,或将不同老化因子按照一定形式结合起来考虑。

(2) 本书的研究中,均把预防维护的检测看做完美检测,等时间地对设备进行全面检测。这样的好处是能查出预防维护周期内的所有非正常设备,集中进行维护。但是实际中完美检测通常需要消耗大量的时间,也给企业带来技术上的难度,若检测水平不达标,可能会导致部分设备缺陷未被检查出而导致故障率提高。因此,考虑到检测可能存在的不完美性,采取不定期的维护也能更适合实际情况。

(3)本书在对维护计划与生产计划的联合优化的研究中,将不同的产品生产部件的故障率看作同一分布,预防维护和检查的费用和时间也都简单地采用一个平均值表示。但在实际生活中,生产系统的不同部件可能有不同的劣化趋势,而由于精密度不同,也可能有着不同的维护费用和维护时间。

(4) 本书考虑到实际生产情况,但是模型还是更加理论化,模型是以假设条件为前提,算例并非来自企业实际生产情况,为能更加贴近企业实际生产,应当深入企业调研,了解生产细节,发现存在的问题,拿到实际相关数据,把理论与实际相结合,验证模型的有效性,为企业提供生产指导。

(5) 本书考虑等周期时间对多设备系统进行检测,然而随着设备不断地运行,故障发生的可能性也不断地增加,所以可以采取非定期检查,或者由于检测设备的日益先进,可以对多设备系统的状态进行实时检测,从而可以有效地根据设备的状态做出相应的维护决策。

参考文献

[1] 周东华,叶银忠. 现代故障诊断与容错控制[M]. 北京:清华大学出版社,2000.

[2] BROMBACHER A. Reliability prediction and "Deepwater Horizon": lessons learned[J]. Quality and Reliability Engineering International,2010,26(5):397-397.

[3] BEVILACQUA M,BRAGLIA M. The analytic hierarchy process applied to maintenance strategy selection[J]. Reliability Engineering & System Safety,2000,70(1):71-83.

[4] SAIDI L,ALI J B,BECHHOEFER E,et al. Wind turbine high-speed shaft bearings health prognosis through a spectral Kurtosis-derived indices and SVR[J]. Applied Acoustics,2017,120:1-8.

[5] JUESAS P,RAMASSO E. Ascertainment-adjusted parameter estimation approach to improve robustness against misspecification of health monitoring methods[J]. Mechanical Systems & Signal Processing,2016,81:387-401.

[6] Khac T H,Anne B,Christophe B. Maintenance decision-making for systems operating under indirect condition monitoring: value of online information and impact of measurement uncertainty[J]. IEEE Transactions on Reliability,2012,61(2):410-425.

[7] 王健. 电力市场环境下发电机组检修计划的研究[D]. 北京:中国农业大学,2004.

[8] CHRISTER A H. Developments in Delay Time Analysis for Modelling Plant Maintenance[J]. The Journal of the Operational Research Society, 1999, 50(11): 1120-1137.

[9] 张友诚. 德国企业中的设备管理与维修(上)[J]. 中国设备工程, 2001(12): 50-52.

[10] WU T Y, MA X B, YANG L, ZHAO Y. Proactive maintenance scheduling in consideration of imperfect repairs and production wait time [J]. Journal of Manufacturing Systems, 2019, 53: 183-194.

[11] EFTHYMIOU K, PAPAKOSTAS N, MOURTZIS D, Chryssolouris G. On a Predictive Maintenance Platform for Production Systems [J]. Procedia CIRP, 2012(3): 221-226.

[12] OPPENHEIMER C H, LOPARO K A. Physically based diagnosis and prognosis of cracked rotor shafts [J]. Component and Systems Diagnostics, Prognostics, and Health Management II, 2002, 4733: 122-132.

[13] LIANG ZG, ZHOU S, CHOUBEY S, SIEVENPIPER C. Failure event prediction using the Cox proportional hazard model driven by frequent failure signatures[J]. IIE Transactions, 2007, 39(3): 303-315.

[14] 刘兰英, 何小敏, 许亮. 化工过程安全运行的信息物理融合系统模型[J]. 计算机与应用化学, 2016, 33(7): 747-754.

[15] LI Y, KURFESS T R, LIANG, Y. Stochastic prognostics for rolling element bearings[J]. Mechanical Systems and Signal Processing, 2000, 14(5): 747-762.

[16] LUO J, NAMBURU M, PATTIPATI, K., et al. Model-based prognostic techniques [maintenance applications] [C]. Proceedings of AUTOTESTCON, IEEE Systems Readiness Technology Conference, 2003: 330-340.

[17] KACPRZYNSKI G J, SARLASHKAR A, ROEMER M J. Predicting remaining life by fusing the physics of failure modeling with diagnostics [J]. Journal of Metal, 2004, 56(3): 29-35.

［18］CAI J，FERDOWSI H，SARANGAPANI J. Model-based fault detection，estimation，and prediction for a class of linear distributed parameter systems［J］. Automatica，2016，66:122-131.

［19］LIU Y，SHUAI Q，ZHOU S，et al. Prognosis of structural damage growth via integration of physical model prediction and bayesian estimation［J］. IEEE Transactions on Reliability，2017，32(8):1-12.

［20］LEMBESSIS E，ANTONOPOULOS G，King R.E，Halatsis C，Torres J. 'CASSANDRA': an on-line expert system for fault prognosis［C］. CIM Europe Conference，1989(5): 371-377.

［21］BUTLER K L. An expert system based framework for an incipient failure detection and predictive maintenance system［C］. Proceedings of the International Conference on Intelligent Systems Applications to Power Systems，ISAP，Jan 28-Feb 2 1996，Orlando，FL，United States，1996，1: 321-326.

［22］BIAGETTI T，SCIUBBA E. Automatic diagnostics and prognostics of energy conversion processes via knowledge based systems［J］. Energy，2004，29(12-15): 2553-2572.

［23］SIKORA M. Induction and pruning of classification rules for prediction of microseismic hazards in coal mines ［J］. Expert Systems with Applications，2011，38(6): 6748-6758.

［24］杨慧勇，殷晨波，陆志远，等. 基于模糊理论的超龄塔机剩余寿命的综合评判［J］. 现代制造工程，2011(8): 90-94.

［25］杨东升，鲁观娜，丁恒春，等. 电能表自动检定流水线模糊故障诊断专家系统［J］. 电测与仪表，2017，54(7): 94-96.

［26］司景萍，马继昌，牛家骅，等. 基于模糊神经网络的智能故障诊断专家系统［J］. 振动与冲击，2017，36(4): 164-171.

［27］秦俊奇，曹立军，王兴贵，等. 基于动态模糊综合评判的故障预测方法［J］. 计算机工程，2005，31(12): 172-174.

［28］SHEU D D，KUO J Y. A model for preventive maintenance operations and forecasting［J］. Journal of Intelligent Manufacturing，2006，17(4):

441-451.

[29] WANG Q X, CHEN J D. Application of grey-markov forecasting model to machine's fault forecast[J]. Mechanical Science Technology, 1997, 16 (3): 491-495.

[30] 徐文, 薛玉霞, 申桂香. 基于粒子群优化改进灰色模型的数控机床故障预测[J]. 制造业自动化, 2012, 34(8): 52-55.

[31] 王开军, 林品乐. 基于直觉模糊集的灰色模型故障预测[J]. 计算机系统应用, 2017, 26(4): 29-34.

[32] 郭宇, 杨育. 基于灰色粗糙集与 BP 神经网络的设备故障预测[J]. 计算机应用研究, 2017, 34(9): 2642-2645.

[33] ZHANG S, GANESAN R. Multivariable trend analysis using neural networks for intelligent diagnostics of rotating machinery[J]. Journal of Engineering for Gas Turbines & Power, 1997, 119(2):378-384.

[34] BYINGTON C S, WATSON M, EDWARDS D. Data-driven neural network methodology to remaining life predictions for aircraft actuator components[C]. Proceedings of the IEEE Aerospace Conference, Mar 6-13 2004, Big Sky, MT, United States, 2004, 6(4): 3581-3589.

[35] WANG P, VACHTSEVANOS G. Fault prognosis using dynamic wavelet neural networks, artificial intelligence for engineering design[J]. Analysis and Manufacturing: AIEDAM, 2001, 15(4): 349-365.

[36] GEBRAEEL N, LAWLEY M, LIU R, et al. Residual life predictions from vibration-based degradation signals: a neural network approach[J]. IEEE Transactions on Industrial Electronics, 2004, 51(3): 694-700.

[37] KIAKOJOORI S, KHORASANI K. Dynamic neural networks for gas turbine engine degradation prediction, health monitoring and prognosis [J]. Neural Computing & Applications, 2016, 27(8): 1-36.

[38] BUNKS C, MCCARTHY D, TARIK A. Condition based maintenance of machines using hidden Markov models[J]. Mechanical Systems & Signal Processing, 2000, 14(4): 597-612.

[39] BARUAH P, CHINNAM R B. HMMs for diagnostics and prognostics in

machining processes[J]. International Journal of Production Research，2005，43(6)：1275-1293.

[40] CHINNAM R B，BARUAH P. A neuro-fuzzy approach for estimating mean residual life in condition-based maintenance systems [J]. International Journal of Materials and Product Technology，2004，20(2)：166-179.

[41] LIAO W，LI D，CUI S. A heuristic optimization algorithm for HMM based on SA and EM in machinery diagnosis[J]. Journal of Intelligent Manufacturing，2017(6)：1-13.

[42] DU Y，WU T，MAKIS V. Parameter estimation and remaining useful life prediction of lubricating oil with HMM[J]. Wear，2017，376-377：1227-1233.

[43] DONG M，HE D，Banerjee P，et al. Equipment health diagnosis and prognosis using hidden semi-Markov models [J]. The International Journal of Advanced Manufacturing Technology，2006，30(7)：738-749.

[44] DONG M，HE D. Hidden semi-Markov model-based methodology for multi-sensor equipment health diagnosis and prognosis[J]. European Journal of Operational Research，2007，178(3)：858-878.

[45] DONG M，HE D. A segmental hidden semi-Markov model (HSMM)-based diagnostics and prognostics framework and methodology[J]. Mechanical Systems & Signal Processing，2007，21(5)：2248-2266.

[46] KHALEGHEI A，MAKIS V. Model parameter estimation and residual life prediction for a partially observable failing system[J]. Naval Research Logistics，2015，62(3)：190-205.

[47] 刘勤明，李亚琴，吕文元，等. 基于自适应隐式半马尔可夫模型的设备健康诊断与寿命预测方法[J]. 计算机集成制造系统，2016，22(9)：2187-2194.

[48] 王宁，孙树栋，李淑敏，等. 基于DD-HSMM的设备运行状态识别与故障预测方法[J]. 计算机集成制造系统，2012，18(8)：1861-1868.

[49] YANG B S，KIM K J. Application of dempster—Shafer theory in fault

diagnosis of induction motors using vibration and current signals[J]. Noise & Vibration Worldwide, 2006, 20(2): 403-420.

[50] FANG X, ZHOU R, GEBRAEEL N. An adaptive functional regression-based prognostic model for applications with missing data[J]. Reliability Engineering & System Safety, 2015, 133: 266-274.

[51] SI X S, HU C H, ZHANG Q, et al. Estimating remaining useful life under uncertain degradation measurements[J]. Acta Electronica Sinica, 2015, 43(1): 30-35.

[52] 郑建飞,胡昌华,司小胜,等. 考虑不确定测量和个体差异的非线性随机退化系统剩余寿命估计[J]. 自动化学报, 2017, 43(2): 259-270.

[53] 杨森,孟晨,王成. 基于改进灰色神经网络的故障预测方法研究[J]. 计算机应用研究, 2013, 30(12): 3625-3628.

[54] 张阳,何正友,林圣. 一种基于 DS 证据理论的电网故障诊断方法[J]. 电力系统保护与控制, 2008, 36(9):5-10.

[55] GU J, BARKER D, PECHT M. Health monitoring and prognostics of electronics subject to vibration load conditions[J]. IEEE Sensors Journal, 2009, 9(11):1479-1485.

[56] TIDRIRI K, CHATTI N, VERRON S, TIPLICA T. Bridging data driven and model-based approaches for process fault diagnosis and health monitoring: a review of researches and future challenges[J]. Annual Reviews in Control, 2016, 42: 63-81.

[57] HE W, WILLIARD N, OSTERMAN M, et al. Prognostics of lithium-ion batteries based on Dempster – Shafer theory and the Bayesian Monte Carlo method [J]. Journal of Power Sources, 2011, 196 (23): 10314-10321.

[58] BERG M, EPSTEIN B. A modified block replacement policy[J]. Naval Research Logistics Quarterly, 1976, 23(1):15-24.

[59] LOW C, JI M, HSU C J, et al. Minimizing the makespan in a single machine scheduling problems with flexible and periodic maintenance[J]. Applied Mathematical Modelling, 2010, 34(2): 334-342.

[60] LIM J H，PARK D H. Optimal periodic preventive maintenance schedules with improvement factors depending on number of preventive maintenances.[J]. Asia-Pacific Journal of Operational Research，2007，24（01）：111-124.

[61] 奚立峰，周晓军，李杰.有限区间内设备顺序预防性维护策略研究[J].计算机集成制造系统，2005(10)：1465-1468.

[62] 苏春，胡照勇，郑玉巧.基于可用度约束的风力机单部件顺序维修优化[J].东南大学学报(自然科学版)，2019，49(01)：110-115.

[63] NAKAGAWA，T. Sequential imperfect preventive maintenance policies [J]. IEEE Transactions on Reliability，1988，37(3)：295-298.

[64] EL-FERIK S，BEN-DAYA M. Age-based hybrid model for imperfect preventive maintenance[J]. IIE Transactions，2006，38(4)：365-375.

[65] CHIEN Y H，SHEU S H. Extended optimal age-replacement policy with minimal repair of a system subject to shocks[J]. European Journal of Operational Research，2006，174(1)：169-181.

[66] CELEN M，DJURDJANOVIC D. Integrated maintenance and operations decision making with imperfect degradation state observations[J]. Journal of Manufacturing Systems，2020，55：302-316.

[67] BERGMAN B. Optimal teplacement under a general failure model[J]. Advances in Applied Probability，1978，10(2)：431-451.

[68] 李林，金琳，周晓军.基于冲击建模的租赁设备预防维护策略[J].计算机集成制造系统，2013，19(01)：114-118.

[69] DAS K. LASHKARI R S，SENGUPTA S. Machine reliability and preventive maintenance planning for cellular manufacturing systems[J]. European Journal of Operational Research，2007，183(1)：152-180.

[70] WILDEMAN R E，DEKKER R，SMIT A C J M. A dynamic policy for grouping maintenance activities[J]. European Journal of Operational Research，1997，99(3)：530-551.

[71] DO VAN P，BARROS A，BéRENGUER C，et al. Dynamic grouping maintenance with time limited opportunities[J]. Reliability Engineering

& System Safety，2013，120：51-59.

[72] NICOLAI R P，DEKKER R，KOBBACY K A H，et al. Optimal Maintenance of Multi-component Systems：A Review［M］. Complex System Maintenance Handbook. Erasmus University Rotterdam，Erasmus School of Economics（ESE），Econometric Institute，2008.

[73] ZHOU Y，ZHANG Z，LIN T R，et al. Maintenance optimisation of a multi-state series－parallel system considering economic dependence and state-dependent inspection intervals[J]. Reliability Engineering & System Safety，2013，111(111)：248-259.

[74] 王灵芝，徐宇工，张家栋. 以可靠性为中心的多部件系统预防性维修优化研究[J]. 计算机集成制造系统，2008(10)：2042-2046.

[75] 刘繁茂，朱海平，邵新宇，饶运清，高贵兵. 一种基于马尔可夫链的多设备串并联系统视情机会维修策略[J]. 中国机械工程，2009，20（07）：851-855.

[76] 王金贺，张晓红，曾建潮. 基于排队论的风电场系统最优成组维修决策[J]. 计算机集成制造系统，2019，25(09)：2188-2197.

[77] 徐孙庆，耿俊豹，魏曙寰，刘凌刚. 考虑相关性的串联系统动态机会成组维修优化[J]. 系统工程与电子技术，2018，40(06)：1411-1416.

[78] 周晓军，沈炜冰，奚立峰，李杰. 一种考虑修复非新的多设备串行系统机会维护动态决策模型[J]. 上海交通大学学报，2007(05)：769-773.

[79] XIAO L，SONG S，CHEN X，et al. Joint optimization of production scheduling and machine group preventive maintenance［J］. Reliability Engineering & System Safety，2015，146：68-78.

[80] XIA T，XI L，PAN E，et al. Lease-oriented opportunistic maintenance for multi-unit leased systems under product-service paradigm[J]. Journal of Manufacturing Science and Engineering，2017，139(7)：071-076.

[81] ARMSTRONG M J，ATKINS D R. Joint optimization of maintenance and inventory policies for a simple system[J]. IIE Transactions，1996，28（5）：415-424.

[82] KABIR A，AL-OLAYAN A S. A stocking policy for spare part

provisioning under age based preventive replacement［J］. European Journal of Operational Research，1996，90(1):171-181.

[83] FALKNER C H. Jointly optimal inventory and maintenance policies for Stochastically failing equipment[J]. Operations Research，1968，16(3):587-601.

[84] ELWANY A H，GEBRAEEL NZ. Sensor-driven prognostic models for equipment replacement and spare parts inventory[J]. IIE Transactions，2008，40(7):629-639.

[85] WANG W，WANG Z Q，HU C H，et al. An integrated decision model for critical component spare parts ordering and condition-based replacement with prognostic information［J］. Chemical Engineering Transactions，2013，33(33): 1063-1068.

[86] VAN HORENBEEK A，BURé J，CATTRYSSE D，et al. Joint maintenance and inventory optimization systems：A review［J］. International Journal of Production Economics，2013，143(2):499-508.

[87] ZAHEDI-HOSSEINI F，SCARF P，SYNTETOS A. Joint optimisation of inspection maintenance and spare parts provisioning：a comparative study of inventory policies using simulation and survey data［J］. Reliability Engineering & System Safety，2017，168: 306-316.

[88] SAMAL N K，PRATIHAR D K. Joint optimization of preventive maintenance and spare parts inventory using genetic algorithms and particle swarm optimization algorithm［J］. International Journal of System Assurance Engineering and Management，2015，6(3): 248-258.

[89] 张晓红，曾建潮. 设备视情预防维修与备件订购策略的联合优化[J]. 机械工程学报，2015，51(11): 150-158.

[90] 蔡景，肖罗椿，李鑫. 基于维纳过程的维修决策和备件库存联合优化[J]. 系统工程与电子技术，2016，38(08): 1854-1859.

[91] WANG L，CHU J，MAO W. A condition-based replacement and spare provisioning policy for deteriorating systems with uncertain deterioration to failure[J]. European Journal of Operational Research，2009，194(1):

184-205.

[92] KEIZER M，TEUNTER R H，VELDMAN J. Joint condition-based maintenance and inventory optimization for systems with multiple components[J]. European Journal of Operational Research，2016，257 (1)：209-222.

[93] CHANG F T，ZHOU G H，ZHANG C，XIAO Z D，WANG C. A service-oriented dynamic multi-level maintenance grouping strategy based on prediction information of multi-component systems[J]. Journal of Manufacturing Systems，2019，53：49-61.

[94] PORTEUS E L. Optimal lot sizing，process quality improvement and set-up cost reduction[J]. Operational Research，1986，34(1)：137-144.

[95] ROSENBLATT M J，LEE H L. Economic production cycles with imperfect production process[J]. IIE Transactions，1986，18(1)：48-55.

[96] LEE J S，PARK K S. Joint determination of production cycle and inspection intervals in a deteriorating production system[J]. Journal of the Operational Research Society，1991，42(9)：775-783.

[97] TSENG S T. Optimal preventive maintenance policy for deteriorating production system[J]. IIE Transactions，1996，28(9)：687-694.

[98] HARIGA M，BEN-DAYA M. The economic manufacturing lot sizing problem with imperfect manufacturing processes：bounds and optimal solutions[J]. Naval Research Logistics，1998，45：423-433.

[99] KIM C H，HONG Y，CHANG S Y. Optimal production run length and inspection schedules in a deteriorating production process [J]. IIE Transactions，2001，33：421-426.

[100] GROENEVELT H，PINTELON L，SEIDMANN A. Production lot sizing with machine breakdown[J]. Management Science，1992，38：104-123.

[101] RIVERA-GóMEZA H，GHARBIB A，KENNéC J P et al. Joint optimization of production and maintenance strategies considering a dynamic sampling strategy for a deteriorating system[J]. Computers &

Industrial Engineering，2020，140，Article in press.

[102] BERG M，PONSER M J M，ZHAO H. Production inventory system with unreliable machines[J]. Operational Research，1994，42:111-118.

[103] DOHI T，YAMADA Y，KAIO N，OSAKI S. The optimal lot sizing for unreliable economic manufacturing model[J]. International Journal of Reliability，Quanlity and Safety Engineering，1997，4(4)：413-426.

[104] DOHI T，OKAMURA H，OSAKI S. Optimal control of preventive maintenance schedule and safety stocks in an unreliable manufacturing environment[J]. International Journal of Production Economics，2001，74(4):147-155.

[105] 王圣东，周永务. 基于原材料订购及预防性维修中断的 EPQ 模型[J]. 系统工程学报，2005，20(4)：381-386.

[106] 于丽英，杨雷. 生产计划的双目标混合混合整数规划模型及其求解[J]. 上海交通大学学报，2001，35(7)：1100-1103.

[107] AGHEZZAF E H，JAMALI MA，AIT-KADI D. An integrated production and preventive maintenance planning model[J]. European Journal of Operational Research，2007，181(2):679-685.

[108] AGHEZZAF E H，NAJID N M. Integrated production planning and preventive maintenance in deteriorating production systems [J]. Information Sciences，2008，178(17):3382-3392.

[109] DOLGUI A，KOVALYOV M Y，SHCHAMIALIOVA K. Muti-product lot-sizing and sequecing on a single imperfect machine[J]. Computational Optimization and Applications，2011，50(3):465-482.

[110] FITOUHI M C，NOURELFATH M. Integrating noncyclical preventive maintenance scheduling and production planning for a single machine[J]. International Journal of Production Economics，2012，136(2):344-351.

[111] NOURELFATH M，CHATELET E. Integrating production，inventory and maintenance planning for a parallel system with dependent components[J]. Reliability Engineering and System Safety，2012，101：59-66.

[112] DRENT C，KAPODISTRIA S，RESING J A C. Condition-based maintenance policies under imperfect maintenance at scheduled and unscheduled opportunities [J]. Queueing Systems，2019，93（7）：269-308.

[113] WHITMORE M. Threshold Regression for Survival Analysis：Modeling Event Times by a Stochastic Process Reaching a Boundary[J]. Statistical Science，2006，21(4)：501-513.

[114] SI X S，WANGBDE W，ZHOUC D H. Remaining useful life estimation-A review on the statistical data driven approaches[J]. European Journal of Operational Research，2011，213(1)：1-14.

[115] GEBRAEEL N Z，LAWLEY M A，LI R，et al. Residual-life distributions from component degradation signals：A Bayesian approach [J]. IIE Transactions，2005，37(6)：543-557.

[116] WANG Z，LI J，MA X，et al. A generalized wiener process degradation model with two transformed time scales [J]. Quality & Reliability Engineering，2017，33(4)：693-708.

[117] WANG W，SCARF P A，SMITH M A J. On the application of a model of condition-based maintenance[J]. Journal of the Operational Research Society，2000，51(11)：1218-1227.

[118] KHAROUFEH J P. Explicit results for wear processes in a Markovian environment[J]. Operations Research Letters，2003，31(3)：237-244.

[119] GASPERIN M，JURICIC S，BOSKOSKI P，et al. Model-based prognostics of gear health using stochastic dynamical models [J]. Mechanical Systems & Signal Processing，2011，25(2)：537-548.

[120] LIU K，GEBRAEEL N Z，SHI J. A Data-level fusion model for developing composite health indices for degradation modeling and prognostic analysis[J]. IEEE Transactions on Automation Science and Engineering，2013，10 (3)：652-664.

[121] LIAO L. Discovering prognostic features using genetic programming in remaining useful life prediction[J]. IEEE Transactions on Industrial

Electronics，2013，61(5)：2464-2472.

[122] WANG W，CHRISTER A H. Towards a general condition based maintenance model for a stochastic dynamic system[J]. Journal of the Operational Research Society，2000，51(2)：145-155.

[123] BANJEVIC D. Calculation of reliability function and remaining useful life for a Markov failure time process[J]. IMA Journal of Management Mathematics，2005，17(2)：115-130.

[124] 柳楠. 基于隐马尔可夫模型的航空机械系统故障诊断算法设计[J]. 现代工业经济和信息化，2016，6(5)：44-45.

[125] PENG Y，DONG M. A prognosis method using age-dependent hidden semi-Markov model for equipment health prediction[J]. Mechanical Systems & Signal Processing，2011，25(1)：237-252.

[126] CAI X J，WANG H，CUI Z H，CAI J H，XUE Y，WANG L. Bat algorithm with triangle-flipping strategy for numerical optimization[J]. International Journal of Machine Learning and Cybernetics，2018，9(2)：199-215.

[127] ALBERT H C. Condition-based maintenance：tools and decision making [J]. Journal of Quality in Maintenance Engineering，1995，1(3)：3-17.

[128] WANG H. A survey of maintenance polices of deteriorating systems[J]. European Journal of Operational Research，2002，139(3)：469-489.

[129] WESSELS W R. Cost-optimized scheduled maintenance interval for reliability-centered maintenance [J]. Reliability & Maintainability Symposium，2003：412-416.

[130] BLOCH H P，GEITNER F K. Practical machinery management for process plants[M]. Gulf Pub，1983.

[131] GERTSBAKH I B. Optimal group preventive maintenance of a system with observable state parameter[J]. Advances in Applied Probability，1984，16(4)：923-925.

[132] ASSAF D，SHANTHIKUMAR J G. Optimal group maintenance policies with continuous and periodic inspections[M]. Informs，1987.

[133] VAN D S F A，VANNESTE S G. Two Simple Control Policies for a Multicomponent Maintenance System[J]. Operations Research，1993，41(6)：1125-1136.

[134] LIU G S. Three m-failure group maintenance models for M/M/N unreliable queuing service systems[M]. Pergamon Press，Inc. 2012.

[135] OKUMOTO K，ELSAYED E A. An optimal group maintenance policy [J]. Naval Research Logistics Quarterly，1983，30(4)：667-674.

[136] HEIDERGOTT B，FARENHORST-YUAN T. Gradient estimation for multi-component maintenance systems with age-replacement policy[J]. Operations Research，2010，58(3)：706-718.

[137] MCCALL J J. Operating Characteristics of opportunistic replacement and inspection policies[J]. Management Science，1963，10(1)：85-97.

[138] RADNER R，JORGENSON D W. Opportunistic replacement of a single part in the presence of several monitored parts[J]. Management Science，1963，10(1)：70-84.

[139] HOU W，JIANG Z. An opportunistic maintenance policy of multi-unit series production system with consideration of imperfect maintenance [J]. Applied Mathematics & Information Sciences，2013，7（1L）：283-290.

[140] 侯文瑞，蒋祖华，金玉兰.一种考虑风险的机会维修模型[J]. 上海交通大学学报，2008(07)：1095-1099.

[141] 宋之杰，常建美，侯贵宾.基于可靠性的多部件港口设备机会维修模型[J]. 现代制造工程，2015(07)：130-136.

[142] 郭建，徐宗昌，孙寒冰.基于比例风险模型的装备机会维修阈值优化[J]. 计算机集成制造系统，2017，23(12)：2622-2629.

[143] BENOîT I，VAN P D，LEVRAT E，et al. Opportunistic maintenance based on multi-dependent components of manufacturing system[J]. CIRP Annals-Manufacturing Technology，2016，65(1)：401-404.

[144] 王宁，孙树栋，蔡志强，等.基于 HSMM 的两阶段设备缺陷状态识别方法[J]. 计算机应用研究，2011(12)：4560-4563.

[145] 原媛，卓东风.隐半马尔可夫模型在剩余寿命预测中的应用[J].计算机技术与发展，2014(1)：183-187.

[146] 胡海峰，安茂春，秦国军，等.基于隐半 Markov 模型的故障诊断和故障预测方法研究[J].兵工学报，2009，30(1)：69-75.

[147] WANG Q，ZHANG J，QIN J Z. The modeling method study of fault fuzzy forecast system[J]. Computer Measurement and Control，2002，10(1)：23-25.

[148] MA J，CHEN S，XU Y. Fuzzy logic from the viewpoint of machine intelligence[J]. Fuzzy Sets and Systems，2006，57(5)：628-634.

[149] FRELICOT C A. fuzzy-based prognostic adaptive system，RAIRO-APII-JESA[J]. Journal European des Systemes Automatises，1996，30(2-3)：281-299.

[150] YAN T，LEI Y G，WANG B，HAN T Y，SI X S，LI N P. Joint maintenance and spare parts inventory optimization for multi-Unit systems considering imperfect maintenance actions［J］. Reliability Engineering & System Safety，2020，Article in press.

[151] 蔡景，左洪福，刘明，耿端阳，等.复杂系统成组维修略优化模型研究[J].应用科学学报，2006(05)：97-101.

[152] 王英.设备状态维修系统结构与决策模型研究[D].哈尔滨：哈尔滨工业大学，2007(12)：52-53.

[153] 杨军，赵宇，等.复杂系统平均剩余寿命综合评估方法[J].航空学报，2007，28(6)：1351-1354.

[154] 王远航，邓超，胡湘洪，等.基于性能退化的机械设备寿命预测[J].计算机集成制造系统，2015，21(8)：2147-2157.

[155] 石慧，曾建潮.考虑非完美维修的实时剩余寿命预测及维修决策模型[J].计算机集成制造系统，2014，20(9)：2259-2226.

[156] 董明.一种基于自回归隐式半 Markov 链的设备健康管理新方法[J].中国科学 E 辑，2008，38(12)：2185-2198.

[157] WANG W，ZHANG W. A model to predict the residual life of aircraft engines based upon oil analysis data［J］. Naval Research Logistics，

2005，52(3)：276-284.

[158] CAESARENDRA W，WIDODO A，YANG B S. Application of relevance vector machine and logistic regression for machine degradation assessment[J]. Mechanical System and Signal Processing，2010，24(4)：1161-1171

[159] 谢锦辉. 隐 Markov 模型及其在语音处理中的应用[M]. 武汉：华中理工大学出版社，1995.

[160] 桂林，武小悦.基于离散 HSMM 的故障预测模型[J].计算机应用研究，2008，25(11)：3320-3322.

[161] BARUAH P，CHINNAM R B. HMMs for diagnostics and prognostics in machining process[J]. International Journal of Production Research，2005，43(6)：1275-1293.

[162] HANSAN O. Fault detection, diagnosis and prognosis of rolling element bearing: frequency domain methods and HMM[D]. Cleveland：Case Western Reserve University，2004.

[163] 陈丽，牛晓磊，贾云献，等.基于状态信息的条件剩余寿命建模研究[J].系统工程与电子技术，2008，30(12)：2516-2518.

[164] 张正道，崔宝同.基于 HSMM 的系统在线故障预报[J]. 控制与决策，2015，25(12)：1853-1856.

[165] 盛兆顺，尹琦岭.设备状态监测与故障诊断技术及应用[M]. 北京：化学工业出版社，2003：68-70.

[166] DONG M，PENG Y. Equipment PHM using non-stationary segmental hidden semi-Markov model[J]. Robotics and Computer Integrated Manufacturing，2010(3)：274-285.

[167] 崔海龙. 隐半马尔可夫模型在滚动轴承故障诊断中的研究和应用[D]. 徐州：中国矿业大学，2014.

[168] 谭晓栋. 基于 HSMM 的滚动轴承故障预测技术[D]. 长沙：国防科学技术大学，2008.

[169] 朱帅军.高铁动车组故障预测与健康管理关键技术的研究[D]. 北京：北京交通大学，2016.

[170] 张菲.基于 LMD 和 HSMM 的旋转机械故障诊断方法研究[D]. 成都:西南交通大学,2016.

[171] DONG M,HE D. A segmental hidden semi-Markov model(HSMM)-based diagnostics and prognostics framework and methodology[J]. Mechanical Systems & Signal Processing,2007,21(5):2248-2266.

[172] BAPTISTA M,MEDEIROS I P D,MALERE J P,et al. Comparative case study of life usage and data-driven prognostics techniques using aircraft fault messages[J]. Computers in Industry,2017,86:1-14.

[173] ZIO E,MAIO F D,STASI M. A data-driven approach for predicting failure scenarios in nuclear systems[J]. Annals of Nuclear Energy,2010,37(4):482-491.

[174] DEMPSTER A P. Maximum likelihood from incomplete data via the EM algorithm[J]. Journal of Royal Statistical Society B,1977,39(1):1-28.

[175] 唐杰明,刘俊勇,杨可,等. 基于灰色模型和最小二乘支持向量机的电力短期负荷组合预测[J]. 电网技术,2009,33(3):63-68.

[176] 周清,王奉伟 灰色预测模型背景值改进方法比较分析[J]. 东华理工大学学报:自然科学版,2015,38(2):231-234.

[177] DANG L,LIU S,DANG Y. The optimization of grey model GM(1,1)[J]. Engineering Science,2003,5(8):50-53.

[178] MAO L F,YAO J G,JIN Y S,et al. Abnormal data identification and missing data filling in medium-and long-term load forecasting[J]. Power System Technology,2010,34(7):148-153.

[179] 张智祥,王娟,祝明. 自动气象站改革后地面测报异常数据处理方法[J]. 农业与技术,2014(6):204.

[180] 魏翔.基于异常数据处理改进的 BP 神经网络风速预测模型[J]. 科技致富向导,2014(5):150.

[181] DENG X,JIANG W,ZHANG J. Zero-sum matrix game with payoffs of dempster-shafer belief structures and its applications on sensors[J]. Sensors,2017,17(4):922-934.

[182] NIELSEN R,WAKELEY J. Distinguishing migration from isolation:A

markov chain monte carlo approach[J]. Genetics, 2001, 158 (2): 885-896.

[183] TRAN L, DUCKSTEIN L. Comparison of fuzzy numbers using a fuzzy distance measure[J]. Fuzzy Sets & Systems, 2002, 130(3): 331-341.

[184] WANG W. Delay time modelling[M]. In Complex System Maintenance Handbook, 2008: 345-370.

[185] CHO D I, PARLA R M. A survey of maintenance models for multi-unit systems[J]. European Journal of Operational Research, 1991, 51(1): 1-23.

[186] NOWAKOWSKI T, WERBINKA S. On problems of multicomponent system maintenance modelling[J]. International Journal of Automation & Computing, 2009, 6(4): 364-378.

[187] TIAN Z, JIN T, WU B, et al. Condition based maintenance optimization for wind power generation systems under continuous monitoring[J]. Renewable Energy, 2011, 36(5): 1502-1509.

[188] 宓乐英, 吕柏荣. 多设备串行系统预防性维护的动态决策优化研究[J]. 机械, 2008, 35(11): 8-10.

[189] SHAFIEE M, FINKELSTEIN M. An optimal age-based group maintenance policy for multi-unit degrading systems[J]. Reliability Engineering & System Safety, 2015, 134:230-238.

[190] CHALABI N, DAHANE M, BELDJILALI B, et al. Optimisation of preventive maintenance grouping strategy for multi-component series systems: Particle swarm based approach[J]. Computers & Industrial Engineering, 2016, 102: 440-451.

[191] SMIDT-DESTOMBES K S D, HEIJDEN M, HARTEN A V. On the interaction between maintenance, spare part inventories and repair capacity for a k-out-of-N system with wear-out[J]. European Journal of Operational Research, 2006, 174(1): 182-200.

[192] 杨建华, 韩梦莹. 视情维修条件下 k/N(G)系统备件供需联合优化[J]. 系统工程与电子技术, 2019, 41(09): 2148-2156.

[193] WANG W. A joint spare part and maintenance inspection optimisation model using the Delay-Time concept [J]. Reliability Engineering & System Safety, 2011, 96(11): 1535-1541.

[194] CHIEN Y H, CHEN J A. Optimal spare ordering policy for preventive replacement under cost effectiveness criterion[J]. Applied Mathematical Modelling, 2010, 34(3): 716-724.

[195] WANG L, CHU J, MAO W. An optimum condition-based replacement and spare provisioning policy based on Markov chains[J]. Journal of Quality in Maintenance Engineering, 2008, 14(4): 387-401.

[196] ELWANY A H, GEBRAEEL N Z. Sensor-driven prognostic models for equipment replacement and spare parts inventory[J]. Iie Transactions, 2008, 40(7): 629-639.

[197] LOUIT D, PASCUAL R, BANJEVIC D, et al. Condition-based spares ordering for critical components [J]. Mechanical systems and signal processing, 2011, 25(5): 1837-1848.

[198] ZHOU W, WANG D, SHENG J. Collaborative optimization of maintenance and spare ordering of continuously degrading systems[J]. Journal of Systems Engineering and Electronics, 2012, (01): 67-74.

[199] YU M, TANG Y, FU Y, et al. A deteriorating repairable system with stochastic lead time and replaceable repair facility[J]. Computers & Industrial Engineering, 2012, 62(2): 609-615.

[200] CHENG GQ, LI L. Collaborative optimization of replacement and spare ordering of a deteriorating system with two failure types[J]. Applied Mechanics & Materials, 2012, 220-223: 210-214.

[201] 张晓红, 曾建潮. 基于状态空间分割的两部件系统机会维修优化[J]. 系统工程理论与实践, 2015, 35(06): 1547-1560.

[202] CHRISTER A H, WALLER W M. Delay time models of industrial inspection maintenance problems [J]. Journal of the Operational Research Society, 1984, 35(5): 401-406.

[203] WANG W B. An inspection model for a process with two types of

inspections and repairs[J]. Reliability Engineering & System Safety，2009，94(2)：526-533.

[204] TAGHIPOUR S, BANJEVIC D. Optimum inspection interval for a system under periodic and opportunistic inspections[J]. IIE Transactions，2012，44(11)：932-948.

[205] WIJNGAARD J. The effect of interstage buffer storage on the output of two unreliable production units in series，with different production rates[J]. IIE Transactions，1977，11(1)：374-390.

[206] 杨志远，程中华，邓立杰，李志伟. 基于寿命周期成本分析的产品延伸保修决策优化模型[J]. 工业工程，2016，19(01)：38-44.

[207] 刘学娟，赵斐，马晓洋. 多产品生产计划与非周期预防维修整合优化模型[J]. 中国管理科学，2017，25(11)：189-196.

[208] 刘学娟，赵斐，马晓洋. 考虑生产率调整的多产品 EPQ 与设备维修整合模型[J]. 系统工程学报，2018，33(01)：136-144.

[209] 张琪，高杰. 竞争市场上保修期与价格的联合质量信号传递作用[J]. 中国管理科学，2018，26(07)：71-83.

[210] 刘勤明，李永朋，叶春明. 基于三阶段时间延迟模型的设备预防维修策略[J]. 控制与决策，2020，35(07)：1780-1786.

[211] 成国庆，周炳海，李玲，蔡华辉. 考虑缓冲区库存的退化系统最优维修更换策略[J]. 计算机集成制造系统，2015，21(06)：1593-1600.

[212] 逯程，徐廷学，王虹. 装备视情维修与备件库存联合优化决策[J]. 系统工程与电子技术，2019，41(07)：1560-1567.

[213] 卢震，郭巧顺，徐健. 基于周期性不完全预防性维修的最优经济生产批量决策[J]. 系统工程理论与实践，2017，37(10)：2621-2629.

[214] 刘勤明，吕文元，叶春明. 考虑中间库存缓冲区的设备不完美预防维修策略研究[J]. 计算机应用研究，2018，35(09)：2614-2616＋2623.

[215] 黄松，吕文元. 带缓冲区的基于时间延迟的可修设备联合优化[J]. 工业工程，2018，21(06)：46-53＋63.

索 引

K

可靠度 9

库存 2

L

老化因子 41

粒子群算法 12

M

马尔可夫链 19

P

Pignistic 概率转换 79

Q

前向—后向算法 31

区间数 62

S

生产系统 3

剩余寿命预测 1

失效率 8

时间延迟理论 86

T

退化 1

W

$WGM(1,1)$ 65

威布尔分布 9

维护调度 140

Wiener 过程 8

X

小修 15

Y

遗传算法 11

隐半马尔可夫模型 20

隐马尔可夫模型 7

阈值时间 86

Z

转移矩阵 31